1000 nouveaux tests psychotechniques

- *Concours*
- *Examens*
- *Entretiens d'embauche*
- *Loisirs*

Élisabeth SIMONIN

Nathan

Édition : Géraldine de Saint Palais
Conception maquette : Fiat Lux
Couverture : Evelyn Audureau
Coordination artistique : Isabelle Jalfre
Schémas : Coredoc
Fabrication : Camille Friquet
Mise en pages : JPM

ISBN : 978-2-09-164757-9

SOMMAIRE

INTRODUCTION

Cet ouvrage est une aide à la préparation à l'épreuve de tests psychotechniques pour ceux qui passent un concours, un examen, un entretien d'embauche… ou pour les simples amateurs. Il vous propose de réviser et de vous entraîner et vous donne le mode d'emploi pour décoder tous les types de tests.

1. L'épreuve de tests psychotechniques

A. Le but de cette épreuve

L'épreuve de tests psychotechniques permet d'évaluer les capacités de raisonnement logique et analogique, d'abstraction, de concentration, de résolution de problème et les aptitudes numériques.

Ce sont clairement des **tests psychotechniques** et non des tests mesurant le quotient intellectuel ou révélant la personnalité.

Ils évaluent l'aptitude à établir des relations logiques, à mémoriser différentes consignes, à comprendre les informations, à organiser la résolution des problèmes, le tout avec rapidité.

B. La forme de cette épreuve

Les épreuves de tests peuvent se présenter sous différentes formes :

- des **QCM** (questions à choix multiple) : parmi les réponses proposées, vous devez cocher la case correspondant à l'unique réponse exacte à la question posée ;
- des **questions courtes** qui ne sont suivies d'aucune proposition de solution : vous devez alors écrire la réponse exacte sans la justifier ;
- des **tableaux**, organigrammes ou plannings à compléter en fonction des informations fournies dans l'énoncé.

Les réponses s'écrivent au stylo de couleur foncée (noir ou bleu).

C. Gérer efficacement le temps imparti à cette épreuve

On estime à 30 secondes le temps moyen de réponse à une question, mais certaines questions d'attention ou d'organisation demandent plusieurs minutes, alors que d'autres, portant sur une connaissance « scolaire » particulière, se résolvent en quelques secondes.

1) Deux conseils

- **Ne vous attardez jamais** sur une question dont vous ne connaissez pas la réponse ou dont la formulation vous paraît obscure : passez sans attendre à la suivante. En effet, pour chaque thème il y a une grande diversité de questions, elles sont indépendantes les unes des autres et les consignes sont différentes.

- **Ne privilégiez jamais** la rapidité au détriment de l'exactitude. Il est préférable de donner moins de réponses, mais qu'elles soient justes, plutôt que de répondre à tort et à travers à toutes les questions.

2) Améliorez votre rapidité

- **En adoptant une rigueur** dans l'organisation des tâches de votre vie quotidienne.
- **En chronométrant** les jeux ou tests réalisés dans les magazines ainsi que ceux de cet ouvrage.

> **À savoir :**
>
> Le temps imparti à l'épreuve de tests psychotechniques ne permet pas de répondre à toutes les questions posées.
> Vous aurez (peut-être !) réussi même si tous les exercices ne sont pas résolus.

D. Comment se préparer le jour « J »

Le stress devant cette épreuve atypique est légitime et, dans une certaine mesure, nécessaire à une bonne concentration.

Muni(e) d'un stylo de couleur foncée, seul(e) face aux nombreuses pages du document :

- **soyez attentif(ve) aux consignes** : chacun des mots de la question doit être pris en compte ;
- **n'allez pas trop vite** : prenez le temps de comprendre la demande pour répondre « juste » ;
- **restez concentré(e)** : ne vous laissez pas perturber par l'environnement ou le bruit ;
- **faites confiance à votre première impression** : c'est souvent la meilleure ; en effet, si vous êtes bien préparé(e), les connaissances sont mémorisées, les repères sont acquis et c'est l'automatisme qui vous guidera dans le choix de la réponse.

2. Conseils de préparation

A. Les tests de logique verbale

Les tests de logique verbale reposent à la fois sur des connaissances lexicales et des connaissances sémantiques.

1) Les tests d'anagrammes

Afin de reconstituer rapidement des mots à partir de lettre mêlées, vous pouvez vous entraîner en réalisant de nombreux jeux de mots mêlés, barrés, fléchés ou croisés trouvés dans les magazines.

2) Les tests de codages

Vous prendrez l'habitude de réaliser systématiquement une grille associant les lettres et leur codage, il ne vous restera plus alors qu'à rester concentré.

3) Les tests d'analogie

Vous prendrez le temps de la réflexion, sachant d'une part que les analogies entre les mots proposés reposent sur des correspondances de type contenant/contenu, partie/tout, espèce/genre, matière/objet, et d'autre part qu'elles respectent la nature grammaticale des mots (à un adjectif correspond un adjectif…).

4) Les tests de raisonnement

Ce sont des tests qui demandent de maîtriser les codes de l'expression écrite. Ainsi, vous pouvez vous entraîner en réfléchissant au principe de causalité (cause/conséquence) dans les situations de la vie quotidienne et réviser les mots de coordination qui l'expriment. Il est utile aussi de repérer rapidement les informations essentielles d'un paragraphe, et donc de s'entraîner à résumer succinctement les évènements.

5) Les tests de chronologie

Vous pouvez réviser le vocabulaire de la mesure du temps ainsi que les mots introductifs à une action comme *tout d'abord, mais, ensuite, et, enfin.*

B. Les tests d'aptitudes numériques

Les exercices d'aptitudes numériques vérifient vos connaissances de base en arithmétique, algèbre et géométrie (niveau primaire et collège).

Dans les QCM, une seule réponse est exacte, et vous devez la cocher.

Dans les questions courtes, la réponse est unique, et il n'est jamais demandé d'exposer votre démarche.

1) Les tests sur les opérations de base, la numération, le calcul mental

Vous devez réviser les opérations entre entiers, décimaux, fractions. Pour répondre rapidement, un entraînement au calcul mental est utile, vous pouvez le pratiquer quotidiennement.

2) Les tests sur les notions de périmètre et de surface, et les conversions

Les questions sont directes et ne laissent pas de place au doute. La seule stratégie possible repose sur la connaissance des unités de mesure et des formules donnant le périmètre, la surface et le volume de formes « classiques ».

N'hésitez pas à réaliser des tableaux de conversion, vous éviterez les erreurs. C'est notamment indispensable pour les mesures de surface ou de volume, et au final, vous gagnerez du temps.

N'oubliez pas d'harmoniser les unités de mesure avant d'effectuer un calcul.

3) Les tests sur la proportionnalité et les pourcentages

L'utilisation d'un tableau de proportionnalité s'avère une technique de résolution indispensable et rapide, qui s'adapte à divers types de situation. Il vous faut seulement être très attentif aux unités. Vous réviserez utilement les unités de temps, qui peuvent intervenir dans les problèmes de vitesses ou de débits.

N'hésitez pas à essayer l'un des résultats proposés, puisque l'un d'entre eux est l'unique solution.

4) Les tests sur les calculs algébriques et la résolution d'équations

Il s'agit de tester vos connaissances des règles algébriques données au collège. Elles seules permettent d'établir la solution, il n'y a pas d'utilité à essayer un résultat choisi parmi ceux qui sont proposés.

5) Les problèmes variés

Vous pouvez les résoudre algébriquement, arithmétiquement ou bien en essayant les réponses proposées. Toutes les techniques sont possibles, selon la difficulté de compréhension de l'énoncé. Les thèmes reposent sur les notions de partages, de multiples et d'intervalles.

C. Les tests de concentration

1) Les tests de dénombrement

Prenez l'habitude de dénombrer rationnellement en utilisant un cache pour recenser ligne à ligne ou colonne à colonne.

2) Les tests de différences

Vérifiez vos connaissances en typographie en reconnaissant les différentes écritures possibles pour une même lettre. Comme pour les tests de dénombrement, votre acuité visuelle est mise à l'épreuve.

3) Les tests de déplacement dans une grille

Vous pouvez vous entraîner en vous repérant sur une carte ou un plan, puis en maîtrisant les notions de droite et de gauche, de haut et bas, ou de nord, sud, est et ouest.

4) Les tests visuels

Il s'agit souvent d'anticiper un mouvement. Vous devez vous entraîner à imaginer les conséquences d'une action simple : tourner un robinet, tirer un cordon, nouer ses lacets…

5) Les tests de cubes et volumes

Vous pouvez vous y préparer en réalisant des modèles de patrons pour les cubes et autres volumes simples. Vous observerez alors les motifs des différentes faces et leurs positions respectives sur le patron et en volume.

D. Les tests d'organisation

1) Les tests de plannings

Les réponses aux questions ne pourront être exactes que si le planning ou l'organigramme ou l'arbre généalogique est correctement rempli. Vous devez donc vous entraîner en observant les différentes grilles que vous pouvez trouver sur votre lieu de travail ou dans votre environnement familial.

Ces tests sont les plus longs à résoudre, ils ont un énoncé très long avec de nombreuses informations à prendre en compte.

Si vous pouvez choisir l'ordre de réalisation des exercices, réservez ces tests pour la fin.

2) Les tests de logigramme

La technique particulière de résolution requiert une certaine habitude et vous pouvez vous y préparer avec les exercices proposés dans divers magazines.

Ces tests sont aussi très longs à réaliser et si vous le pouvez, comme pour les tests précédents, réservez-les pour la fin.

3) Les tests de Mastermind®

Pour résoudre ces exercices, vous pouvez utiliser la méthode de déduction classique, mais si vous n'avez pas l'esprit « joueur », testez les propositions de réponses. Seule la concentration vous permettra de trouver à coup sûr la bonne solution.

4) Les tests de positions spatiales

Il s'agit d'exercices faisant appel à votre sens de l'orientation. Toutes les situations de la vie courante requérant la lecture d'un plan peuvent être prétexte à s'exercer. Vous devez être attentif à votre position : soit vous êtes face à une situation comme devant un miroir, soit vous devez vous mettre en situation. La droite et la gauche sont alors inversées.

5) Les tests de dénombrement

Ces tests demandent une stratégie particulière pour dénombrer correctement, c'est-à-dire ne pas compter plusieurs fois un élément ou ne pas en oublier.

E. Les tests de raisonnement logique

1) Les tests de suites utilisant des nombres

Vous devez découvrir la loi qui détermine la succession des nombres. Comme celle-ci repose sur des additions ou multiplications successives, vous devez réviser le calcul mental.

2) Les tests de suites utilisant des lettres, des mots et des symboles

La découverte de la loi de progression repose sur l'utilisation de la liste alphabétique pour les lettres et mots ou l'utilisation d'une suite de symboles.

Vous pouvez vous entraîner à écrire la liste alphabétique dans le sens direct puis dans le sens inverse et associer à chaque lettre son rang dans l'alphabet. Pour les exercices utilisant des symboles, vous écrirez successivement plusieurs suites de symboles, la progression apparaîtra plus facilement.

3) Les tests de suites et analogies graphiques

Révisez les transformations graphiques possibles comme la symétrie, la rotation, la vue en « miroir ».

4) Les tests de dominos et cartes

Vous n'avez pas besoin de savoir jouer aux dominos ou aux cartes. Ce sont simplement des supports pour une progression, comme dans les tests utilisant des nombres.

Avec les dominos, il faut tenir compte de leur orientation ; avec les cartes, il faut tenir compte de la couleur.

Vous devez revoir pour les dominos la numérotation, qui est de 0 à 6.

Pour les cartes, vous devez connaître l'existence de 4 « couleurs » : pique noir, trèfle noir, cœur rouge, carreau rouge, et les valeurs de 1 à 10 puis valet = 11, dame = 12 et roi = 13.

5) Les tests de carrés logiques

Vous retrouvez les progressions de nombres, lettres, symboles déjà rencontrées dans les tests précédents, mais elles sont ici associées à la symétrie ou à une position particulière dans une grille.

Contenu de cet ouvrage « 1 000 nouveaux tests psychotechniques » :

Vous trouverez 5 fiches de tests pour chacune des 5 parties.

Chaque fiche de tests comporte 3 séries d'exercices :
- 15 questions faciles reposant sur les connaissances de base ;
- 15 questions plus difficiles faisant appel à des connaissances plus approfondies ;
- 10 questions en temps limité.

1. LES TESTS DE LOGIQUE VERBALE

FICHE 1

Les anagrammes

QUESTIONS FACILES

1 Laquelle de ces anagrammes ne désigne pas un arbre ?

- ☒ A. ROME
- ❑ B. HEENC
- ❑ C. AAAICC
- ❑ D. HTREE
- ❑ E. REEBH

2 Laquelle de ces anagrammes ne désigne pas un oiseau ?

- ❑ A. IPE
- ❑ B. AAR
- ❑ C. REV
- ☒ D. INPSON
- ❑ E. IIRBLCO

3 Laquelle de ces anagrammes ne désigne pas un légume ?

- ❑ A. IOSP
- ❑ B. OTTERAC
- ☒ C. OMMEP
- ❑ D. TORCHAI
- ❑ E. ANVET

4 Laquelle de ces anagrammes ne désigne pas un fruit ?

- ❑ A. EEHCP
- ❑ B. IOREP
- ❑ C. BIRACTO
- ☒ D. VEEF
- ❑ E. RIAFSE

5 Laquelle de ces anagrammes ne désigne pas un poisson ?

- ❑ A. ERPHCE
- ❑ B. RELNMA
- ❑ C. OSEL
- ❑ D. OUJGNO
- ☒ E. HTAC

6 Laquelle de ces anagrammes ne désigne pas un sport ?

- ❑ A. OOTF
- ❑ B. OOLP
- ❑ C. GBYRU
- ☒ D. RTOSH
- ❑ E. NNISTE

7 Laquelle de ces anagrammes ne désigne pas un aliment ?

- ❑ A. AITL
- ❑ B. AINP
- ❑ C. RIUFT
- ☒ D. LLEOC
- ❑ E. GUEMEL

8 Laquelle de ces anagrammes ne désigne pas une partie du bras ?

- ❑ A. IANM
- ☒ B. NAHCEH
- ❑ C. UODCE
- ❑ D. UAEPEL
- ❑ E. IOTGD

9 Laquelle de ces anagrammes ne désigne pas un instrument de musique ?

- [x] A. EDAPEL
- [ ] B. LUFET
- [ ] C. INAPO
- [ ] D. XAOS
- [ ] E. ACOIRAN

10 Laquelle de ces anagrammes ne désigne pas une couleur ?

- [ ] A. TREV
- [x] B. IOERP
- [ ] C. LBUE
- [ ] D. UOGRE
- [ ] E. UAJNE

11 Laquelle de ces anagrammes ne désigne pas un mois de l'année ?

- [ ] A. BORCETO
- [ ] B. EECRDBME
- [x] C. RPNIMPTES
- [ ] D. PTMBEERSE
- [ ] E. MBRONEVE

12 Laquelle de ces anagrammes ne désigne pas une boisson ?

- [ ] A. FCEA
- [ ] B. AOSD
- [ ] C. AUE
- [ ] D. AIPN
- [ ] E. NIV

13 Quel est l'intrus parmi les propositions ci-dessous ?

- [ ] A. AIM
- [ ] B. VNATA
- [ ] C. LUEB
- [ ] D. PRESA
- [ ] E. IACDE

14 Quel est l'intrus parmi les propositions ci-dessous ?

- [ ] A. ROPC
- [ ] B. RESV
- [ ] C. MAITEI
- [ ] D. IASM
- [ ] E. IOEJ

15 Quel est l'intrus parmi les propositions ci-dessous ?

- [ ] A. UIQ
- [ ] B. IASM
- [ ] C. TE
- [ ] D. NCDO
- [ ] E. RO

QUESTIONS PLUS DIFFICILES

16 **Laquelle de ces anagrammes ne désigne pas un moyen de transport ?**

- ❑ A. VOINA
- ❑ B. RIATN
- ❑ C. SIPAT
- ❑ D. ELOV
- ❑ E. ROTEM

17 **Laquelle de ces anagrammes ne désigne pas un sentiment ?**

- ❑ A. MUORA
- ❑ B. IAHEN
- ❑ C. AJUOLIES
- ❑ D. EPISMR
- ❑ E. VIORDE

18 **Laquelle de ces anagrammes ne désigne pas une couleur ?**

- ❑ A. UAEVM
- ❑ B. UORGE
- ❑ C. HUACD
- ❑ D. LLAIS
- ❑ E. UAURNB

19 **Laquelle de ces anagrammes ne désigne pas un héros de bande dessinée ?**

- ❑ A. BNDO
- ❑ B. ININTT
- ❑ C. IKCYEM
- ❑ D. PISOUR
- ❑ E. DNALDO

20 **Laquelle de ces anagrammes ne désigne pas un os ?**

- ❑ A. ARIUDS
- ❑ B. RAPEC
- ❑ C. RATES
- ❑ D. EEORPN
- ❑ E. UODCE

21 **Laquelle de ces anagrammes ne désigne pas un végétal ?**

- ❑ A. NOCJ
- ❑ B. ALETG
- ❑ C. RABER
- ❑ D. HEEBR
- ❑ E. LPNAET

22 **Laquelle de ces anagrammes ne désigne pas un herbivore ?**

- ❑ A. NAITOLEP
- ❑ B. ACHVE
- ❑ C. UONTOM
- ❑ D. NNEER
- ❑ E. GNIES

23 **Laquelle de ces anagrammes ne désigne pas un végétal ?**

- ❑ A. WKII
- ❑ B. AIKK
- ❑ C. PKEI
- ❑ D. KQTUAMU
- ❑ E. AAVK

24 **Laquelle de ces anagrammes ne désigne pas un rapace ?**

- ❑ A. ILAMN
- ❑ B. BHOUI
- ❑ C. NODORC
- ❑ D. IALGE
- ❑ E. BSII

25 **Laquelle de ces anagrammes ne désigne pas l'un des cinq sens ?**

- ❑ A. UOTG
- ❑ B. ÏEOU
- ❑ C. EIOL
- ❑ D. DOOTAR
- ❑ E. UOHRTEC

26 **Laquelle de ces anagrammes ne désigne pas un type de chaussure ?**

- ❑ A. UOIRESL
- ❑ B. MRAACSSIN
- ❑ C. BBOUHECA
- ❑ D. OTBTE
- ❑ E. CSRAPNIE

27 **Laquelle de ces anagrammes ne désigne pas un vent ?**

- ❑ A. ARTTANMAH
- ❑ B. OFHEN
- ❑ C. ARTNOMNETA
- ❑ D. UTTANA
- ❑ E. SIMRTLA

28 **Laquelle de ces anagrammes n'est pas un nom masculin ?**

- ❑ A. RRIKCDE
- ❑ B. HLRTEEA
- ❑ C. YRTLEE
- ❑ D. YDSSOEE
- ❑ E. ILHCEN

29 **Laquelle de ces anagrammes n'est pas un synonyme des autres ?**

- ❑ A. EMUDSE
- ❑ B. EEISDR
- ❑ C. UTSPIATFE
- ❑ D. ISTUMLE
- ❑ E. HIABE

30 **Laquelle de ces anagrammes ne désigne pas une unité de mesure ?**

- ❑ A. TSEER
- ❑ B. EMRET
- ❑ C. IELM
- ❑ D. ODEUN
- ❑ E. RRACE

TEST EN TEMPS LIMITÉ *(12 minutes)*

31 **Laquelle de ces anagrammes ne désigne pas un composant d'un vélo ?**

- ❑ A. LOVNTA
- ❑ B. UIDGNO
- ❑ C. EDPLAE
- ❑ D. HIANCE
- ❑ E. ERIALLURED

32 **Laquelle de ces anagrammes ne désigne pas un outil ?**

- ❑ A. INECP
- ❑ B. RAMEAUT
- ❑ C. EEIGP
- ❑ D. SSSEEUVI
- ❑ E. LLEURTE

33 **Laquelle de ces anagrammes n'est pas un nom féminin ?**

- ❑ A. NMIISTEA
- ❑ B. LLISPEE
- ❑ C. ERLISSEG
- ❑ D. NAERT
- ❑ E. COATEV

34 **Laquelle de ces anagrammes ne désigne pas un synonyme de peur ?**

- ❑ A. ARMLEA
- ❑ B. CRAT
- ❑ C. RCIATNE
- ❑ D. UACEDA
- ❑ E. FFROIE

35 **Laquelle de ces anagrammes ne désigne pas un rongeur ?**

- ❑ A. TRA
- ❑ B. RREAND
- ❑ C. SACTRO
- ❑ D. UORSIS
- ❑ E. ERBGOIES

36 **Laquelle de ces anagrammes ne désigne pas un nombre ?**

- ❑ A. UEXD
- ❑ B. PTES
- ❑ C. RIOST
- ❑ D. NECT
- ❑ E. IOSDP

37 **Laquelle de ces anagrammes ne commence pas par « ma » ?**

- ❑ A. AARCMME
- ❑ B. ILLEAM
- ❑ C. HSTAM
- ❑ D. AAMILR
- ❑ E. HICNAM

38 **Laquelle de ces anagrammes ne désigne pas un jour de la semaine ?**

- ❑ A. NULID
- ❑ B. VILRA
- ❑ C. RMAID
- ❑ D. UEIJD
- ❑ E. ASEMID

39 **Laquelle de ces anagrammes ne désigne pas un nuage ?**

- ❑ A. MIBNUS
- ❑ B. TTUSARS
- ❑ C. MNIUSBO
- ❑ D. UUULMCS
- ❑ E. RRIUSC

40 **Laquelle de ces anagrammes ne désigne pas un terme grammatical ?**

- ❑ A. ONCJOCNINTO
- ❑ B. PPRSTEOIION
- ❑ C. JDTCIFAE
- ❑ D. MENEOCMTPL
- ❑ E. CCLUONNOIS

Réponses

■ Questions faciles

1 Réponse E : herbe.
A = orme.
B = chêne.
C = acacia.
D = hêtre.

2 Réponse C : ver.
A = pie.
B = ara.
D = pinson.
E = colibri.

3 Réponse C : pomme.
A = pois.
B = carotte.
D = haricot.
E = navet.

4 Réponse D : fève.
A = pêche.
B = poire.
C = abricot.
E = fraise.

5 Réponse E : chat.
A = perche.
B = merlan.
C = sole.
D = goujon.

6 Réponse D : short.
A = foot.
B = polo.
C = rugby.
E = tennis.

7 Réponse D : colle.
A = lait.
B = pain.
C = fruit.
E = légume.

8 Réponse B : hanche.
A = main.
C = coude.
D = épaule.
E = doigt.

9 **Réponse A : pédale.**
B = flûte.
C = piano.
D = saxo.
E = ocarina.

10 **Réponse B : poire.**
A = vert.
C = bleu.
D = rouge.
E = jaune.

11 **Réponse C : printemps.**
A = octobre.
B = décembre.
D = septembre.
E = novembre.

12 **Réponse D : pain.**
A = café.
B = soda.
C = eau.
E = vin.

13 **Réponse C : bleu.**
« Bleu » ne commence pas par la lettre « a ».
A = ami.
B = avant.
D = après.
E = acide.

14 **Réponse C : amitié.**
« Amitié » n'est pas composé de quatre lettres.
A = porc.
B = vers.
D = mais.
E = joie.

15 **Réponse A : qui.**
« Qui » n'est pas une conjonction.
B = mais.
C = et.
D = donc.
E = or.

■ Questions plus difficiles

16 **Réponse C : tapis.**
A = avion.
B = train.
D = vélo.
E = métro.

17 **Réponse E : devoir.**
A = amour.
B = haine.
C = jalousie.
D = mépris.

18 **Réponse C : chaud.**
A = mauve.
B = rouge.
D = lilas.
E = auburn.

19 **Réponse A : Bond.**
B = Tintin.
C = Mickey.
D = Spirou.
E = Donald.

20 **Réponse E : coude.**
A = radius.
B = carpe.
C = tarse.
D = péroné.

21 **Réponse B : galet.**
A = jonc.
C = arbre.
D = herbe.
E = plante.

22 **Réponse E : singe.**
A = antilope.
B = vache.
C = mouton.
D = renne.

23 **Réponse C : képi.**
A = kiwi.
B = kaki.
D = kumquat.
E = kava.

24 **Réponse E : ibis.**
A = milan.
B = hibou.
C = condor.
E = aigle.

25 **Réponse C : œil.**
Ce devrait être « vue » !
A = goût.
B = ouïe.
D = odorat.
E = toucher.

26 **Réponse B : marcassin.**
Ce devrait être « mocassin » !
A = soulier.
C = babouche.
D = botte.
E = escarpin.

27 **Réponse D : autant.**
Ce devrait être « autan » !
A = harmattan.
B = foehn.
C = tramontane.
E = mistral.

28 **Réponse D : odyssée.**
A = derrick.
B = haltère.
C = élytre.
E = lichen.

29 **Réponse D : stimulé.**
A = médusé.
B = sidéré.
C = stupéfait.
E = ébahi.

30 **Réponse E : carré.**
A = stère.
B = mètre.
C = mile.
D = nœud.

■ Test en temps limité

31 **Réponse A : volant.**
B = guidon.
C = pédale.
D = chaîne.
E = dérailleur.

32 **Réponse C : piège.**
A = pince.
B = marteau.
D = visseuse.
E = truelle.

33 **Réponse D : antre.**
A = amnistie.
B = ellipse.
C = réglisse.
E = octave.

34 **Réponse D : audace.**
A = alarme.
B = trac.
C = crainte.
E = effroi.

35 **Réponse B : renard.**
A = rat.
C = castor.
D = souris.
E = gerboise.

36 **Réponse E : poids.**
A = deux.
B = sept.
C = trois.
D = cent.

37 **Réponse D : amiral.**
A = macramé.
B = maille.
C = maths.
E = machin.

38 **Réponse B : avril.**
A = lundi.
C = mardi.
D = jeudi.
E = samedi.

39 **Réponse C : omnibus.**
A = nimbus.
B = stratus.
D = cumulus.
E = cirrus.

40 **Réponse E : conclusion.**
A = conjonction.
B = préposition.
C = adjectif.
D = complément.

FICHE 2

Les codages

QUESTIONS FACILES

Si EPARGNANT correspond à 2 3 4 5 6 7 4 7 8,

1 alors GAGNER correspond à :

- ❑ A. 6 4 6 7 2 5
- ❑ B. 6 4 7 2 6 5
- ❑ C. 6 4 6 7 5 2
- ❑ D. 6 4 6 5 2 7

2 alors PARTAGE correspond à :

- ❑ A. 3 4 8 5 6 4 2
- ❑ B. 3 4 4 6 8 5 2
- ❑ C. 3 4 5 8 4 6 2
- ❑ D. 3 4 5 8 2 6

3 alors RANGER correspond à :

- ❑ A. 6 5 7 5 2 5
- ❑ B. 5 4 7 6 2 5
- ❑ C. 5 4 6 7 5 2
- ❑ D. 5 4 7 5 6 5

4 alors ETAGERE correspond à :

- ❑ A. 2 8 4 5 2 6 2
- ❑ B. 2 8 4 6 2 5 2
- ❑ C. 2 8 6 4 5 2 5
- ❑ D. 2 7 4 7 6 5 2

5 Quel est le premier mot de cette expression codée ?

XUEIM TUAV RINEVERP EUQ RIREUG

- ❑ A. GUERIR
- ❑ B. RIRE
- ❑ C. MIEUX
- ❑ D. PERIR

6 Quel est le dernier mot de cette citation codée ?

SEHCIRXUAUQETERPENNO

- ❑ A. PEINE
- ❑ B. QUATRE
- ❑ C. RICHES
- ❑ D. NOTES

Voici une grille de codage :

M	I	N	U	T	E
6	4	7	10	10	3
7	5	7	11	10	2

7 Quel est le sens de la grille suivante ?

8	10	1	10	9	3
9	11	0	10	9	2

- ❑ A. HUITRE
- ❑ B. GUETRE
- ❑ C. HIVERS
- ❑ D. QUATRE

8 **Quel est le sens de la grille suivante ?**

2	3	9	7	4	3	9
2	2	9	7	5	2	9

❑ A. ULTIME ❑ B. BOUGER ❑ C. DERNIER ❑ D.DONNER

9 **Quel est le sens de la grille suivante ?**

10	9	10	6	9	4	9
12	6	11	6	6	5	9

❑ A. VOULOIR ❑ B. QUERIR ❑ C. VERNIR ❑ D. BELIER

10 **Quel est le sens de la grille suivante ?**

4	6	3	2	5	3
2	6	2	1	3	2

❑ A. DRESSE ❑ B. FLECHE ❑ C. FRAISE ❑ D. FARCIE

Si DICTIONNAIRE correspond à ? « ( ] « : { { ! « @ [

11 **alors ! ( ] « : { correspond à :**

❑ A. FICTION ❑ B. ACTION ❑ C. CARTON ❑ D. AVIRON

12 **alors ? « { ? : { correspond à :**

❑ A. DINDON ❑ B. DEMON ❑ C. DINER ❑ D. DONNER

13 **alors («] !] « : { correspond à :**

❑ A. CIVILITE ❑ B. CITRONNE ❑ C. CITATION ❑ D. CITADINE

14 **alors («] ! ? « { correspond à :**

❑ A. CIRCUIT ❑ B. CIGOGNE ❑ C. CITADIN ❑ D. CINEMA

15 **alors { !] !] « : { correspond à :**

❑ A. NATIONAL ❑ B. NATALISTE ❑ C. NATURALISE ❑ D. NATATION

QUESTIONS PLUS DIFFICILES

16 **Quelle est cette expression traditionnelle :**

QVF WV NZRM, QVF WV EROZRM

❑ A. Tout vient à point à qui sait attendre ❑ B. Jeu de main, jeu de vilain

❑ C. Tel père, tel fils ❑ D. À bon chat, bon rat

17 Voici une citation codée.

L	V	C	V	A	V	I	Y	N	W	A	V	T	Y	E	W	A	X	R	Z	N
U	O	W	C	U	S	X	O	Z	F	U	I	X	L	Z	L	V	R	Y	O	U

Quel est le dernier mot ?

❑ A. ORAL ❑ B. LARRON ❑ C. ACTION ❑ D. NOUVEAU

18 **Avec pour indice 1, que signifie : F H P J T U F ?**

❑ A. GIGOLO ❑ B. EGOISTE ❑ C. GIRAFON ❑ D. EGORGER

19 **Avec pour indice 3, que signifie : U H X V V L W H ?**

❑ A. XENOPHOBE ❑ B. REVISSER ❑ C. REUSSITE ❑ D. REVOQUER

20 **Avec pour indice 1, que signifie : O Q D L H D Q ?**

❑ A. NOUVEAU ❑ B. PREMIER ❑ C. PREMISSE ❑ D. PREMUNI

Sachant que : ▼ = 1 ☺ **= 5** ■ **= 9** ♠ **= 13**

▲ + 1 = ▲ ■ **+ 1 = ▼** ▲ **+ 1 = ♣** ♠ **+ 1 = ■**

21 **Que signifie : ▲ ▼ ■ ■ ☺ ▲ ?**

❑ A. SONNER ❑ B. TONNER ❑ C. CASSER ❑ D. COLLER

22 **Que signifie : ▼ ♠ ■ ♣ ■ ☺ ?**

❑ A. CHAUVE ❑ B.CONFUS ❑ C. AMITIE ❑ D. HUMIDE

23 **Que signifie : ♠ ▼ ■ ▲ ▼ ■ ?**

❑ A. NOMADE ❑ B. MAISON ❑ C. REGION ❑ D. CAMION

24 **Que signifie : ♠ ☺ ■ ♣ ■ ▲ ?**

❑ A. SENTIR ❑ B. MOURIR ❑ C. PARTIR ❑ D. MENTIR

25 **Si SECOND est 953128 et si TROIS est 47169, alors que signifie 3716957 ?**

❑ A. DROITIER ❑ B. CROISER ❑ C. CODIFIER ❑ D. CROISEUR

26 **Si JOUR est CGBE et si NUIT est ABDF, alors que signifie CBDA ?**

❑ A. JUSTE ❑ B. JUIN ❑ C. JURE ❑ D. JUIF

27 **Si L A V A est CARNAVAL, que signifie E T R E ?**
C A R N **C O U V**

❑ A. REVETUE ❑ B. RECOUVRE ❑ C. COUVERTE ❑ D. OUVERTURE

28 **Si X U E est ASTUCIEUX, que signifie E T O ?**
U C I **M P T**
T S A **Y S A**

❑ A. ASYMETRIE ❑ B. SYNCHRONE ❑ C. ATMOSPHERE ❑ D. ASYMPTOTE

29 **Si E I U L P A R A P est PARAPLUIE, que signifie P A R D A R A P S ?**

❑ A. PARAHRASE ❑ B. SPARTIATE ❑ C. SPARADRAP ❑ D. PARAPHASIE

30 **Si E M T Q E O R H S D est ENTREPRISE, que signifie F D R L I D R ?**
F N U R F P S I T E **G E S M J E S**

❑ A. FEDERATION ❑ B. GREMILLE ❑ C. FERMOIR ❑ D. FERMIER

TEST EN TEMPS LIMITÉ *(8 minutes)*

Si PRIORITAIRE correspond à 7 8 5 2 8 5 9 1 5 8 4,

31 **alors ROTIR correspond à :**

❑ A. 8 2 9 5 8 ❑ B. 8 3 2 9 8 5

❑ C. 8 2 9 8 5 ❑ D 5 8 9 2 3

32 **alors PRAIRE correspond à :**

❑ A. 7 8 5 1 8 4 ❑ B. 7 8 5 1 4 8

❑ C. 7 8 1 5 8 4 ❑ D. 1 5 8 7 4 5

33 **alors RETIRER correspond à :**

❑ A. 8 4 9 5 4 8 4 ❑ B. 8 4 9 5 8 4 8

❑ C. 4 8 9 5 8 4 8 ❑ D. 9 4 8 5 4 8

34 **alors ATTIRER correspond à :**

❑ A. 1 9 9 5 8 8 4 ❑ B. 1 9 9 5 8 4 8

❑ C. 1 9 9 8 8 5 4 ❑ D. 1 9 9 5 8 8 4 5

35 **alors ARRIERE correspond à :**

❑ A. 1 8 8 5 4 8 4 ❑ B. 1 9 9 5 8 4 8

❑ C. 1 9 9 5 8 8 5 ❑ D. 1 8 8 5 4 4 8

36 Voici une expression codée :

C	U	E	L	S	H	V	U	E	Q	A	R
O	P	R	E	C	E	E	X	N	U	T	E

Quel est le dernier mot de cette expression ?

❑ A. COUPER ❑ B. CHEVEUX

❑ C. QUATRE ❑ D. CŒUR

37 **Avec pour indice 1, que signifie C D Q M H D Q ?**

❑ A. DERNIER ❑ B. BEGAYER

❑ C. DEFINIR ❑ D. BERCEUR

Voici une grille de codage :

1	2	3	4	5	6	7
F	Q	I	E	T	S	P
A	C	U	J	D	N	R

38 **Que signifie : 2 3 1 5 7 4 ?**

❑ A. CUIVRE ❑ B. CUPIDE

❑ C. QUATRE ❑ D. QUARTZ

39 **Que signifie : 4 3 6 5 3 2 4 ?**

❑ A. EUNECTE ❑ B. EUTEXIE

❑ C. JUVENILE ❑ D. JUSTICE

40 **Que signifie : 7 3 7 3 5 1 3 6 ?**

❑ A. PUPIPARE ❑ B. PIRATAGE

❑ C. PURITAIN ❑ D. RUPTURE

Réponses

Questions faciles

Les questions **1**, **2**, **3** et **4** ont le même codage : à chacune des lettres différentes du mot EPARGNANT correspond un seul chiffre.
E = 2 ; P = 3 ; A = 4 ; R = 5 ; G = 6 ; N = 7 ; T = 8.

1 **Réponse A : 6 4 6 7 2 5.**

2 **Réponse C : 3 4 5 8 4 6 2.**

3 **Réponse B : 5 4 7 6 2 5.**

4 **Réponse B : 2 8 4 6 2 5 2.**

5 **Réponse C : MIEUX.**
Chaque mot de l'expression est écrit avec ses lettres inversées. L'expression est donc : « mieux vaut prévenir que guérir ».

6 **Réponse C : RICHES.**
L'expression est écrite de droite à gauche, et il n'y a pas d'intervalle entre les différents mots. L'expression est : « on ne prête qu'aux riches ».

Les questions **7**, **8**, **9** et **10** procèdent du même codage : la somme des deux chiffres verticaux donne le rang d'une lettre dans l'alphabet.

ASTUCE **Il est utile d'avoir sous les yeux les rangs des lettres.**

A	B	C	D	E	F	G	H	I	J	K	L	M	N	O	P	Q	R	S	T	U	V	W	X	Y	Z
1	2	3	4	5	6	7	8	9	10	11	12	13	14	15	16	17	18	19	20	21	22	23	24	25	26

7 **Réponse D : QUATRE.**
8 + 9 = 17 soit Q ; 10 + 11 = 21 soit U ; 1 + 0 = 1 soit A ; 10 +10 = 20 soit T ; 9 + 9 = 18 soit R ; 3 + 2 = 5 soit E.

8 **Réponse C : DERNIER.**

9 **Réponse A : VOULOIR.**

10 **Réponse B : FLECHE.**

Les questions **11** à **15** procèdent du même codage : à chaque lettre correspond un même symbole.

11 **Réponse B : ACTION.**

12 **Réponse A : DINDON.**

13 **Réponse C : CITATION.**

14 **Réponse C : CITADIN.**

15 **Réponse D : NATATION.**

■ Questions plus difficiles

16 **Réponse B : Jeu de main, jeu de vilain.**
Aucune correspondance n'est proposée, il s'agit donc d'observer l'organisation des mots et de les comparer. La phrase comporte deux parties qui débutent de la même façon avec un mot de 3 lettres et un mot de 2 lettres.

17 **Réponse B : LARRON.**
Les lettres se suivent successivement d'une ligne sur l'autre en diagonale ; les lettres U, V, W, X, Y et Z n'ont aucun rôle. La citation est : « l'occasion fait le larron ».

Les questions **18** à **20** sont fondées sur le même principe : l'indice donne le décalage soit vers la droite soit vers la gauche des lettres par rapport à l'ordre alphabétique.

18 **Réponse B : EGOISTE.**
L'indice 1 signifie un décalage d'une lettre. Dans cet exercice, on choisit la lettre précédente : F devient E, H devient G, P devient O, J devient I, T devient S, U devient T.

19 **Réponse C : REUSSITE.**
L'indice 3 signifie un décalage de 3 lettres : U devient R, H devient E, X devient U, V devient S, L devient I, W devient T.

20 **Réponse B : PREMIER.**
L'indice 1 signifie un décalage de 1 lettre : O devient P, Q devient R, D devient E, L devient M, H devient I.

Les questions **21**, **22**, **23** et **24** sont codées doublement.
Les indices proposés permettent d'associer les symboles à des chiffres, qui correspondent eux-mêmes au rang des lettres dans l'alphabet.
▼ = 1 = A ; ☺ = 5 = E ; ■ = 9 = I ; ♠ = 13 = M ; ■ = 14 = N ; ▼ = 15 = O.
Pour les autres symboles, il faut faire appel à sa perspicacité sans oublier de comparer les mots à découvrir.

21 **Réponse A : SONNER.**
On en déduit que ▲ = R, ▲ = S et ♣ = T.

22 **Réponse C : AMITIE.**

23 **Réponse B : MAISON.**

24 **Réponse D : MENTIR.**

25 **Réponse B : CROISER.**

26 **Réponse B : JUIN.**

27 **Réponse C : COUVERTE.**
On commence la lecture par la seconde ligne, de gauche à droite, puis on poursuit par la première, de droite à gauche.

28 **Réponse D : ASYMPTOTE.**
On commence la lecture par la troisième ligne, de droite à gauche, puis on poursuit par la deuxième ligne, de gauche à droite, et la première ligne, de droite à gauche.

29 **Réponse C : SPARADRAP.**
On lit de droite à gauche.

30 **Réponse D : FERMIER.**
On lit les lettres successivement sur la première et la seconde ligne, de gauche à droite en en sautant une à chaque fois.

F D R L I D R
G E S M J E S

■ Test en temps limité

31 **Réponse A : 8 2 9 5 8.**

32 **Réponse C : 7 8 1 5 8 4.**

33 **Réponse B : 8 4 9 5 8 4 8.**

34 **Réponse B : 1 9 9 5 8 4 8.**

35 **Réponse A : 1 8 8 5 4 8 4.**

36 **Réponse C : QUATRE.**
La lecture se fait alternativement d'une colonne à l'autre de haut en bas. L'expression est « couper les cheveux en quatre ».

37 **Réponse A : DERNIER.**
L'indice 1 signifie un décalage de 1 lettre : le C devient D, le D devient E, etc.

Pour les questions 38 à 40, il faut faire un choix entre les deux lettres codées avec le même chiffre afin d'obtenir un mot qui ait un sens dans la langue française.

38 **Réponse C : QUATRE.**

39 **Réponse D : JUSTICE.**

40 **Réponse C : PURITAIN.**

FICHE 3

Les analogies

QUESTIONS FACILES

1 Quel est le mot qui complète l'analogie suivante ?

Étui est à lunettes ce que boîte est à … .

❑ A. conserve ❑ B. chaussures

❑ C. musique ❑ D. carton

2 Quel est le mot qui complète l'analogie suivante ?

Le pneu est à la roue ce que la semelle est à la … .

❑ A. gomme ❑ B. chaussure

❑ C. caoutchouc ❑ D. cuir

3 Quel est le mot qui complète l'analogie suivante ?

L'euro est à l'Europe ce que le yen est au … .

❑ A. japonais ❑ B. sen

❑ C. yéti ❑ D. Japon

4 Quel est le mot qui complète l'analogie suivante ?

Le Tyrol est à l'Allemagne ce que la Bretagne est à … .

❑ A. l'Europe ❑ B. la France

❑ C. la région ❑ D. la Normandie

5 Quel est le mot qui complète l'analogie suivante ?

Fièrement est à fierté ce que chèrement est à … .

❑ A. charité ❑ B. chéri

❑ C. cher ❑ D. cherté

6 Quel est le mot qui complète l'analogie suivante ?

Le neveu est à l'oncle ce que le fils est … .

❑ A. au père ❑ B. au cousin

❑ C. à l'aïeul ❑ D. à la mère

7 Quel est le mot qui complète l'analogie suivante ?

L'arbre est à la forêt ce que le poil est à la … .

❑ A. racine ❑ B. lame

❑ C. barbe ❑ D. joue

8 Quel est le mot qui complète l'analogie suivante ?

Le miel est à sucré ce que le citron est à … .

- ❑ A. amer
- ❑ B. aigu
- ❑ C. acide
- ❑ D. poivré

9 Quel est le mot qui complète l'analogie suivante ?

Futur est à antérieur ce que passé est à … .

- ❑ A. avenir
- ❑ B. présent
- ❑ C. indicatif
- ❑ D. composé

10 Quel est le mot qui complète l'analogie suivante ?

Groin est à porc ce que mufle est à … .

- ❑ A. bœuf
- ❑ B. rustre
- ❑ C. goujat
- ❑ D. muflier

11 Mars est à février ce que … est à hiver.

- ❑ A. automne
- ❑ B. printemps
- ❑ C. été
- ❑ D. saison

12 Futur est à avenir ce que … est à passé.

- ❑ A. demain
- ❑ B. présent
- ❑ C. hier
- ❑ D. postérieur

13 1 est à brouette ce que … est à automobile.

- ❑ A. baobab
- ❑ B. 2
- ❑ C. charrue
- ❑ D. 4

14 Pépin est à orange ce que … est à cerise.

- ❑ A. noyau
- ❑ B. ennui
- ❑ C. graine
- ❑ D. parapluie

15 Flacon est à parfum ce que … est à bijou.

- ❑ A. lunettes
- ❑ B. diamant
- ❑ C. écrin
- ❑ D. étui

QUESTIONS PLUS DIFFICILES

16 **Quel est le couple qui complète la phrase suivante ?**

Pêle est à … ce que … est à brac.

- ❑ A. peler / briquer
- ❑ B. mêle / bric
- ❑ C. bêle / braille
- ❑ D. méli / mélo

17 **Quel est le couple qui complète la phrase suivante ?**

Le rire est aux … ce que le … est à la douleur.

- ❑ A. pleurs / rire
- ❑ B. enfants / vieillard
- ❑ C. larmes / plaisir
- ❑ D. éclats / sanglot

18 **Quel est le couple qui complète la phrase suivante ?**

Frais est à … ce que … est à nouvellement.

- ❑ A. froid / récent
- ❑ B. froidement / récemment
- ❑ C. fraîchement / nouveauté
- ❑ D. fraîchement / nouveau

19 **Quel est le couple qui complète la phrase suivante ?**

Le bien est au … ce que le … est au pire.

- ❑ A. mieux / mal
- ❑ B. mal / bon
- ❑ C. meilleur / mauvais
- ❑ D. mieux / bon

20 **Quel est le couple qui complète la phrase suivante ?**

Le trois est à … ce que le … est à merveilles.

- ❑ A. trio / zéro
- ❑ B. temps / deux
- ❑ C. mousquetaires / sept
- ❑ D. valse / huit

21 **Quel est le couple qui complète la phrase suivante ?**

Temps est à … ce que … est à ONU.

- ❑ A. GMT / organisation
- ❑ B. heure / sigle
- ❑ C. minute / unies
- ❑ D. RTT / Nations

22 **Quel est le couple qui complète la phrase suivante ?**

Le Yéti est au … ce que … est à l'Écosse.

- ❑ A. monstre / Loch
- ❑ B. Tibet / Nessie
- ❑ C. singe / saumon
- ❑ D. Tibet / Loch

23 **Quel est le couple qui complète la phrase suivante ?**

Le jaune est à … ce que le … est à froide.

- ❑ A. tournesol / ciel
- ❑ B. chaude / bleu
- ❑ C. couleur / temps
- ❑ D. chaleur / gel

24 **Quel est le couple qui complète la phrase suivante ?**

Enfance est à … ce que … est à soir.

- ❑ A. jeunesse / terminal
- ❑ B. germinal / déclin
- ❑ C. début / vieux
- ❑ D. aube / vieillesse

25 **Quel est le couple qui complète la phrase suivante ?**

Boréal est à … ce que … est à sud.

- ❑ A. est / ouest
- ❑ B. nord / austral
- ❑ C. aurore / soir
- ❑ D. pôle / midi

26 … est à sweat ce que … est à blue-jean.

- ❑ A. capuche / poche
- ❑ B. stylo / pantalon
- ❑ C. loden / pantalon
- ❑ D. cape / short

27 … est à double ce que … est à triple.

- ❑ A. bio / trio
- ❑ B. bi / tri
- ❑ C. vélo / trois
- ❑ D. demi / tiers

28 … est à morue ce que … est à semoule.

- ❑ A. pomme de terre / blé
- ❑ B. poisson / merguez
- ❑ C. brandade / couscous
- ❑ D. purée / tajine

29 … est à séisme ce que … est à température.

- ❑ A. Celsius / thermomètre
- ❑ B. Richter / Celsius
- ❑ C. séisme / degré
- ❑ D. centigrade / degré

30 … est à musicien ce que … est à peintre.

- ❑ A. partition / pinceau
- ❑ B. note / toile
- ❑ C. instrument / chevalet
- ❑ D. pupitre / chevalet

TEST EN TEMPS LIMITÉ *(5 minutes)*

31 **Quel mot complète la phrase suivante ?**

Gland est à chêne ce que … est à hêtre.

❑ A. marron
❑ B. faîne
❑ C. champignon
❑ D. truffe

32 **Quel mot complète la phrase suivante ?**

Valse est à Autriche ce que tango est à … .

❑ A. Amérique
❑ B. Portugal
❑ C. Espagne
❑ D. Argentine

33 **Quel mot complète la phrase suivante ?**

Vis est à vivre ce que mets est à … .

❑ A. manger
❑ B. mettre
❑ C. repas
❑ D. mais

34 **Quel mot complète la phrase suivante ?**

Parfum est à odeur ce que musique est à … .

❑ A. son
❑ B. ouïe
❑ C. sonorité
❑ D. écoute

35 **Quel mot complète la phrase suivante ?**

Paris est à Seine ce que Londres est à … .

❑ A. Angleterre
❑ B. Tamise
❑ C. Manche
❑ D. Royaume-Uni

36 **Quel couple complète la phrase suivante ?**

Essence est à … ce que … est à muscle.

❑ A. diesel / graisse
❑ B. moteur / sucre
❑ C. voiture / jambe
❑ D. fuel / sucre

37 **Quel couple complète la phrase suivante ?**

Vert est à … ce que … est à saphir.

❑ A. arbre / pierre
❑ B. jaune / rubis
❑ C. émeraude / bleu
❑ D. bleu / rose

38 **Quel couple complète la phrase suivante ?**

Le quart est à la … ce que la … est à l'entier.

❑ A. moitié / demie
❑ B. minute / seconde
❑ C. totalité / finalité
❑ D. demie / totalité

39 **Quel couple complète la phrase suivante ?**

La paume est à la … ce que la … est au pied.

❑ A. main / semelle
❑ B. semelle / main
❑ C. raquette / chaussure
❑ D. main / plante

40 **Quel couple complète la phrase suivante ?**

Forêt est à … ce que … est à bestial.

❑ A. arbre / animal
❑ B. forestier / bête
❑ C. forage / bestiaire
❑ D. feuille / bœuf

Réponses

REMARQUE

Les tests de logique verbale s'appuient aussi bien sur des caractéristiques grammaticales et orthographiques que sur des rapports lexicaux ou étymologiques. Ils sont souvent l'occasion de tester la culture générale.

Questions faciles

1 **Réponse B : chaussures.**
L'analogie porte sur le rapport entre contenu et contenant.

2 **Réponse B : chaussure.**
L'analogie porte sur le rapport entre partie et tout.

3 **Réponse D : Japon.**
L'analogie porte sur le rapport entre unité monétaire et pays.

4 **Réponse B : la France.**
L'analogie porte sur le rapport entre région et pays.

5 **Réponse D : cherté.**
L'analogie porte sur le rapport entre adverbe et nom.
Attention au sens : « chèrement » signifie ici « d'un prix élevé ».

6 **Réponse A : au père.**
L'analogie porte sur les relations familiales.

7 **Réponse C : barbe.**
L'analogie porte sur le rapport entre élément et tout.

8 **Réponse C : acide.**
L'analogie porte sur le rapport entre aliment et saveur.

9 **Réponse D : composé.**
Ce sont deux expressions des temps de la conjugaison.

10 **Réponse A : bœuf.**
L'analogie porte sur museau et animal.
Attention au double sens de « mufle » !

11 **Réponse B : printemps.**
Le printemps suit l'hiver comme le mois de mars suit le mois de février.

12 **Réponse C : hier.**
Hier est synonyme de passé comme futur est synonyme d'avenir.

13 **Réponse D : 4.**
L'automobile a 4 roues comme la brouette a 1 roue.

14 **Réponse A : noyau.**
Le noyau est la graine de la cerise comme le pépin est celle de l'orange.

15 **Réponse C : écrin.**
Il s'agit du rapport entre contenant et contenu.

Questions plus difficiles

16 **Réponse B : mêle / bric.**
L'analogie porte sur deux mots composés : « pêle-mêle » et « bric-à-brac ».

17 **Réponse C : larmes / plaisir.**
L'analogie porte sur des couples d'antonymes.

18 **Réponse D : fraîchement / nouveau.**
L'analogie porte sur le rapport entre adjectif et adverbe.

19 **Réponse A : mieux / mal.**
L'analogie porte sur le rapport entre adjectif et comparatif.

20 **Réponse C : mousquetaires / sept.**
L'analogie porte sur le rapport trois mousquetaires / sept merveilles du monde.

21 **Réponse D : RTT / Nations.**
Ce sont les mots qui correspondent aux deuxièmes lettres des sigles : réduction du temps de travail et Organisation des Nations unies.

22 **Réponse B : Tibet / Nessie.**
Le Yéti et Nessie (le monstre du Loch Ness) sont les monstres emblématiques de deux pays.

23 **Réponse B : chaude / bleu.**
Le jaune est une couleur chaude, le bleu, une couleur froide.

24 **Réponse D : aube / vieillesse.**
L'analogie porte sur l'âge et le moment de la journée.

25 **Réponse B : nord / austral.**
L'analogie porte sur la synonymie.

26 **Réponse A : capuche / poche.**
Il s'agit d'une relation entre un élément et le vêtement dont il fait partie.

27 **Réponse B : bi / tri.**
Il s'agit du préfixe pour doubler ou tripler.

28 **Réponse C : brandade / couscous.**
Il s'agit du rapport entre un plat traditionnel et l'un de ses ingrédients principax.

29 **Réponse B : Richter / Celsius.**
Il s'agit du rapport entre un scientifique et une échelle de graduation à laquelle il a donné son nom.

30 **Réponse D : pupitre / chevalet.**
Il s'agit du rapport entre un support et un artiste.

■ Test en temps limité

31 **Réponse B : faîne.**
L'analogie porte sur le fruit et l'arbre.

32 **Réponse D : Argentine.**
L'analogie porte sur le pays et la danse emblématique.

33 **Réponse B : mettre.**
L'analogie est basée sur l'impératif et l'infinitif du verbe.

34 **Réponse A : son.**
L'analogie porte sur la composition : un parfum est un composé d'odeurs, et une musique, un composé de sons.

35 **Réponse B : Tamise.**
L'analogie porte sur la ville et le fleuve qui la traverse.

36 **Réponse B : moteur / sucre.**
L'essence fait fonctionner le moteur, et le sucre, les muscles.

37 **Réponse C : émeraude / bleu.**
Le vert est la couleur de l'émeraude, le bleu, celle du saphir.

38 **Réponse A : moitié / demie.**
Le quart est la moitié d'une moitié et la demie, la moitié d'un entier.

39 **Réponse D : main / plante.**
La paume et la plante sont les intérieurs de la main et du pied.

40 **Réponse B : forestier / bête.**
Ce sont des mots de la même famille où le « ê » du nom devient « es » dans l'adjectif.

FICHE 4

Les raisonnements logiques

QUESTIONS FACILES

1 Olive est plus petit que Pedro mais plus grand que Salim. Pedro est plus grand que Thierry, lui-même plus grand qu'Olive.
Qui est le plus petit ?

❑ A. Salim
❑ B. Pedro
❑ C. Thierry
❑ D. Olive

2 Ali est plus âgé que Bob, Bob est plus âgé que Dan, Cyd est plus jeune que Bob et Dan est plus jeune que Cyd.
Qui est le plus âgé ?

❑ A. Ali
❑ B. Bob
❑ C. Cyd
❑ D. Dan

3 Brian est moins lourd que Carlos mais plus lourd qu'Alain. Alain est moins lourd que Didier mais plus lourd que Émile.
Si Carlos est moins lourd que Didier, que peut-on affirmer avec certitude ?

❑ A. Le plus lourd est Didier et le plus léger est Émile.
❑ B. Le moins lourd est Alain et le plus lourd est Didier.
❑ C. On ne peut connaître à la fois le plus lourd et le plus léger.
❑ D. Brian est plus léger qu'Alain.

4 Cac est plus riche que Bob qui est plus riche que Dow mais moins riche que Forb. Forb n'est pas moins riche que Cac.
Qui est le moins riche ?

❑ A. Cac
❑ B. Bob
❑ C. Dow
❑ D. Forb

5 Doris est plus âgée que Paula mais n'est pas plus jeune que Fabia. Paula est moins jeune que Valia.
Qui est la plus jeune ?

❑ A. Valia
❑ B. Fabia
❑ C. Paula
❑ D. On ne peut pas savoir.

6 La mère du père de cette femme est la sœur de mon grand-père.
Cette femme est :

❑ A. ma mère
❑ B. ma cousine
❑ C. ma tante
❑ D. ma sœur

7 **L'épouse du père de ma tante maternelle est :**

- ❑ A. ma mère
- ❑ B. ma cousine
- ❑ C. ma grand-mère
- ❑ D. ma tante

8 **La grand-mère du fils de ma sœur est :**

- ❑ A. ma tante
- ❑ B. ma sœur
- ❑ C. ma mère
- ❑ D. ma nièce

9 **La sœur du fils de mon frère est :**

- ❑ A. ma nièce
- ❑ B. ma tante
- ❑ C. ma sœur
- ❑ D. ma cousine

10 **Si je n'ai qu'une sœur, le fils de la tante de mon neveu est :**

- ❑ A. mon père
- ❑ B. mon frère
- ❑ C. mon oncle
- ❑ D. mon fils

11 Lors d'une course cycliste, Raoul double le deuxième puis se fait dépasser par deux coureurs.
À quelle place termine-t-il la course ?

- ❑ A. 1re place
- ❑ B. 2e place
- ❑ C. 3e place
- ❑ D. 4e place

12 Tom double le premier puis se fait dépasser par un troisième concurrent.
À quelle place termine-t-il la course ?

- ❑ A. 1re place
- ❑ B. 2e place
- ❑ C. 3e place
- ❑ D. 4e place

13 Il y a cinq personnes dans cette file d'attente. Il y a deux personnes entre Abel et Diego, il y a trois personnes entre Félix et Diego et Boris est entre Abel et Carlos.
Qui est le troisième de la file ?

- ❑ A. Abel
- ❑ B. Boris
- ❑ C. Diego
- ❑ D. Felix

14 Voici la description d'un assemblage de poupées russes. La poupée verte est dans la poupée rouge et contient la poupée jaune. La poupée bleue est contenue dans la poupée rouge et contient la poupée verte.
Quelle est la couleur de la poupée extérieure ?

- ❑ A. verte
- ❑ B. jaune
- ❑ C. rouge
- ❑ D. bleue

15 Il y a cinq phrases écrites sur un panneau :

a) Il y a une phrase fausse parmi les cinq.

b) Il y a deux phrases fausses parmi les cinq.

c) Il y a trois phrases fausses parmi les cinq.

d) Il y a quatre phrases fausses parmi les cinq.

e) Il y a cinq phrases fausses parmi les cinq.

Combien de propositions sont exactes ?

❑ A. 0 ❑ B. 1

❑ C. 3 ❑ D. 5

QUESTIONS PLUS DIFFICILES

Sur la planète Véga vivent des globus aux multiples couleurs dont le raisonnement et le comportement sont identiques à ceux des Terriens.
À la suite de chaque affirmation, vous choisirez la proposition qui s'en déduit.

16 S'il est faux de dire que tous les globus bleus sont bipèdes, alors :

- ❑ A. il existe au moins un globus bleu qui n'est pas bipède.
- ❑ B. les globus bleus sont tous des bipèdes.
- ❑ C. les globus verts ne sont pas tous bipèdes.
- ❑ D. tous les bipèdes sont des globus bleus.

17 Si tous les globus sont des habitants de Véga et si certains habitants de Véga sont verts, alors :

- ❑ A. il existe au moins un globus vert.
- ❑ B. tous les globus sont verts.
- ❑ C. les habitants de Véga qui sont verts sont des globus.
- ❑ D. il existe des globus qui ne sont pas verts.

18 Si tous les globus sont des extraterrestres et si Mirzo n'est pas un globus, alors :

- ❑ A. Mirzo est un extraterrestre.
- ❑ B. un extraterrestre est toujours un globus.
- ❑ C. on ne sait pas si Mirzo est un extraterrestre.
- ❑ D. il y a des globus qui ne sont pas des extraterrestres.

19 Si aucun globus n'est carnivore, si certains carnivores ont des écailles et si certains globus ont des écailles, alors :

- ❑ A. tous les globus ne sont pas carnivores.
- ❑ B. tous ceux qui ont des écailles sont des carnivores ou des globus.
- ❑ C. les globus ont des écailles, car ils ne sont pas carnivores.
- ❑ D. tous les carnivores ont des écailles.

20 Si certains globus travaillent comme mineurs et si tous les mineurs habitent dans des grottes, alors :

- ❑ A. tous les globus habitent dans des grottes.
- ❑ B. certains globus n'habitent pas dans des grottes.
- ❑ C. certains mineurs n'habitent pas dans des grottes.
- ❑ D. quelques globus mineurs n'habitent pas dans des grottes.

21 **Si aucun globus n'a de cheveux et si quelques extraterrestres sont chevelus, alors :**

- ❑ A. tous les extraterrestres n'ont pas de cheveux.
- ❑ B. tous les globus ne sont pas des extraterrestres.
- ❑ C. si un extraterrestre a des cheveux, ce n'est pas un globus.
- ❑ D. aucun extraterrestre n'est un globus.

22 **Si aucun globus ne sait écrire, si ceux qui écrivent sont tristes et si ceux qui sont tristes n'ont pas de peau colorée, alors :**

- ❑ A. les globus ont toujours une peau colorée.
- ❑ B. tous les globus incolores savent écrire.
- ❑ C. certains globus qui écrivent n'ont pas de couleur.
- ❑ D. on ne peut rien conclure de ces suppositions.

23 **Si parmi les globus certains sont bleus, sans cheveux et si les globus sont des habitants de Véga, alors :**

- ❑ A. il y a de nombreux habitants de Véga chevelus.
- ❑ B. tous les habitants de Véga sont bleus.
- ❑ C. la plupart des habitants de Véga sont bleus.
- ❑ D. quelques habitants de Véga peuvent avoir des cheveux.

24 **Si aucun globus n'est alcoolique et si de nombreux extraterrestres sont alcooliques, alors :**

- ❑ A. aucun globus ne boit d'alcool.
- ❑ B. tous les extraterrestres sont des globus.
- ❑ C. aucun alcoolique n'est un globus.
- ❑ D. tous les extraterrestres sont des alcooliques.

25 **Si les globus bleus aiment le chou et s'il n'existe pas de globus qui n'aiment pas le chocolat, alors :**

- ❑ A. si un globus n'aime pas le chocolat, il est bleu.
- ❑ B. si un globus aime le chou, il est bleu.
- ❑ C. Sry est un globus bleu donc il aime le chou et le chocolat.
- ❑ D. un globus bleu n'aime pas forcément le chocolat.

26 Sur cette table, il y a trois coffrets numérotés 1, 2, 3.
Sur le n° 1 est écrit : le trésor est ici.
Sur le n° 2 est écrit : le trésor est dans le 3e coffret.
Sur le n° 3 est écrit : le trésor n'est pas là.
Sachant qu'une de ces inscriptions est fausse, où est le trésor ?

- ❑ A. dans le coffret n° 1
- ❑ B. dans le coffret n° 2
- ❑ C. dans le coffret n° 3
- ❑ D. On ne peut pas le savoir.

27 Trois amies se retrouvent à la bibliothèque municipale. Amandine dit : « Je suis sûre que Moulbaer a écrit plus de cinq livres. » Béa lui répond : « Mais non, il en a écrit moins de cinq. » Et Carine rétorque : « Quant à moi, je pense qu'il n'a pas écrit un seul livre. » Or deux de ces affirmations sont inexactes.
Combien de livres Moulbaer a-t-il écrit ?

- ❑ A. aucun
- ❑ B. 1
- ❑ C. 5
- ❑ D. plus de 5

28 Nous sommes cinq en file indienne et je suis au milieu. Le premier affirme que celui qui le suit dit vrai. Le deuxième affirme qu'il y a un menteur soit juste devant lui soit juste derrière lui. Le dernier affirme être précédé par quelqu'un qui dit la vérité.
S'il n'y a qu'un menteur dans cette file, qui est-ce ?

- ❑ A. le premier
- ❑ B. le deuxième
- ❑ C. le troisième
- ❑ D. le dernier

29 Pour retrouver mon cadeau, je dois résoudre cette énigme : mon cadeau est dans l'une des trois boîtes A, B, C.
Sur la boîte A, on lit : le cadeau est dans cette boîte.
Sur la boîte B, on lit : le cadeau n'est pas dans cette boîte.
Sur la boîte C, on lit : le cadeau n'est pas dans la boîte A.
Si seule une affirmation est exacte, dans quelle boîte est le cadeau ?

- ❑ A. dans la boîte A
- ❑ B. dans la boîte B
- ❑ C. dans la boîte C
- ❑ D. On ne peut pas savoir.

30 On fait préparer un ballotin de 36 bouchées au chocolat. Certaines sont en chocolat noir, 18 sont en chocolat au lait et une douzaine sont fourrées à la pâte d'amande.
Quelle affirmation est inexacte ?

- ❑ A. Il peut y avoir plus de bouchées au lait non fourrées que de bouchées au chocolat noir non fourrées.
- ❑ B. Il peut y avoir plus de 18 bouchées qui ne sont ni fourrées ni au chocolat au lait.
- ❑ C. Il peut y avoir plus de bouchées au lait non fourrées que de bouchées au lait fourrées.
- ❑ D. Il peut y avoir autant de bouchées noires fourrées que de bouchées au chocolat au lait fourrées.

TEST EN TEMPS LIMITÉ *(15 minutes)*

31 Voici quatre phrases à compléter pour que les affirmations soient exactes.

Sur cette affiche il y a :
a) … fois le chiffre 1
b) … fois le chiffre 2
c) … fois le chiffre 3
d) … fois le chiffre 4

Parmi les propositions suivantes, laquelle peut convenir ?

❑ A. a = 1, b = 1, c = 3, d = 1

❑ B. a = 2, b = 3, c = 2, d = 1

❑ C. a = 3, b = 1, c = 3, d = 1

❑ D. a = 1, b = 3, c = 2, d = 1

32 Il y a grève de RER. Si je prends ma moto, j'ai des chances d'arriver avant la fermeture de la crèche ; si je prends la voiture, j'arriverai certainement après l'heure de la fermeture. **J'ai récupéré mon enfant à l'heure donc :**

❑ A. j'ai obligatoirement pris la moto.

❑ B. il est certain que je n'ai pas pris la voiture.

❑ C. j'ai pris obligatoirement la voiture.

❑ D. aucune des propositions ci-dessus n'est exacte.

33 Ce soir, vous pouvez aller au cinéma ou regarder la télévision. Si vous allez au cinéma, vous prendrez la voiture ou le bus. **Finalement, vous ne prenez ni la voiture ni le bus, que peut-on en déduire ?**
a) Vous allez au cinéma.
b) Vous n'allez pas au cinéma.
c) Vous regardez la télévision.
d) Vous ne regardez pas la télévision.
e) On ne sait pas si vous regardez la télévision.

❑ A. a et e ❑ B. b et e

❑ C. b et c ❑ D. a et c

34 **Si certains de mes collègues sont syndiqués et si tous ceux qui sont syndiqués portent un badge, alors on peut affirmer que :**

❑ A. certains de mes collègues syndiqués ne portent pas de badges.

❑ B. tous les collègues portent un badge.

❑ C. certains parmi ceux qui portent un badge sont mes collègues.

❑ D. tous ceux qui portent un badge sont mes collègues.

35 « Il est faux d'affirmer que tous les colorants sont cancérigènes. »
Cette affirmation est équivalente à :

❑ A. Il existe au moins un colorant cancérigène.

❑ B. Il existe au moins un colorant non cancérigène.

❑ C. Les colorants sont tous cancérigènes.

❑ D. Les colorants sont tous non cancérigènes.

36 On dit que « la nuit tous les chats sont gris », mais on dit aussi que « quand le chat n'est pas là, les souris dansent ».
Si les souris ne dansent pas, que peut-on conclure de ces deux dictons ?

❑ A. Il y a un chat, il est peut-être gris et il fait peut-être nuit.

❑ B. Il y a un chat gris et il fait nuit.

❑ C. Il n'y a pas de chat et il fait jour.

❑ D. Il y a un chat et s'il est gris, c'est la nuit.

37 **Si Anna est plus grande que Béa mais plus petite que Carla, si Béa est plus petite que Dora et si Dora est plus petite que Carla, qui est la plus petite ?**

❑ A. Anna ❑ B. Béa

❑ C. Carla ❑ D. Dora

38 **Si je n'ai qu'un frère, la grand-mère de la nièce de mon frère est :**

❑ A. ma sœur

❑ B. ma cousine

❑ C. ma mère

❑ D. ma grand-mère

39 Au sprint final, Abel double le troisième, alors que le deuxième double le premier. **À quelle place termine Abel ?**

❑ A. 1er ❑ B. 2e

❑ C. 3e ❑ D. 4e

40 Pour réussir au test, il faut de la perspicacité, et la concentration est indispensable à la réussite au test.
Parmi les propositions suivantes, laquelle est certaine ?

❑ A. Il faut être concentré pour être perspicace.

❑ B. Il faut réussir au test pour être concentré.

❑ C. Il faut être à la fois concentré et perspicace pour réussir au test.

❑ D. Si l'on n'est ni concentré ni perspicace, on peut néanmoins réussir au test.

Réponses

■ Questions faciles

1 **Réponse A : Salim.**
On peut ordonner du plus petit au plus grand :
Salim < Olive < Thierry < Pedro.

2 **Réponse A : Ali.**
On peut ordonner du plus jeune au plus âgé : Dan < Cyd < Bob < Ali.

3 **Réponse A : Le plus lourd est Didier et le plus léger est Émile.**
On peut ordonner du moins lourd au plus lourd :
Émile < Alain < Brian < Carlos < Didier.

4 **Réponse C : Dow.**
On peut ordonner du moins riche au plus riche :
Dow < Bob < Cac < Forb.

5 **Réponse D : On ne peut pas savoir.**
On ne peut ordonner complètement selon l'âge les personnages :
Paula < Doris et Fabia < Doris mais aussi Valia < Paula.

6 **Réponse B : ma cousine.**

7 **Réponse C : ma grand-mère.**

8 **Réponse C : ma mère.**

9 **Réponse A : ma nièce.**

10 **Réponse D : mon fils.**

11 **Réponse D : 4e place.**
Raoul devient le deuxième puis se fait dépasser par deux coureurs, il devient le quatrième.

12 **Réponse B : 2e place.**
Tom devient premier puis se fait dépasser, il devient le deuxième.

13 **Réponse B : Boris.**
Les personnes peuvent se ranger ainsi :
Felix – Abel – Boris – Carlos – Diégo.

14 **Réponse C : rouge.**
Les poupées sont incluses les unes dans les autres, ainsi :
Jaune $\subset$ verte $\subset$ bleue $\subset$ rouge.

15 **Réponse B : 1.**
La phrase exacte est la « d », les autres sont inexactes.

Questions plus difficiles

16 **Réponse A : il existe au moins un globus bleu qui n'est pas bipède.**

17 **Réponse D : il existe des globus qui ne sont pas verts.**

18 **Réponse C : on ne sait pas si Mirzo est un extraterrestre.**

19 **Réponse A : tous les globus ne sont pas carnivores.**

20 **Réponse B : certains globus n'habitent pas dans des grottes.**

21 **Réponse C : si un extraterrestre a des cheveux, ce n'est pas un globus.**

22 **Réponse D : on ne peut rien conclure de ces suppositions.**

23 **Réponse D : quelques habitants de Véga peuvent avoir des cheveux.**

24 **Réponse C : aucun alcoolique n'est un globus.**

25 **Réponse C : Sry est un globus bleu donc il aime le chou et le chocolat.**

26 **Réponse A : dans le coffret n° 1.**
On teste les différentes possibilités.
Si la phrase du n° 1 est fausse, il y a contradiction entre les affirmations écrites en 2 et 3.
Si la phrase du n° 3 est fausse, il y a contradiction entre les affirmations 3 et 1.
Si la phrase du n° 2 est fausse, le trésor n'est pas en 3, il est en 1.

27 **Réponse B : 1.**
On teste différentes possibilités.
Si Amandine dit vrai, Béa ment et Carine ment. Mouelbaer aurait écrit un livre ou plus de cinq livres, il y a une contradiction.
Si Béa dit vrai, Amandine ment et Carine aussi, donc Mouelbaer a écrit moins de cinq livres : il a écrit un livre, ce qui est compatible.

28 **Réponse C : le troisième.**
Le troisième, c'est moi !
En effet, si le premier dit vrai, alors le deuxième dit vrai et il est suivi par le troisième qui est le menteur. Quant au dernier, le cinquième, il est précédé par le quatrième qui dit vrai.

29 **Réponse B : dans la boîte B.**
On teste les différentes possibilités.
Si A est exacte, B et C sont inexactes donc le cadeau est en B et en A, ce qui est contradictoire.
Si B est exacte, A et C sont inexactes donc le cadeau n'est pas en A, et est en A, ce qui est contradictoire.
Si C est vrai, A et B sont inexactes : le cadeau n'est pas en A, il est en B.

30 **Réponse B : Il peut y avoir plus de 18 bouchées qui ne sont ni fourrées ni au chocolat au lait.**
La réponse A est exacte, par exemple : 14 lait non fourrées et 10 noir non fourrées puis 4 lait et 8 noir fourrées.
La réponse B est fausse : si toutes les bouchées au lait sont fourrées, il reste 18 bouchées au chocolat noir, pas plus.
La réponse C est exacte, par exemple : 15 bouchées au lait non fourrées et 3 au lait fourrées, 9 noires non fourrées et 9 noires fourrées.
La réponse D est exacte, par exemple : 6 bouchées au lait fourrées et 12 au lait non fourrées, 6 noires fourrées et 12 noires non fourrées.

■ Test en temps limité

31 **Réponse C : a = 3, b = 1, c = 3, d = 1.**

32 **Réponse D : Aucune des propositions ci-dessus n'est exacte.**
Aucune des propositions n'est certaine.

33 **Réponse B : b et e.**

34 **Réponse C : Certains parmi ceux qui portent un badge sont mes collègues.**

35 **Réponse B : Il existe au moins un colorant non cancérigène.**

36 **Réponse A : Il y a un chat, il est peut-être gris et il fait peut-être nuit.**
Les dictons se résument en implications : nuit $\Rightarrow$ chat gris et chat absent $\Rightarrow$ souris dansent.
Si les souris ne dansent pas, alors c'est que le chat est là, mais on n'a aucune information sur sa couleur ou le fait qu'il fasse ou non nuit.

37 **Réponse B : Béa.**
Avec la première information, on a : $B < A < C$; avec la suivante, on a $B < D$; et avec la dernière, on a $D < C$. Le personnage le plus petit est donc Béa.

38 **Réponse C : ma mère.**

39 **Réponse C : 3e.**

40 **Réponse C : Il faut être à la fois concentré et perspicace pour réussir au test.**

FICHE 5

L'organisation chronologique

QUESTIONS FACILES

1 Voici les étapes mélangées d'une recette de caviar d'aubergine.

1. Versez dans un bol, placez au frais avant de déguster.
2. Enlevez la pulpe, ajoutez le jus d'un citron, l'ail et mixez.
3. Pendant ce temps, pelez et hachez l'ail.
4. Enveloppez-les dans du papier d'alu, enfournez et faites cuire 10 minutes.
5. Lavez les aubergines et enlevez les pédoncules.
6. Préchauffez le four à 240 °C.
7. Sortez les aubergines du four et coupez-les en deux.

En remettant dans l'ordre chronologique les étapes de cette recette, quelle est l'avant-dernière phrase ?

❑ A. 1 ❑ B. 2 ❑ C. 4 ❑ D. 6

2 **Rétablissez l'ordre de ces instructions pour l'enregistrement d'un événement cardiaque avec un cardiomémo.**

1. Ensuite, déclenchez l'enregistrement en appliquant une pression sur le bouton orange.
2. Puis posez vos bras sur une table, les bras doivent être les plus détendus possible.
3. Asseyez-vous devant une table, relaxez-vous et respirez calmement.
4. Pendant l'enregistrement qui dure 30 secondes, veillez à ne pas parler et à ne pas bouger afin de ne pas perturber l'enregistrement.
5. 30 secondes après le déclenchement de l'enregistrement, le son s'arrête automatiquement, l'enregistrement est terminé.

❑ A. 3-2-1-4-5 ❑ B. 1-3-2-4-5

❑ C. 1-2-3-5-4 ❑ D. 3-2-1-5-4

3 **Rétablissez l'ordre des instructions pour remplacer une pile.**

1. Mettre en place la nouvelle pile en faisant attention à la parité.
2. Remettre en place le capot.
3. Retirer le capot du compartiment de pile situé au dos de l'appareil.
4. Retirer l'ancienne pile du compartiment.
5. En cas de non-utilisation prolongée, retirer la pile pour éviter qu'elle ne se décharge.

❑ A. 1-3-4-5-2 ❑ B. 3-4-1-2-5

❑ C. 3-4-2-1-5 ❑ D. 5-4-3-1-2

4 Retrouvez l'ordre logique de l'évolution d'un enfant.

☐ A. 3-4-5-1-2 ☐ B. 3-1-2-5-4

☐ C. 5-1-2-3-4 ☐ D. 5-1-3-2-4

5 Retrouvez l'ordre logique de réalisation de cet idéogramme.

1 2 3 4 5 6

☐ A. 2-1-4-3-6-5 ☐ B. 2-1-4-5-6-3

☐ C. 2-4-1-5-6-3 ☐ D. 2-4-1-6-3-5

6 Retrouvez l'ordre dans lequel ces crayons ont été posés les uns sur les autres.

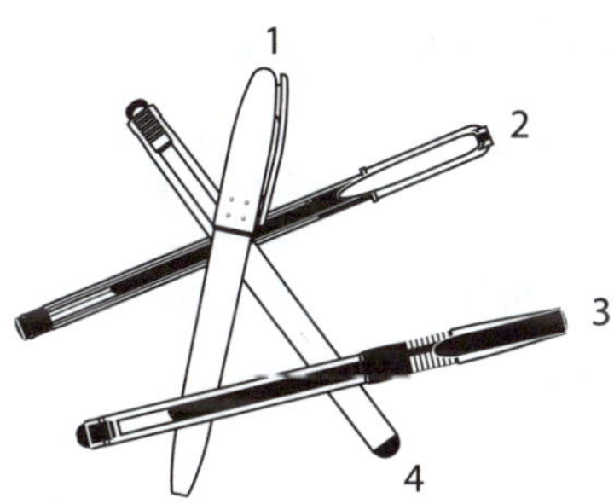

☐ A. 1-2-4-3 ☐ B. 2-4-1-3

☐ C. 4-2-1-3 ☐ D. 2-3-4-1

7 Retrouvez l'ordre de réalisation d'un nœud.

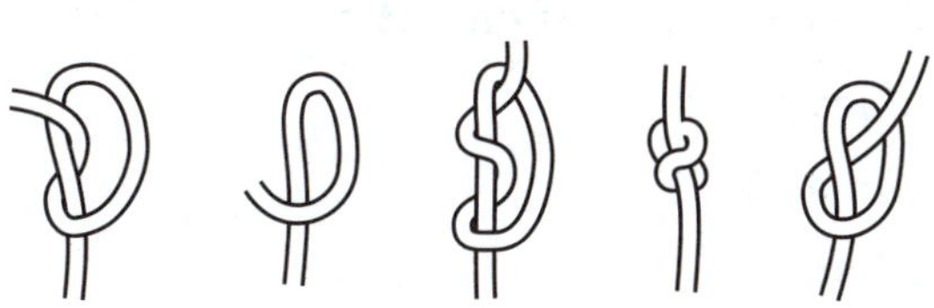

1 2 3 4 5

☐ A. 1-2-5-3-4 ☐ B. 2-1-5-3-4

☐ C. 2-5-1-4-3 ☐ D. 2-5-1-3-4

8 **Si demain est vendredi et si mon rendez-vous d'hier est reporté au même jour la semaine suivante, soit 2 jours avant mon hospitalisation, quel jour serai-je hospitalisé ?**

❑ A. mercredi ❑ B. jeudi

❑ C. vendredi ❑ D. lundi

9 L'anniversaire de Marc a lieu l'avant-veille du départ en vacances, il suit celui de sa fille qui, 5 jours plus tôt, était un samedi.
Quel jour Marc part-il en vacances ?

❑ A. mercredi ❑ B. jeudi

❑ C. vendredi ❑ D. samedi

10 J'ai commandé des pneus neige avant-hier, ils doivent être disponibles demain, soit la veille de mon départ sur les routes enneigées.
Ma commande a eu lieu lundi.
Quand est prévu mon départ ?

❑ A. vendredi ❑ B. samedi

❑ C. dimanche ❑ D. lundi

11 **Remettez les phrases suivantes en ordre.**

1. sont souvent interdits
2. et leur utilisation
3. des risques d'élimination
4. les crayons de couleur
5. vous expose à

❑ A. 4-1-2-5-3 ❑ B. 3-4-5-2-1

❑ C. 4-2-5-1-3 ❑ D. 4-2-1-5-3

12 **Remettez les phrases suivantes en ordre.**

1. et les dates d'inscription
2. publié au *Journal Officiel*
3. précisant notamment
4. chaque concours
5. le nombre des postes à pourvoir
6. fait l'objet d'un arrêté

❑ A. 4-6-3-1-5-2 ❑ B. 5-1-6-2-3-4

❑ C. 5-2-3-1-4-6 ❑ D. 4-6-2-3-5-1

13 Remettez les phrases suivantes en ordre.

1. sont du niveau
2. attendues des candidats
3. le texte précisant
4. du diplôme national du brevet
5. indique que les connaissances
6. les modalités du concours

❑ A. 3-6-5-2-1-4 ❑ B. 3-4-6-1-2-5

❑ C. 3-6-1-4-5-2 ❑ D. 6-2-1-4-3-5

14 Pour préparer une soupe de légumes, dans quel ordre effectuez-vous ces tâches ?

1. Sortir assiettes et cuillères à soupe avant de servir.
2. Détailler les légumes en petits morceaux.
3. Laver les légumes.
4. Vérifier si vous avez les épices nécessaires ou aller en acheter.
5. Aller au marché choisir les légumes.
6. Laisser mijoter 25 minutes avant de mixer.

❑ A. 3-2-1-5-4-6 ❑ B. 5-2-3-4-6-1

❑ C. 5-6-2-3-4-1 ❑ D. 5-4-3-2-6-1

15 Remettez en ordre chronologique les consignes données à une nounou.

1. Mettre les sous-vêtements dans le panier à linge sale.
2. Faire un jeu de société en attendant l'arrivée des parents.
3. Préparer le goûter et l'emporter à la sortie de l'école.
4. Faire prendre la douche et mettre les enfants en pyjama.
5. Aller chercher les enfants à la sortie de l'école.
6. Au retour de l'école, laisser les enfants jouer une demi-heure.

❑ A. 3-5-6-4-1-2 ❑ B. 5-6-3-1-2-4

❑ C. 5-3-2-4-1-6 ❑ D. 2-3-5-6-4-1

QUESTIONS PLUS DIFFICILES

16 Complétez la phrase suivante avec les nombres : 2014 – 2004 – 7,8 – 7,4 – 5.

L'apport moyen en sel a diminué de ...(1)... % entre ...(2)... et ...(3)... passant de ...(4)... à ...(5)... g/j.

Les propositions de réponses sont données dans l'ordre (1) – (2) – (3) – (4) – (5).

❑ A. 5 – 2004 – 2014 – 7,8 – 7,4

❑ B. 7,8 – 2004 -2014 – 5 – 7,4

❑ C. 5 – 2014 – 2004 – 7,4 – 7,8

❑ D. 5 – 2004 – 2014 – 7,4 – 7,8

17 Complétez la phrase suivante avec les nombres : 2013 – 4,3 – 1980 – 10,8.

Depuis les lois de décentralisation des années ...(1)..., les collectivités territoriales ont vu leur rôle constamment renforcé dans le domaine sportif. Elles ont consacré ...(2)... milliards d'euros au sport en ...(3)..., l'État apportant pour sa part annuellement ...(4)... milliards d'euros.

❑ A. 1980 – 4,3 – 2013 – 10,8

❑ B. 1980 – 10,8 – 2013 – 4,3

❑ C. 2013 –10,8 –1980 – 4,3

❑ D. 2013 – 4,3 – 1980 – 10,8

18 Complétez la phrase suivante avec les nombres : 31 – 15 – 13 – 43.

Lorsque je suis parti à ...(1)... h, le réservoir de mon véhicule contenait ...(2)... litres ; à mon arrivée vers ...(3)... h, il ne restait que ...(4)....

❑ A. 15 – 31 – 13 – 43

❑ B. 13 – 43 – 15 – 31

❑ C. 15 – 43 – 13 – 31

❑ D. 13 – 31 – 15 – 43

19 Complétez la phrase suivante avec les nombres : 2005 – 80 – 65 – 60 – 2035 – 5 – 3.

En ...(1)..., un Français sur ...(2)... était âgé de plus de ...(3)... ans. D'ici à ...(4)... le nombre de seniors aura augmenté de ...(5)... % et la proportion des plus de ...(6)... sera de un Français sur ...(7)...

❑ A. 2005 – 5 – 65 – 2035- 3 – 60 – 80

❑ B. 2005 – 3 – 80 – 2035 – 5 – 65 – 60

❑ C. 2005 – 5 – 60 – 2035 – 80 – 65 – 3

❑ D. 2035 – 5 – 65 – 2005 – 3 – 60 – 80

20 **Complétez la phrase suivante avec les nombres : 2007 – 15 – 18 – 2000 – 2008 – 1995 – 16,1 – 2011.**

La proportion de salariés à bas salaire augmente depuis ...(1)... alors qu'elle avait diminué dans les années ...(2)... Supérieure à ...(3)... % en ...(4)..., cette part était descendue sous la barre des ...(5)... % en ...(6)... avant de remonter à ...(7)... % en ...(8)...

❑ A. 2008 – 2000 – 18 – 1995 – 15 – 2007 – 16,1 – 2011

❑ B. 2000 – 1995 – 15- 2007 – 16,1 – 2008 – 18 – 2011

❑ C. 1995 – 2000 – 15 – 2007 –18 – 2008 –16,1 –2011

❑ D. 2007 – 2000 – 18 –1995 – 16,1 – 2007 – 15 – 2011

21 Les sept livres composant cette saga sont parus sur une dizaine d'années. Le tome 1 est paru dix ans avant le tome 7 et un an avant le tome 2. Le tome 2 est paru sept ans avant le tome 6 et un an avant le tome 3. Le tome 3 est paru quatre ans avant le tome 5 et un an avant le tome 4. Le tome 4 est paru en 2000, soit trois ans avant le tome 5.
Quel tome est paru en 1998 ?

❑ A. tome 1 ❑ B. tome 2 ❑ C. tome 3 ❑ D. tome 4

22 Les six épisodes de cette histoire ont pour titre : *Menace, Empire, République, Vestiges, Étoile, Apprenti.*
Les épisodes : *République, Empire et Menace* d'une part et ceux d'*Étoile, Apprenti, Vestiges* d'autre part ont été réalisés régulièrement tous les trois ans.
Entre les épisodes *Empire* et *Vestiges*, il s'est écoulé seize ans et entre le premier épisode *Menace* et le dernier *Apprenti*, il s'est écoulé vingt-huit ans. **Retrouvez l'ordre des épisodes de cette histoire.**

❑ A. *Menace – Empire – République – Étoile – Vestiges – Apprenti*

❑ B. *Menace – République – Étoile – Vestiges – Empire – Apprenti*

❑ C. *Menace – République – Empire – Vestiges – Étoile – Apprenti*

❑ D. *Menace – Vestiges – Étoile – Empire – République – Apprenti*

23 C'est en 1921, à 32 ans, que Charlie Chaplin réalisa son film *Le kid*. Dix ans plus tard, il réalisa *Les lumières de la ville* et c'est vingt-cinq ans avant sa mort survenue en 1977 qu'il réalisa *Les feux de la rampe*, son dernier film.
Entre *Les lumières de la ville* et *Les temps modernes*, il s'est écoulé cinq ans.
Entre *La ruée vers l'or* et *Le dictateur*, il s'est écoulé quinze ans.
Il réalisa *Le dictateur* à 51 ans, c'était douze ans avant *Les feux de la rampe* et quatre ans après *Les temps modernes*.
Retrouvez l'ordre chronologique de réalisation de ces six films.

❑ A. *Le kid – La ruée vers l'or – Les lumières de la ville – Les temps modernes – Le dictateur – Les feux de la rampe*

❑ B. *Le dictateur – Les feux de la rampe – Le kid – La ruée vers l'or – Les temps modernes – Les lumières de la ville*

❑ C. *Les lumières de la ville – Le kid – La ruée vers l'or – Les temps modernes – Le dictateur – Les feux de la rampe*

❑ D. *Le dictateur – Les feux de la rampe – Le kid – La ruée vers l'or – Les lumières de la ville – Les temps modernes*

24 Au cours de leur vie, ces quatre peintres impressionnistes se sont croisés. Ainsi, quand Pissaro rencontre Corot, ils ont respectivement 25 et 59 ans. C'est douze ans plus tard que Pissaro rencontre Monet son cadet de dix ans et c'est en 1861 qu'il croise Cézanne qui a un an de plus que Monet. **Sachant que Pissaro est né en 1830, rangez ces peintres selon l'ordre croissant de leur année de naissance.**

❑ A. Pissaro – Cézanne – Corot – Monet

❑ B. Cézanne – Pissaro – Monet – Corot

❑ C. Corot – Pissaro – Monet – Cézanne

❑ D. Corot – Pissaro – Cézanne – Monet

25 Ils sont cinq acteurs à avoir interprété un même héros.
En 1963, SC avait 33 ans lorsqu'il a joué pour la première fois ce rôle, et dix ans plus tard, c'est RM âgé de 46 ans qui a pris la relève jusqu'en 1985. DC a repris le rôle à 38 ans, soit 43 ans après la première interprétation et quatre ans après son prédécesseur. TM, né en 1946, a interprété le héros deux ans après la dernière interprétation de RM, et PB avait 49 ans pour sa dernière interprétation en 2002.
Rangez ces acteurs selon leur année de naissance.

❑ A. SC – RM – TM – PB – DC

❑ B. SC – RM – PB – TM – DC

❑ C. RM – SC – TM – PB – DC

❑ D. TM – SC – RM – PB – DC

26 On a quatre horloges : A indique 15 h 20, B indique 15 h 15, C indique 15 h 25 et D indique 15 h 10.
Si l'une avance de 5 minutes, si une autre avance de 10 minutes et si une autre retarde de 5 minutes, quelle horloge indique l'heure exacte ?

❑ A ❑ B

❑ C ❑ D

27 On a quatre horloges : A indique 2 h moins 20 minutes, B indique 1 h trois quarts, C indique 2 h et D indique 2 h moins 5 minutes.
Si l'une avance de 5 minutes, si une autre retarde de 10 minutes et si une autre retarde de 15 minutes, quelle horloge indique l'heure exacte ?

❑ A ❑ B

❑ C ❑ D

28 On a quatre horloges : A indique midi juste, B indique 11 h 50 minutes, C indique 12 h 05 et D indique midi moins 5 minutes.
Si l'une retarde de 5 minutes, si une autre retarde de 10 minutes et si une autre avance de 5 minutes, quelle horloge indique l'heure exacte ?

❑ A ❑ B

❑ C ❑ D

29 On a quatre horloges : A indique 18 h 20, B indique 18 h 15, C indique 18 h et D indique 18 h 30.
Si l'une avance de 5 minutes, si une autre avance d'un quart d'heure et si une autre retarde d'un quart d'heure, quelle horloge indique l'heure exacte ?

❑ A ❑ B

❑ C ❑ D

30 On a quatre horloges : A indique 10 h 10, B indique 10 h et demie, C indique 10 h 20 et D indique 10 h un quart.
Si l'une avance d'un quart d'heure, une autre de 5 minutes et si une autre retarde de 5 minutes, quelle horloge indique l'heure exacte ?

❑ A ❑ B

❑ C ❑ D

TEST EN TEMPS LIMITÉ *(15 minutes)*

31 **Rétablissez l'ordre des manipulations pour détartrer une bouilloire.**

1. Faites bouillir, ensuite jetez l'eau chaude et rincez l'intérieur de la bouilloire à nouveau à l'eau claire.
2. Faites chauffer 400 mL d'eau dans la bouilloire.
3. Ensuite jetez la solution et rincez à l'eau claire.
4. Arrêtez la bouilloire et débranchez-la.
5. Remplissez à nouveau la bouilloire avec de l'eau du robinet jusqu'au niveau maximum.
6. Laissez agir toute une nuit.
7. Ajoutez 200 mL de vinaigre blanc.

❑ A. 2-4-3-1-5-6-7 ❑ B. 1-2-4-6-5-7-3

❑ C. 2-4-7-6-3-5-1 ❑ D. 2-4-6-5-3-7-1

32 **Rétablissez l'ordre de mise en place d'un tournebroche.**

1. Placer l'ensemble sur le gradin inférieur du four. L'extrémité de la broche se trouve alors face au carré d'entraînement.
2. Retirer du four la grille, la plaque à pâtisserie et la lèchefrite.
3. Poser la broche sur le support.
4. Déplier et poser le support de tournebroche sur le plat lèchefrite.
5. Embrocher la pièce à cuire, bien centrée entre les deux fourchettes.
6. Engager les extrémités du support dans les trous prévus à cet effet.

❑ A. 3-4-5-6-1-2 ❑ B. 2-3-4-5- 6-1

❑ C. 2-4-3-5-4-1 ❑ D. 2-4-6-5-3-1

33 **Rétablissez l'ordre des silhouettes permettant de soulever un paquet en adoptant une bonne posture. Seules quatre silhouettes adoptent une bonne posture, vous devez donc en éliminer deux.**

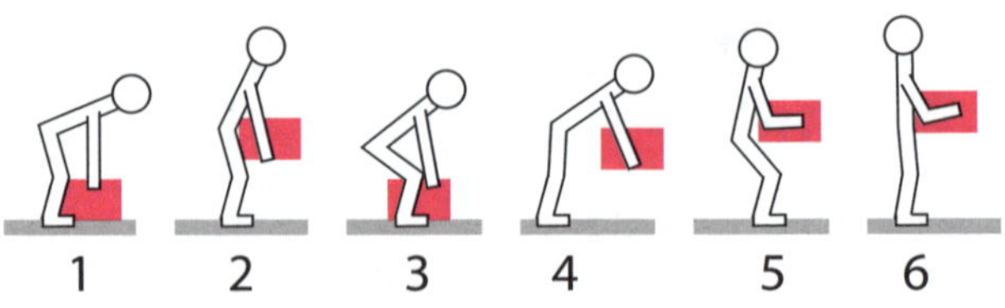

❑ A. 1-4-5-6 ❑ B. 3-2-5-6

❑ C. 1-3-4-6 ❑ D. 3-2-4-6

34 **Complétez la phrase suivante avec les nombres : 225 000 – 85 – 5 – 65 – 15 – 850 000.**

Aujourd'hui, la maladie d'Alzeimer est la plus fréquente des maladies neurodégénératives. Elle touche environ ...(1)... Français, le plus souvent des personnes âgées soit : ...(2)... de la population âgée de plus de ...(3)... ans et ...(4)... % de la population des personnes de plus de ...(5)... ans.

Chaque année, ...(6)... nouveaux cas sont recensés.

- ❑ A. 225 000 – 15 – 85 – 5 – 65 – 850 000
- ❑ B. 850 000 – 5 – 65 – 15 – 85 – 225 000
- ❑ C. 850 000 – 15 – 85 – 5 – 65 – 225 000
- ❑ D. 850 000 – 85 – 65 – 15 – 5 – 225 000

35 Je suis né un 16 juillet. **Quel jour vais-je le fêter cette année si le lendemain de l'avant-veille du 14 juillet est un mardi ?**

- ❑ A. jeudi
- ❑ B. vendredi
- ❑ C. samedi
- ❑ D. dimanche

36 On est lundi et cela fait trois jours que j'attends la livraison de cette commande. Le produit ne me sera livré que dans 5 jours, cela fera alors 10 jours que j'ai passé ma commande.
Quel jour ai-je passé ma commande ?

- ❑ A. lundi
- ❑ B. mardi
- ❑ C. mercredi
- ❑ D. jeudi

37 On a quatre horloges : A indique 9 h 05 minutes, B indique 9 heures, C indique 8 h 55 minutes et D indique 9 h moins 10 minutes.
Si l'une retarde de 5 minutes, une autre de 10 minutes et une troisième de 15 minutes, quelle horloge indique l'heure exacte ?

- ❑ A
- ❑ B
- ❑ C
- ❑ D

38 **Reconstituez la phrase.**

1. que pour les adultes
2. de réanimation
3. est exactement la même
4. la succession des procédures
5. pour les nourrissons

- ❑ A. 5-4-2-1-3
- ❑ B. 4-5-2-3-1
- ❑ C. 4-2-3-5-1
- ❑ D. 5-1-4-2-3

39 **Reconstituez la phrase.**

1. à tort et à travers à toutes les questions
2. donner moins de réponses
3. plutôt que de répondre
4. mais qu'elles soient justes
5. il est préférable de

❑ A. 3-1-2-4-5 ❑ B. 5-2-4-3-1

❑ C. 3-4-5-1-2 ❑ D. 5-3-1-4-2

40 **Remettez en ordre chronologique les activités suivantes.**

Pour aller participer au championnat, ce sportif établit une liste de tâches à effectuer :

1. Mettre le réveil pour le départ.
2. Remplir le formulaire d'inscription.
3. Monter sur le podium recevoir sa médaille.
4. Payer son inscription et renvoyer le dossier avec le formulaire.
5. Réserver un billet de train.
6. Préparer son matériel la veille du départ.

❑ A. 4-5-6-2-1-3 ❑ B. 2-4-5-6-1-3

❑ C. 1-2-4-5-6-3 ❑ D. 5-1-2-4-6-3

Réponses

■ Questions faciles

1 **Réponse B : 2.**
L'ordre des phrases de la recette est : 6-5-4-3-7-2-1.

2 **Réponse A : 3-2-1-4-5.**

3 **Réponse B : 3-4-1-2-5.**

4 **Réponse D : 5-1-3-2-4.**

5 **Réponce C : 2-4-1-5-6-3.**
On ajoute un tracé à chaque fois.

6 **Réponse B : 2-4-1-3.**
On observe les recouvrements, ainsi le 3 qui n'est pas recouvert est le dernier.

7 **Réponse D : 2-5-1-3-4.**

8 **Réponse C : vendredi.**

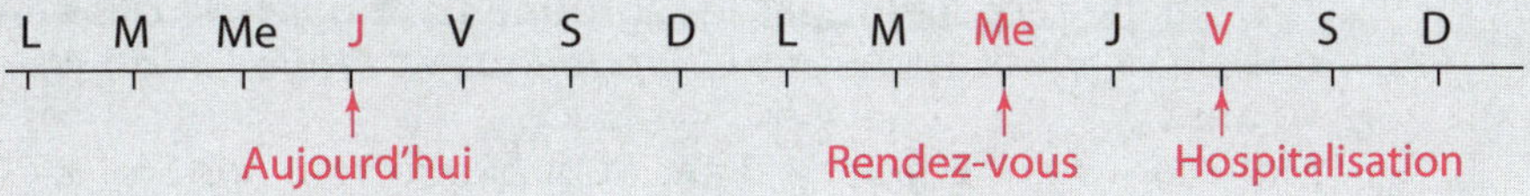

9 **Réponse D : samedi.**

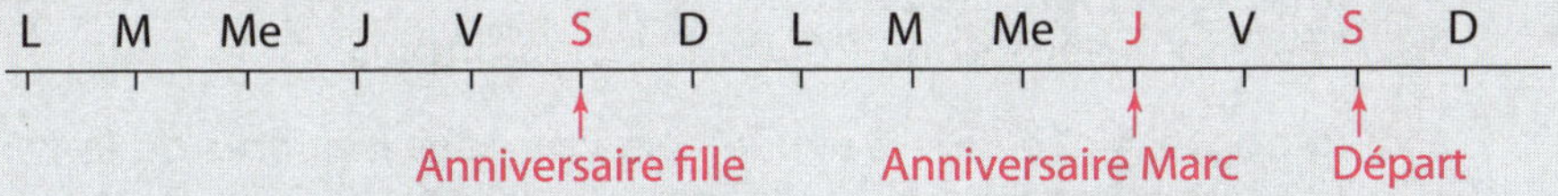

10 **Réponse A : vendredi.**

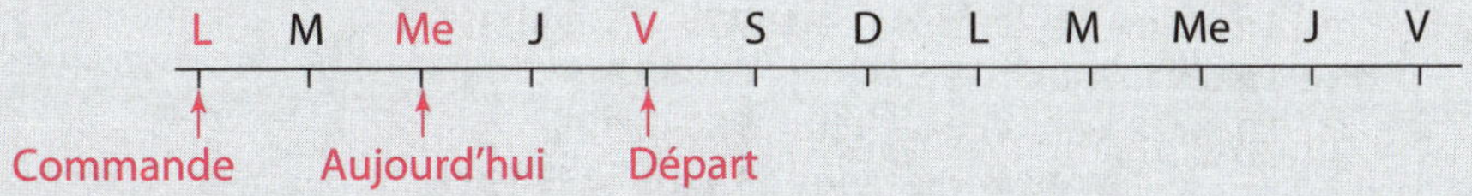

11 **Réponse A : 4-1-2-5-3.**
Les crayons de couleur sont souvent interdits et leur utilisation vous expose à des risques d'élimination.

12 **Réponse D : 4-6-2-3-5-1.**
Chaque concours fait l'objet d'un arrêté publié au *Journal Officiel* précisant notamment le nombre de postes à pourvoir et les dates d'inscription.

13 **Réponse A : 3-6-5-2-1-4.**
Le texte précisant les modalités du concours indique que les connaissances attendues des candidats sont du niveau du diplôme national du brevet.

14 **Réponse D : 5-4-3-2-6-1.**

15 **Réponse A : 3-5-6-4-1-2.**

■ Questions plus difficiles

16 **Réponse A : 5 – 2004 – 2014 – 7,8 – 7,4.**

17 **Réponse B : 1980 – 10,8 – 2013 – 4,3.**

18 **Réponse B : 13 – 43 – 15 – 31.**

19 **Réponse C : 2005 – 5 – 60 – 2035 – 80 – 65 – 3.**

20 **Réponse A : 2008 – 2000 – 18 – 1995 – 15 – 2007 – 16,1 – 2011.**

21 **Réponse B : tome 2.**
On raisonne à partir du tome 4 en 2000 : on a alors le tome 5 en 2003 et le tome 3 en 1999.
Le tome 2 est paru un an avant, soit en 1998.

22 **Réponse C : *Menace – République – Empire – Vestiges – Étoile – Apprenti*.**
On observe les propositions de réponses. On élimine les propositions B et D qui ne respectent pas le regroupement par trois des épisodes.
Avec la proposition A, entre *République* et *Étoile*, il doit y avoir 10 ans :
Menace + 3 ans *Empire* + 3 ans *République* + 10 ans *Étoile* + 3 ans *Vestiges* + 3 ans *Apprenti*.
Cette possibilité est à exclure puisque le total n'est pas de 28 ans, mais seulement de 22 ans.
Seule la proposition C répond aux conditions.

23 **Réponse A : *Le kid – La ruée vers l'or – Les lumières de la ville – Les temps modernes – Le dictateur – Les feux de la rampe*.**
On associe la date de réalisation à chaque film :
Le kid : 1921, *Les lumières de la ville* : 1921 + 10 = 1931.
Les feux de la rampe : 1977 – 25 = 1952.
Le dictateur : 1952 – 12 = 1940,
La ruée vers l'or : 1940 – 15 = 1925.
Et *Les temps modernes* : 1940 – 4 = 1936.

24 **Réponse D : Corot – Pissaro – Cézanne – Monet.**
Pissaro est né en 1830, il a 59 – 25 = 34 ans d'écart avec Corot, plus âgé, qui est né en 1830 – 34 = 1796.
Monet est né en 1830 + 10 = 1840 et Cézanne est né en 1840 – 1 = 1839.

25 **Réponse C : RM – SC – TM – PB – DC.**
On détermine les années de naissance des cinq acteurs en n'utilisant que les informations utiles :
SC est né en 1963 – 33 = 1930.
RM est né en 1973 – 46 = 1927.
DC a repris le rôle en 1963 + 43 = 2006, il est né en 2006 – 38 = 1968.
TM est né en 1946.
PB est né en 2002 – 49 = 1953.

26 **Réponse B : B.**
A avance de 5 minutes, C avance de 10 minutes et D retarde de 5 minutes.

27 **Réponse D : D.**
A retarde de 15 minutes, B retarde de 10 minutes et C avance de 5 minutes.

28 **Réponse A : A.**
B retarde de 10 minutes, C avance de 5 minutes et D retarde de 5 minutes.

29 **Réponse B : B.**
A avance de 5 minutes, C retarde d'un quart d'heure et D avance d'un quart d'heure.

30 **Réponse D : D.**
A retarde de 5 minutes, B avance d'un quart d'heure et C avance de 5 minutes.

■ Test en temps limité

31 **Réponse C : 2-4-7-6-3-5-1.**

32 **Réponse D : 2-4-6-5-3-1.**

33 **Réponse B : 3-2-5-6.**
Les silhouettes 1 à 4 sont de mauvaises postures pour ramasser un objet.

34 **Réponse D : 850 000 - 5 - 65 - 15 - 85 - 225 000.**

35 **Réponse B : vendredi.**

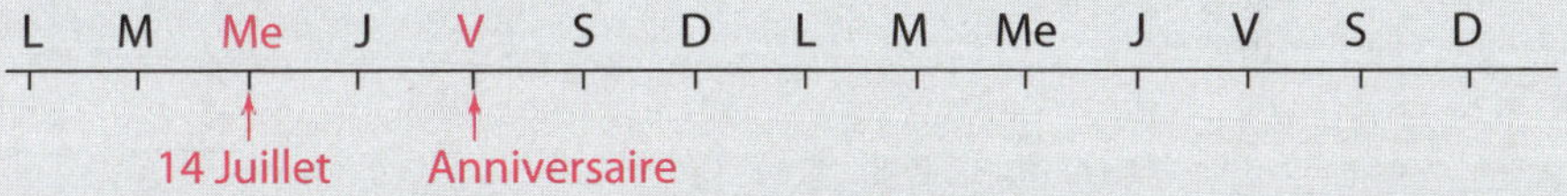

36 **Réponse C : mercredi.**

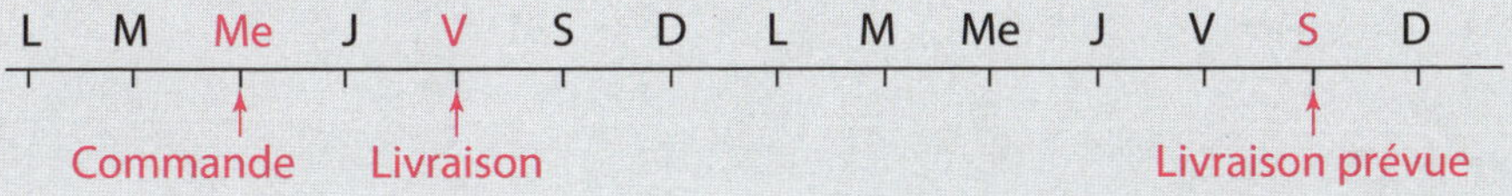

37 **Réponse A : A.**

38 **Réponse C : 4-2-3-5-1.**
La succession des procédures de réanimation est exactement la même pour les nourrissons que pour les adultes.

39 **Réponse B : 5-2-4-3-1.**
Il est préférable de donner moins de réponses, mais qu'elles soient justes, plutôt que de répondre à tort et à travers à toutes les questions.

40 **Réponse B : 2-4-5-6-1-3.**

2. LES TESTS D'APTITUDES NUMÉRIQUES

FICHE 1

Les opérations de base, la numération et le calcul mental

QUESTIONS FACILES

1 **Quelle est l'écriture en chiffres du nombre suivant : six millions quarante-trois ?**

❑ A. 6 430 000 ❑ B. 6 043 000

❑ C. 6 000 043 ❑ D. 6 000 000 043

2 **Quelle est l'écriture en chiffres du nombre suivant : sept cent deux millions quarante-huit ?**

❑ A. 702 048 ❑ B. 702 000 000 48

❑ C. 702 000 048 ❑ D. 702 480 000

3 **Quelle est l'écriture en chiffres du nombre suivant : quatre-vingt-treize mille cinq cents ?**

❑ A. 4 20 13 500 ❑ B. 80 13 001 500

❑ C. 93 000 000 500 ❑ D. 93 500

4 **Quelle est l'écriture en chiffres du nombre suivant : cinq douzièmes ?**

❑ A. 5,12 ❑ B. 512 ❑ C. $\frac{5}{12}$ ❑ D. $\frac{1}{5,12}$

5 **Quelle est l'écriture en chiffres du nombre suivant : vingt-trois quinzièmes ?**

❑ A. $\frac{23}{15}$ ❑ B. $\frac{15}{23}$ ❑ C. 23,015 ❑ D. 23,15

6 **Calculez l'expression suivante : 43 506 + 918.**

❑ A. 44 424 ❑ B. 135 306 ❑ C. 45 424 ❑ D. 44 416

7 **Calculez l'expression suivante : 3 800 × 470.**

❑ A. 178 600 ❑ B. 1 786 000 ❑ C. 2 812 000 ❑ D. 17 860

8 **Calculez l'expression suivante : 7 350 × 0,001.**

❑ A. 7,35 ❑ B. 735 ❑ C. 0,735 ❑ D. 73,50

9 **Calculez l'expression suivante : 0,06 × 1 000.**

❑ A. 6 ❑ B. 600 ❑ C. 0,6 ❑ D. 60

10 **Parmi ces nombres, quel est le plus petit ?**

❑ A. 3,303 ❑ B. 3,33 ❑ C. 3,033

❑ D. 3,003 ❑ E. 3,303 3 ❑ F. 33,003

11 **Quelle est la fraction intruse ?**

- ❑ A. $\frac{15}{25}$
- ❑ B. $\frac{30}{50}$
- ❑ C. $\frac{24}{40}$
- ❑ D. $\frac{12}{20}$
- ❑ E. $\frac{18}{36}$
- ❑ F. $\frac{3}{5}$
- ❑ G. $\frac{6}{10}$

12 **Quelle est la fraction intruse ?**

- ❑ A. $\frac{75}{100}$
- ❑ B. $\frac{25}{75}$
- ❑ C. $\frac{6}{8}$
- ❑ D. $\frac{15}{20}$
- ❑ E. $\frac{180}{240}$
- ❑ F. $\frac{24}{32}$
- ❑ G. $\frac{27}{36}$

13 **Quelle est la fraction trois fois plus petite que $\frac{2}{5}$?**

- ❑ A. $\frac{2}{15}$
- ❑ B. $\frac{6}{5}$
- ❑ C. $\frac{6}{15}$
- ❑ D. $\frac{5}{6}$

14 **Quelle est l'expression exacte dans chacune des séries suivantes ?**

a)
- ❑ A. $2^3 = 3^2$
- ❑ B. $(10^2)^3 = 10^5$
- ❑ C. $4^2 \times 2^2 = 8^2$
- ❑ D. $2^2 \times 2^4 = 2^8$

b)
- ❑ A. $5^3 = 15$
- ❑ B. $10^{-3} = -1\,000$
- ❑ C. $18 \times 10^2 = 0{,}18$
- ❑ D. $5 \times 10^{-2} = 0{,}05$

15 **Quelle est l'expression inexacte dans chacune des séries suivantes ?**

a)
- ❑ A. $125 \times 10^{-2} = \frac{5}{4}$
- ❑ B. $3 \times 10^{-2} = 0{,}03$
- ❑ C. $0{,}5 \times 10^2 = 5$
- ❑ D. $0{,}01 \times 10^2 = 1$

b)
- ❑ A. $1{,}23 = 123 \times 10^{-2}$
- ❑ B. $0{,}1 = 10^{-1}$
- ❑ C. $36 = 3\,600 \times 10^{-2}$
- ❑ D. $7{,}2 = 72 \times 10$

QUESTIONS PLUS DIFFICILES

16 **Quelle est l'écriture en chiffres du nombre suivant : trois cent soixante-quinze millièmes ?**

- ❑ A. 375 000
- ❑ B. 360,15
- ❑ C. 0,375
- ❑ D. 0,360 15

17 **Quelle est l'écriture en chiffres du nombre suivant : trois unités quarante-quatre millièmes ?**

- ❑ A. 3 044 000
- ❑ B. 3,440
- ❑ C. 344 000
- ❑ D. 3,044

18 **Voici un nombre décimal : 19,005. Si on lui enlève cinq centièmes, on obtient :**

- ❑ A. 19
- ❑ B. 18,95
- ❑ C. 18,955
- ❑ D. 18,505

19 **Voici un nombre décimal : 19,005. Si on lui ajoute trois dixièmes, on obtient :**

- ❑ A. 19,035
- ❑ B. 19,305
- ❑ C. 39,005
- ❑ D. 22,005

20 **En arrondissant au centième près les expressions suivantes, laquelle n'est pas égale à 21,33 ?**

- ❑ A. $\frac{64}{3}$
- ❑ B. $2{,}1335 \times 10$
- ❑ C. $21\,331 \times 10^{-3}$
- ❑ D. $\sqrt{455}$

21 **En arrondissant à l'unité près, quelle est l'expression exacte ?**

- ❑ A. $3{,}06 \times 0{,}75 \approx 3$
- ❑ B. $\frac{89}{25} \approx 3$
- ❑ C. $0{,}55 \times 0{,}3 \approx 0{,}1$
- ❑ D. $9{,}5 \div 0{,}2 \approx 48$

22 **En arrondissant au dixième près, quelle est l'expression inexacte ?**

- ❑ A. $69 \div 4 \approx 17{,}2$
- ❑ B. $0{,}68 \times 0{,}2 \approx 0{,}1$
- ❑ C. $3\,254 \times 0{,}03 \approx 97{,}6$
- ❑ D. $3{,}257 + 2{,}51 + 0{,}05 \approx 5{,}8$

23 **Calculez l'expression suivante : $0{,}62 \times 10{,}2$.**

- ❑ A. 63,24
- ❑ B. 0,632 4
- ❑ C. 6,324
- ❑ D. 0,074 4

24 **Calculez l'expression suivante : $224 \div 0{,}04$.**

- ❑ A. 0,56
- ❑ B. 8,96
- ❑ C. 56
- ❑ D. 5 600

25 Quelle est l'expression inexacte dans la série suivante ?

❑ A. $\frac{7}{15} + \frac{3}{5} = \frac{16}{15}$

❑ B. $\frac{2}{3} + \frac{1}{4} = \frac{11}{12}$

❑ C. $\frac{6}{16} + \frac{4}{8} = \frac{3}{4}$

❑ D. $\frac{3}{9} + \frac{6}{27} = \frac{5}{9}$

26 Quelle est l'expression inexacte dans la série suivante ?

❑ A. $\frac{-2}{3} + \frac{4}{6} - \frac{8}{12} + \frac{6}{9} = 0$

❑ B. $\frac{7}{4} - \frac{3}{8} = \frac{11}{8}$

❑ C. $\frac{8}{3} - \frac{3}{8} = 0$

❑ D. $\frac{2}{5} - \frac{1}{4} \times \frac{2}{3} = \frac{7}{30}$

27 Quelle est l'expression exacte dans la série suivante ?

❑ A. $\sqrt{63} - 2\sqrt{7} = 7\sqrt{7}$

❑ B. $\sqrt{28} + 2\sqrt{7} = 4\sqrt{7}$

❑ C. $9\sqrt{5} - \sqrt{20} = 4\sqrt{5}$

❑ D. $3\sqrt{96} - 4\sqrt{54} = \sqrt{42}$

28 Quelle est l'expression exacte dans la série suivante ?

❑ A. $8 \times 10^{-5} \times 3 \times 10^{4} = 24$

❑ B. $\frac{2{,}5 \times 10^{-4}}{5 \times 10^{-3}} = 0{,}5$

❑ C. $7 \times 10^{5} \times 0{,}1 \times 10^{-3} = 70$

❑ D. $\frac{1{,}5 \times 10^{-3}}{3 \times 10^{-2}} = 0{,}5$

29 Quelle est l'expression intruse ?

❑ A. $-3 - \frac{48}{16}$

❑ B. $-31 + 42 - 17$

❑ C. $(-2) \times (-3)$

❑ D. $\frac{-18\sqrt{3}}{\sqrt{27}}$

30 Quelle est l'expression intruse ?

❑ A. $\frac{5 \times 10^{-3}}{500 \times 10^{-5}}$

❑ B. $\frac{2}{3}$

❑ C. $\frac{3}{4} \div \frac{3}{4}$

❑ D. $-3{,}09 + 4{,}1 - 10^{-2}$

TEST EN TEMPS LIMITÉ *(25 minutes)*

31 **Quelle est l'écriture en chiffres du nombre suivant : cent quarante mille trois cent soixante-quinze ?**

- ❑ A. 143 175
- ❑ B. 143 075
- ❑ C. 140 375
- ❑ D. 100 43 000,175

32 **Quelle est l'écriture en chiffres du nombre suivant : cent vingt-cinq unités et quarante-trois centièmes ?**

- ❑ A. 125,043
- ❑ B. 125,43
- ❑ C. 125 043
- ❑ D. 100,254 3

33 **Calculez l'expression suivante : 7777 – 777 – 77 – 7.**

- ❑ A. 1 000
- ❑ B. 7 000
- ❑ C. 6 916
- ❑ D. 1 003

34 **Calculez l'expression suivante : 652 ÷ 0,01.**

- ❑ A. 65,2
- ❑ B. 65 200
- ❑ C. 6,52
- ❑ D. 0,652

35 **Calculez l'expression suivante : $\frac{6}{7} - \frac{4}{7} \times \frac{5}{8}$.**

- ❑ A. $\frac{1}{2}$
- ❑ B. $\frac{5}{28}$
- ❑ C. $\frac{5}{4}$
- ❑ D. $\frac{2}{7}$

36 **Quelle est l'expression inexacte dans la série suivante ?**

- ❑ A. $4{,}04 < 4{,}004$
- ❑ B. $\frac{2}{7} < \frac{2}{5}$
- ❑ C. $10^{-4} < 10^{-3}$
- ❑ D. $\sqrt{2} < \sqrt{3}$

37 **Quelle est l'expression inexacte dans la série suivante ?**

- ❑ A. $27 \times 10^{-2} + 0{,}36 = 0{,}63$
- ❑ B. $0{,}003\,8 \times 10^{2} \times 2 = 0{,}76$
- ❑ C. $2^{3} \times 2^{5} = 2^{15}$
- ❑ D. $(0{,}2)^{2} = 0{,}04$

38 **Quelle est l'expression exacte dans la série suivante ?**

- ❑ A. $380 \times 0{,}002 = 7{,}6$
- ❑ B. $456 \div 0{,}01 = 45\,600$
- ❑ C. $32{,}45 \times 1\,000 = 3\,245$
- ❑ D. $0{,}05 \div 0{,}02 = 25$

39 **Quelle est l'expression exacte dans la série suivante ?**

- ❑ A. $11 \div \frac{2}{3} = 16{,}5$
- ❑ B. $\frac{5}{2} \div \frac{5}{5} \approx 1$
- ❑ C. $\frac{5}{2} - \frac{2}{5} = 0$
- ❑ D. $\frac{3}{4} \times \frac{20}{15} = \frac{3}{4} \times \frac{3}{4}$

40 **Quelle est l'expression exacte dans la série suivante ?**

- ❑ A. $1 - 2 + 3 - 4 + 5 - 6 = 0$
- ❑ B. $18{,}9 - 5{,}2 + 25{,}2 - 8{,}9 = 30$
- ❑ C. $1\,001{,}23 - 2{,}23 + 1{,}39 - 0{,}39 = 1\,001$
- ❑ D. $-32{,}7 + 23{,}7 + 9{,}1 = 0{,}9$

Réponses

■ Questions faciles

1 Réponse C : 6 000 043.

2 Réponse C : 702 000 048.

3 Réponse D : 93 500.

4 Réponse C : $\frac{5}{12}$.

5 Réponse A : $\frac{23}{15}$.

6 Réponse A : 44 424.
Pour optimiser le temps passé sur l'épreuve, vous pouvez utiliser les résultats proposés en les éliminant successivement, à moins d'être « bon » en calcul mental.

7 Réponse B : 1 786 000.

8 Réponse A : 7,35.

9 Réponse D : 60.

10 Réponse D : 3,003.

ASTUCE **Complétez les écritures décimales par des 0 pour obtenir le même nombre de chiffres après la virgule.**

On peut ainsi comparer 3 030 (réponse A), 3 300 (réponse B), 330 (réponse C), 30 (réponse D) et 3 033 (réponse E). On a éliminé la réponse F qui n'a pas la même partie entière que les autres.

11 Réponse E : $\frac{18}{36}$.

Les autres sont toutes égales à $\frac{3}{5}$.

12 Réponse B : $\frac{25}{75}$.

Les autres sont toutes égales à $\frac{3}{4}$.

13 Réponse A : $\frac{2}{15}$.

On multiplie le dénominateur par 3 : $\frac{2}{3 \times 5} = \frac{2}{15}$.

14 **a) Réponse C : $4^2 \times 2^2 = 8^2$.**
En réalité, $2^3 = 8 \neq 3^2 = 9$ pour la réponse A ; $(10^2)^3 = 10^6$ pour la réponse B, et $2^2 \times 2^4 = 2^6$ pour la réponse D.

b) Réponse D : $5 \times 10^{-2} = 0,05$.
En réalité, $5^3 = 125$ pour la réponse A, $10^{-3} = 0,001$ pour la réponse B et $18 \times 10^2 = 1\,800$ pour la réponse C.

15 **a) Réponse C : $0,5 \times 10^2 = 5$.**
L'expression exacte est $0,5 \times 10^2 = 0,5 \times 100 = 50$.

b) Réponse D : $7,2 = 72 \times 10$.
L'expression exacte est $7,2 = 72 \times 10^{-1}$.

■ Questions plus difficiles

16 **Réponse C : 0,375.**

17 **Réponse D : 3,044.**

18 **Réponse C : 18,955.**
19,005 – 0,05 = 18,955.

19 **Réponse B : 19,305.**
19,005 + 0,3 = 19,305.

20 **Réponse B : 2,133 5 × 10.**
2,1335 × 10 = 21,335, soit 21,34 au centième près.

21 **Réponse D : $9,5 \div 0,2 \approx 48$.**
En réalité, l'expression A donne 2,295, soit 2 en arrondissant à l'unité près ; l'expression B donne 3,56, soit 4 ; et l'expression C donne 0,165, soit 0 à l'unité près.

22 **Réponse A : $69 \div 4 \approx 17,2$.**
$69 \div 4 = 17,25$, soit 17,3 au dixième près.

23 **Réponse C : 6,324.**

24 **Réponse D : 5 600.**

25 **Réponse C : $\frac{6}{16} + \frac{4}{8} = \frac{3}{4}$.**

Le calcul juste est : $\frac{6}{16} + \frac{4}{8} = \frac{6+8}{16} = \frac{14}{16} = \frac{7}{8}$.

26 **Réponse C : $\frac{8}{3} - \frac{3}{8} = 0$.**

Le calcul juste est : $\frac{8}{3} - \frac{3}{8} = \frac{64-9}{24} = \frac{55}{24}$.

27 **Réponse B : $\sqrt{28} + 2\sqrt{7} = 4\sqrt{7}$.**
En réalité, $\sqrt{63} - 2\sqrt{7} = 3\sqrt{7} - 2\sqrt{7} = \sqrt{7}$ pour la réponse A, $9\sqrt{5} - \sqrt{20} = 7\sqrt{5}$ pour la réponse C et $3\sqrt{96} - 4\sqrt{54} = 3\sqrt{16 \times 6} - 4\sqrt{9 \times 6} = 12\sqrt{6} - 12\sqrt{6} = 0$ pour la réponse D.

28 **Réponse C : $7 \times 10^5 \times 0{,}1 \times 10^{-3} = 70$.**
En réalité, $8 \times 10^{-5} \times 3 \times 10^4 = 24 \times 10^{-1} = 2{,}4$ pour la réponse A,
$\frac{2{,}5 \times 10^{-4}}{5 \times 10^{-3}} = 0{,}5 \times 10^{-1} = 0{,}05$ pour la réponse B
et $\frac{1{,}5 \times 10^{-3}}{3 \times 10^{-2}} = 0{,}5 \times 10^{-1} = 0{,}05$ pour la réponse D.

29 **Réponse C : $(-2) \times (-3)$.**
$(-2) \times (-3) = 6$, alors que les expressions A, B et D sont toutes égales à -6.

30 **Réponse B : $\frac{2}{3}$.**
Les expressions A, C et D sont toutes égales à 1.

■ Test en temps limité

31 **Réponse C : 140 375.**

32 **Réponse B : 125,43.**

33 **Réponse C : 6 916.**

34 **Réponse B : 65 200.**

35 **Réponse A : $\frac{1}{2}$.**

36 **Réponse A : $4{,}04 < 4{,}004$.**
En réalité, $4{,}04 > 4{,}004$.

37 **Réponse C : $2^3 \times 2^5 = 2^{15}$.**
$2^3 \times 2^5 = 2^8 = 256$, alors que $2^{15} = 32\,768$.

38 **Réponse B : $456 \div 0{,}01 = 45\,600$.**
En réalité, $380 \times 0{,}002 = 0{,}76$ pour A, $32{,}45 \times 1\,000 = 32\,450$ pour C et $0{,}05 \div 0{,}02 = 2{,}5$ pour D.

39 **Réponse A : $11 \div \frac{2}{3} = 16{,}5$.**
En réalité, $\frac{5}{2} \div \frac{5}{5} = \frac{5}{2} = 2{,}5$ pour B, $\frac{5}{2} - \frac{2}{5} = \frac{21}{10}$ pour C
et $\frac{3}{4} \times \frac{20}{15} = \frac{60}{60} = 1$ pour D.

40 **Réponse B : $18{,}9 - 5{,}2 + 25{,}2 - 8{,}9 = 30$.**
En réalité, $1 - 2 + 3 - 4 + 5 - 6 = -3$ pour A, $1\,001{,}23 - 2{,}23 + 1{,}39 - 0{,}39 = 1\,000$ pour C et $-32{,}7 + 23{,}7 + 9{,}1 = 0{,}1$ pour D.

FICHE 2

Les périmètres, aires, volumes et conversions

QUESTIONS FACILES

1 Quelle est la conversion inexacte dans la série suivante ?

❑ A. 37 cm = 0,37 m ❑ B. 375 mm = 3,75 m
❑ C. 0,42 m = 42 cm ❑ D. 13 m = 1 300 cm

2 Quelle est la conversion inexacte dans la série suivante ?

❑ A. 850 kg = 8 500 000 cg ❑ B. 18 g = 1 800 cg
❑ C. 300 g = 0,30 kg ❑ D. 2,5 t = 2 500 kg

3 Quelle est la conversion inexacte dans la série suivante ?

❑ A. 1 200 cL = 12 L ❑ B. 800 L = 80 000 cL
❑ C. 5 daL = 50 L ❑ D. 5 hL = 5 000 L

4 Quelle est la conversion inexacte dans la série suivante ?

❑ A. 3 m^2 = 30 000 cm^2 ❑ B. 2 ha = 20 000 m^2
❑ C. 400 cm^2 = 0,04 m^2 ❑ D. 3 000 cm^2 = 3 m^2

5 Quelle est la conversion inexacte dans la série suivante ?

❑ A. 7 m^3 = 7 000 cm^3 ❑ B. 0,850 m^3 = 850 000 cm^3
❑ C. 3 000 cm^3 = 0,003 m^3 ❑ D. 1 000 000 cm^3 = 1 m^3

6 Quelle est la conversion exacte dans la série suivante ?

❑ A. 6 min = 36 s ❑ B. 45 min = 0,45 h
❑ C. 7 h 10 = 430 min ❑ D. 1,5 h = 1 h 50 min

7 Quelle est la conversion exacte dans la série suivante ?

❑ A. 5 min 05 s = 60,5 s ❑ B. 320 s = 5 min 33 s
❑ C. 56 min = 0,56 h ❑ D. 168 h = 7 jours

8 Pour clôturer un espace carré de 15 m de côté, on l'entoure d'un triple rang de fil de fer.
Quelle est la longueur de fil nécessaire ?

❑ A. 45 m ❑ B. 90 m ❑ C. 180 m ❑ D. 10 125 m

9 Autour d'une pelouse rectangulaire longue de 12 m et large de 4 m, on plante une bordure de fleurs. On installe 6 plants par mètre.
Combien faut-il de plants au total ?

❑ A. 192 ❑ B. 288 ❑ C. 96 ❑ D. 32

10 Un triangle rectangle a ses côtés formant l'angle droit qui mesurent 35 m et 25 m.
Quelle est la superficie de ce triangle ?

❑ A. 60 m^2 ❑ B. 437,5 m^2 ❑ C. 875 m^2 ❑ D. 120 m^2

11 Bertrand mesure 1,65 m. Sylvie mesure 15 cm de moins que Bertrand, et Edmond 30 cm de plus que Sylvie.
Quelle est la taille d'Edmond ?

❑ A. 1,95 m ❑ B. 1,83 m ❑ C. 1,25 m ❑ D. 1,80 m

12 Sur le tracé d'un circuit de VTT de 10 km, les cyclistes ont 2 500 m de montée et le double de descente.
Quelle est la longueur du tronçon plat ?

❑ A. 250 m ❑ B. 2 500 m ❑ C. 5 km ❑ D. 5 000 m

13 Cette cure de vitamines consiste en la prise de 3 boîtes de 15 ampoules de 12 mL.
Quelle quantité de produit vitaminé absorbe-t-on avec ce traitement ?

❑ A. 54 cL ❑ B. 45 mL ❑ C. 180 mL ❑ D. 5 400 mL

14 Un tube plein de 15 comprimés effervescents « pèse » 32 g. Le tube vide « pèse » 20 g.
Quelle est la masse d'un comprimé ?

❑ A. 12 g ❑ B. 17 g ❑ C. 0,8 g ❑ D. 8 g

15 Un carré a une surface de 81 cm^2.
Quelle est la mesure de son côté ?

❑ A. 6 cm ❑ B. 0,9 cm ❑ C. 90 cm ❑ D. 9 cm

QUESTIONS PLUS DIFFICILES

16 **Quelle est la plus petite de ces longueurs ?**

❑ A. 3,6 dm ❑ B. 35,2 cm

❑ C. 0,035 m ❑ D. 3 500 mm

17 **Quelle est la plus grande de ces masses ?**

❑ A. $3{,}5 \times 10^6$ g ❑ B. 3,51 t

❑ C. 3 501 kg ❑ D. 35 q

18 **Quelle est, parmi les suivantes, la capacité comprise entre 12 L et 13 L ?**

❑ A. 0,013 hL ❑ B. $1{,}3 \times 10^3$ mL

❑ C. 1 250 cL ❑ D. 0,14 daL

19 **Quel volume contient exactement 3,5 L ?**

❑ A. 350 cm^3 ❑ B. 350 000 cm^3

❑ C. 0,003 5 m^3 ❑ D. 0,035 m^3

20 Dans un laboratoire, on fabrique 150 L d'une préparation vendue en flacons de 15 cm^3.
Combien de flacons obtient-on ?

❑ A. 1 000 ❑ B. 100

❑ C. 10 000 ❑ D. 100 000

21 Une éprouvette graduée en cL contient 21 cL d'eau. On y introduit un objet et le niveau atteint 32 cL.
Quel est le volume de l'objet introduit ?

❑ A. 11 cm^3 ❑ B. 0,11 dm^3

❑ C. 11 000 cm^3 ❑ D. 0,001 1 m^3

22 13 ha de bureaux sont transformés en logements d'environ 130 m^2.
Combien de logements crée-t-on ?

❑ A. 100 ❑ B. 10 000

❑ C. 1 000 ❑ D. 100 000

23 **Quelle est la conversion inexacte ?**

❑ A. 5,5 h = 5 h 30 min ❑ B. 720 s = 12 min

❑ C. 4,25 h = 4 h 25 min ❑ D. 2 jours = 2 880 min

24 **Combien de jours sont strictement compris entre le lundi 8 octobre 2007 et le lundi 31 décembre 2007 ?**

❑ A. 81 ❑ B. 82 ❑ C. 83 ❑ D. 84

25 **Quelle est la plus petite de ces durées ?**

❑ A. 15 jours ❑ B. deux semaines

❑ C. 312 h ❑ D. 21 600 min

26 Un robinet laisse goutter 5 mL toutes les 5 s.
Quel est le volume d'eau perdu en 1 h ?

❑ A. 720 mL ❑ B. 3,6 L ❑ C. 7,2 L ❑ D. 0,36 L

27 **Quel est le périmètre du stade représenté ci-dessous si AB = 130 m et BC = 80 m ?** (On prend pour valeur de π : 3,14.)

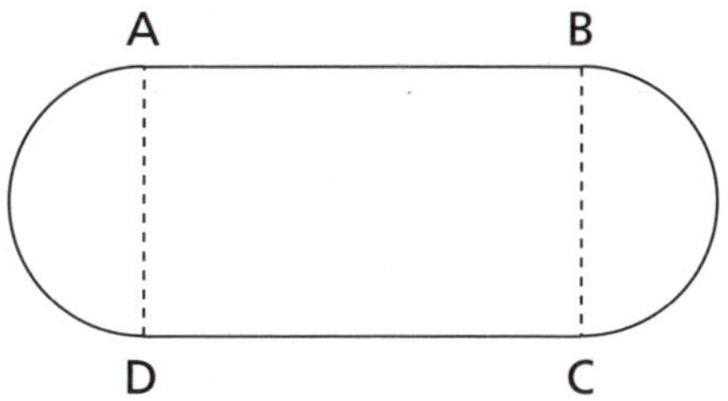

❑ A. 511,2 m ❑ B. 545,6 m

❑ C. 10 651,2 m ❑ D. 15 424 m

28 **Quelle est la mesure de la surface rouge ?**

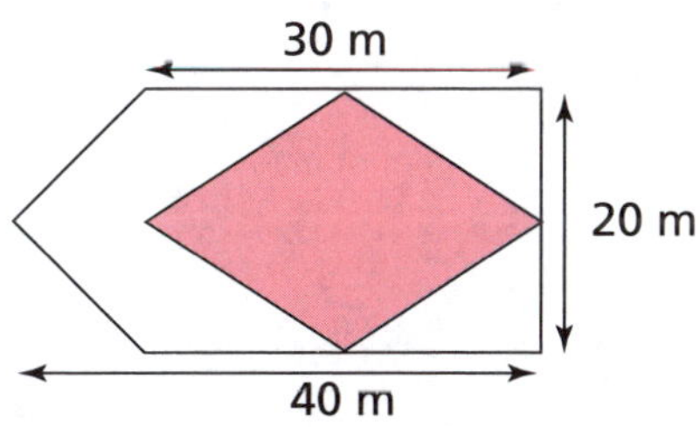

❑ A. 6 ha ❑ B. 600 m^2

❑ C. 2 000 m^2 ❑ D. 3 ares

29 Un dé à jouer a des faces dont la surface est de 100 mm^2. Les points noirs sont des cercles de 6 mm^2 de surface.
Quelle est la surface du dé qui reste en blanc ?

❑ A. 300 mm^2 ❑ B. 4,74 cm^2

❑ C. 5 cm^2 ❑ D. 64 m^2

30 Le cube ci-contre 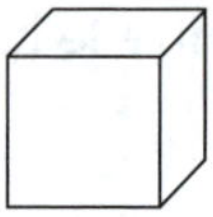 a un volume de 16 cm³.
Quel est le volume du solide suivant ?

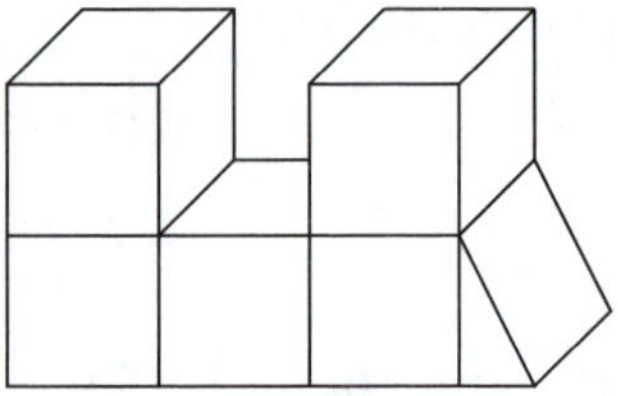

❑ A. 96 cm³ ❑ B. 72 cm³ ❑ C. 64 cm³ ❑ D. 88 cm³

TEST EN TEMPS LIMITÉ *(16 minutes)*

31 Dans une famille, on utilise en moyenne chaque jour 52 L d'eau pour la cuisine et 150 L pour la toilette et le nettoyage.
Quel est approximativement le volume d'eau utilisé en un trimestre ?

- ❑ A. 6 060 L
- ❑ B. 18,18 m^3
- ❑ C. 6,06 m^3
- ❑ D. 8,82 m^3

32 **Dans la série suivante, quelle est la conversion inexacte ?**

- ❑ A. 1 056,7 m = 1,056 7 km
- ❑ B. $7,56 \times 10^6$ mm = 7,56 km
- ❑ C. 0,045 km = 45 m
- ❑ D. 0,056 hm = 56 m

33 **Dans la série suivante, quelle est la conversion inexacte ?**

- ❑ A. 5 240 dL = 524 dm^3
- ❑ B. 1 954 mL = 1,954 L
- ❑ C. 1 243 cL = 1,243 L
- ❑ D. $4,7 \times 10^{-2}$ dm^3 = 47 mL

34 **Dans la série suivante, quelle est la conversion inexacte ?**

- ❑ A. $4,7 \times 10^{-2}$ are = 47 m^2
- ❑ B. 274 m^2 = 2 740 000 cm^2
- ❑ C. 2,5 km^2 = 25 000 dam^2
- ❑ D. 78 950 cm^2 = 7,895 m^2

35 **Dans la série suivante, quelle est la conversion inexacte ?**

- ❑ A. 2,5 h = 2 h 30 min
- ❑ B. 725 min = 12,9 h
- ❑ C. 105 min = 1,75 h
- ❑ D. 1 h 24 min = 5 040 s

36 **Dans la série suivante, quelle est la conversion inexacte ?**

- ❑ A. 1,36 t = 1 360 kg
- ❑ B. 365 q = 36,5 t
- ❑ C. 2 200 000 cg = 22 hg
- ❑ D. $3,2 \times 10^4$ dg = 3,2 kg

37 Une horloge avance de 10 s par heure. On la met à l'heure à 11 h 00.
Quelle heure marquera-t-elle le lendemain quand il sera précisément 11 h 00 ?

- ❑ A. 11 h 12 min
- ❑ B. 11 h 04 min
- ❑ C. 11 h 12 s
- ❑ D. 11 h 40 min

38 **Si l'on admet que le son parcourt 300 m en 1 s, et si entre l'éclair et le bruit du tonnerre il s'est écoulé 15 s, à quelle distance la foudre est-elle tombée ?**

- ❑ A. 450 m
- ❑ B. 45 km
- ❑ C. 4,5 km
- ❑ D. 0,45 km

39 Un tissu éponge est d'une qualité supérieure, soit 550 g/m^2.
Quel est le poids d'un drap de bain rectangulaire de 140 cm de long sur 90 cm de large taillé dans ce tissu ?

❑ A. 0,693 kg ❑ B. 2,53 kg ❑ C. 750 g ❑ D. 1,265 kg

40 Le tronc d'un arbre géant âgé de 190 ans a un pourtour de 3,50 m.
Quel est approximativement son rayon ?

❑ A. 1 m ❑ B. 56 cm ❑ C. 0,6 m ❑ D. 111 cm

Réponses

■ Questions faciles

1 **Réponse B : 375 mm = 3,75 m.**
En réalité, 375 mm = 0,375 m.

2 **Réponse A : 850 kg = 8 500 000 cg.**
En réalité, 850 kg = 85 000 000 cg.

3 **Réponse D : 5 hL = 5 000 L.**
En réalité, 5 hL = 500 L.

4 **Réponse D : 3 000 cm^2 = 3 m^2.**
En réalité, 3 000 cm^2 = 0,3 m^2.

5 **Réponse A : 7 m^3 = 7 000 cm^3.**
En réalité, 7 m^3 = 7 000 000 cm^3.

6 **Réponse C : 7 h 10 = 430 min.**
En réalité, 6 min = 360 s pour A, 45 min = 0,75 h pour B et 1,5 h = 1 h 30 min pour D.

7 **Réponse D : 168 h = 7 jours.**
En réalité, 5 min 05 s = 305 s pour A, 320 s = 5 min 20 s pour B et 56 min = 0,93 h pour C.

8 **Réponse C : 180 m.**
L'espace a un périmètre de : $15 \times 4 = 60$ m. Sachant qu'il faut un triple rang de fil de fer, $60 \times 3 = 180$ m de fil seront nécessaires.

9 **Réponse A : 192.**
La pelouse a un périmètre de : $(12 + 4) \times 2 = 32$ m.
$32 \times 6 = 192$ plants seront donc nécessaires.

10 **Réponse B : 437,5 m^2.**
La formule de l'aire d'un triangle est : $\frac{b \times h}{2}$. Ici, on a donc :

$$\frac{35 \times 25}{2} = 437{,}5 \text{ m}^2.$$

11 **Réponse D : 1,80 m.**
La taille d'Edmond est : 1,65 – 0,15 + 0,30 = 1,80 m.

12 **Réponse B : 2 500 m.**
10 km = 10 000 m, donc la partie plate représente :
10 000 – 2 500 – 5 000 = 2 500 m.

13 **Réponse A : 54 cL.**
La quantité de produit est de : $(15 \times 12) \times 3 = 540$ mL, soit 54 cL.

14 **Réponse C : 0,8 g.**
La masse d'un comprimé est de : $\frac{32 - 20}{15} = 0{,}8$ g.

15 **Réponse D : 9 cm.**
La formule de l'aire d'un carré est : côté^2, d'où côté = $\sqrt{\text{aire}}$. La racine carrée de 81 est 9 (9 × 9 = 81).

■ Questions plus difficiles

16 **Réponse C : 0,035 m.**
Les conversions donnent 3,6 dm = 0,36 m pour A, 35,2 cm = 0,352 m pour B et 3 500 mm = 3,5 m pour D.

17 **Réponse B : 3,51 t.**
3,51 t = 3 510 kg.
Les conversions donnent 3 500 000 g = 3 500 kg pour A et 35 q = 3 500 kg pour D.

18 **Réponse C : 1 250 cL.**
1 250 cL = 12,5 L.
Les conversions donnent 0,013 hL = 1,3 L pour A, 1 300 mL = 1,3 L pour B et 0,14 daL = 1,4 L pour D.

19 **Réponse C : 0,003 5 m^3.**
0,003 5 m^3 = 3,5 dm^3 ou 3,5 L.
Les conversions donnent 350 cm^3 = 0,35 L pour A, 350 000 cm^3 = 350 L pour B et 0,035 m^3 = 35 L pour D.

20 **Réponse C : 10 000.**
On fabrique 150 L de la préparation, soit 150 000 cm^3,
d'où 150 000 ÷ 15 = 10 000 flacons.

21 **Réponse B : 0,11 dm^3.**
32 – 21 = 11 cL, soit un volume de 0,11 L ou 0,11 dm^3.

22 **Réponse C : 1 000.**
La surface totale est de 13 ha, soit 130 000 m^2. On obtient donc 130 000 ÷ 130 = 1 000 logements.

23 **Réponse C : 4,25 h = 4 h 25 min.**
En réalité, 4,25 h = 4 h 15 min.

24 **Réponse C : 83.**
23 jours en octobre + 30 jours en novembre + 30 jours en décembre = 83 jours.
Attention à ne pas compter les 8 octobre et 31 décembre, puisque la question porte sur les jours « strictement compris » !

25 **Réponse C : 312 h.**
312 heures = 13 jours, alors que les autres réponses correspondent à 15 jours.

26 **Réponse B : 3,6 L.**
1 h = 3 600 s, le nombre de gouttes en 1 h est donc de $3\,600 \div 5 = 720$.
La quantité d'eau perdue est alors de $720 \times 5 = 3\,600$ mL, soit 3,6 L.

27 **Réponse A : 511,2 m.**
Le périmètre est composé :
– de deux demi-cercles, soit un cercle complet :
$2 \times 3{,}14 \times \frac{80}{2} = 251{,}2$ m,
– de deux longueurs de 130 m.
On obtient donc un total de $251{,}2 + 130 + 130 = 511{,}2$ m.

28 **Réponse D : 3 ares.**
Il s'agit d'un losange, qui a une surface de :
$$\frac{\text{diagonale} \times \text{diagonale}}{2} = \frac{30 \times 20}{2} = 300 \text{ m}^2 = 3 \text{ ares.}$$

29 **Réponse B : 4,74 cm².**
Il y a 6 faces sur un dé, donc la surface totale des faces est de $6 \times 100 = 600$ mm^2.
Il y a 21 points noirs sur un dé $(1 + 2 + 3 + 4 + 5 + 6)$, ce qui correspond à une superficie de : $21 \times 6 = 126$ mm^2.
L'aire restée en blanc est donc de : $600 - 126 = 474$ mm^2.

30 **Réponse D : 88 cm³.**
Le volume est composé de 5 blocs cubiques et d'un demi-bloc :
$5{,}5 \times 16 = 88$ cm^3.

■ Test en temps limité

31 **Réponse B : 18,18 m³.**
La consommation totale est de $52 + 150 = 202$ L/jour. On peut donc estimer la consommation trimestrielle à environ :
$202 \times 30 \times 3 = 18\,180$ L, soit 18,18 m^3.

32 **Réponse D : 0,056 hm = 56 m.**
En réalité, 0,056 hm = 5,6 m.

33 **Réponse C : 1 243 cL = 1,243 L.**
En réalité, 1 243 cL = 12,43 L.

34 **Réponse A : 0,047 are = 47 m².**
En réalité, 0,047 are = 4,7 m^2.

35 **Réponse B : 725 min = 12,9 h.**
En réalité, 725 min = 12 h 05 min, soit 12,083 3 h.

36 **Réponse C : 2 200 000 cg = 22 hg.**
La réponse exacte est : 2 200 000 cg = 220 hg.

37 **Réponse B : 11 h 04 min.**
En 24 h, il y a $10 \times 24 = 240$ s d'avance, soit 4 min.

38 **Réponse C : 4,5 km.**
En 15 s, le son parcourt : $15 \times 300 = 4\,500$ m, soit 4,5 km.

39 **Réponse A : 0,693 kg.**
Le drap de bain a une aire de : $140 \times 90 = 12\,600$ cm^2, soit 1,26 m^2.
Son « poids » est de : $1{,}26 \times 550 = 693$ g $= 0{,}693$ kg.

40 **Réponse B : 56 cm.**
Le pourtour correspond au périmètre du cercle. La mise en équation de l'énoncé donne donc : $2\pi R = 3{,}5$, d'où $R = \dfrac{3{,}5}{2 \times 3{,}14} = 0{,}557\,3\ldots$ m.
La valeur approchée du rayon est donc 56 cm.

FICHE 3

La proportionnalité et les pourcentages

QUESTIONS FACILES

1 Une voiture consomme 6,5 L aux 100 km.
Combien consomme-t-elle pour effectuer 70 km ?

- ❑ A. 5 L
- ❑ B. 4,55 L
- ❑ C. 5,45 L
- ❑ D. 4,875 L

2 Pour faire 5 km, un randonneur a marché durant 30 min.
En continuant au même rythme, en combien de temps peut-il parcourir 16 km ?

- ❑ A. 2,67 h
- ❑ B. 2 h 40
- ❑ C. 95 min
- ❑ D. 1 h 36 min

3 Une machine peut fabriquer en moyenne 560 pièces en 2 h.
Combien de pièces seront fabriquées en 5 jours à raison de 7 h par jour ?

- ❑ A. 1 960
- ❑ B. 800
- ❑ C. 9 800
- ❑ D. 1 400

4 Un sac contient 180 bonbons ; 30 % sont à la menthe, 25 % sont à la fraise, les autres sont au café.
Combien y a-t-il de bonbons au café ?

- ❑ A. 99
- ❑ B. 81
- ❑ C. 125
- ❑ D. 90

5 Un entremets de 125 g est étiqueté « 25 % de matière grasse ».
Quel est le « poids » de ces matières grasses ?

- ❑ A. 5 g
- ❑ B. 93,75 g
- ❑ C. 31,25 g
- ❑ D. 100 g

6 Un steak grillé de 120 g contient 15 % de lipides et 30 % de protides.
Quelle quantité de protides contient-il ?

- ❑ A. 54 g
- ❑ B. 36 g
- ❑ C. 18 g
- ❑ D. 102 g

7 Sur une boîte de céréales, habituellement de 500 g, il y a écrit « 15 % de produit en plus ».
Quel est le poids de cette boîte ?

- ❑ A. 515 g
- ❑ B. 75 g
- ❑ C. 750 g
- ❑ D. 575 g

8 Lors d'un concours, 320 candidats sur 2 500 ont été reçus.
Quel est le pourcentage de réussite ?

- ❑ A. 87,20 %
- ❑ B. 78,125 %
- ❑ C. 12,8 %
- ❑ D. 21,80 %

9 Sur une carte routière, 1 cm correspond à 10 km.
Quelle est l'échelle de cette carte ?

- ❑ A. 1/1 000 000
- ❑ B. 1/10
- ❑ C. 1/1 000
- ❑ D. 1/10 000

10 Deux villes sont distantes de 2,5 cm sur une carte au 1/500 000.
Quelle est la distance réelle ?

- ❑ A. 125 km
- ❑ B. 12,5 km
- ❑ C. 1,25 km
- ❑ D. 1 250 m

11 En vélo, pour effectuer un trajet de 25 km, on a mis 2 h 30.
Quelle a été la vitesse moyenne en km/h ?

- ❑ A. 10 km/h
- ❑ B. 10,90 km/h
- ❑ C. 13,15 km/h
- ❑ D. 12,5 km/h

12 Un sportif a parcouru 100 m en 10 s.
Quelle est sa vitesse moyenne en km/h ?

- ❑ A. 10 km/h
- ❑ B. 52 km/h
- ❑ C. 60 km/h
- ❑ D. 36 km/h

13 Une bouteille de gaz de 50 L débite 15 L/min.
Durant combien de temps peut-elle délivrer du gaz ?

- ❑ A. 3 h 33 min
- ❑ B. 3 min 20 s
- ❑ C. 3 min 33 s
- ❑ D. 12 min 30 s

14 Une perfusion a un débit de 3 cm^3/min.
Quel volume distribue-t-elle en 2 h 30 min ?

- ❑ A. 50 cm^3
- ❑ B. 5 L
- ❑ C. 45 cL
- ❑ D. 450 cm^3

15 Une agglomération a vu sa population augmenter de 5 900 habitants, soit une progression de 5 % entre 2000 et 2005.
Quelle était la population en 2000 ?

- ❑ A. 118 000
- ❑ B. 295 000
- ❑ C. 6 195
- ❑ D. 5 605

QUESTIONS PLUS DIFFICILES

16 On sait qu'1 dL de lait demi-écrémé apporte 120 mg de calcium.
Combien de bols de 25 cL de lait est-il nécessaire de boire pour absorber 900 mg de calcium ?

❑ A. 2 ❑ B. 5 ❑ C. 3 ❑ D. 4

17 L'apport calorique pour 200 g de viande est de 300 kcal. Celui de 150 g de fruits secs est de 450 kcal.
Par quelle quantité de fruits secs peut-on remplacer 100 g de viande pour avoir le même nombre de calories ?

❑ A. 50 g ❑ B. 51 g ❑ C. 120 g ❑ D. 75 g

18 Un litre et demi de soda contient l'équivalent de 25 morceaux de sucre de 5 g.
Quelle masse de sucre est contenue dans un verre de 25 cL ?

❑ A. 50 g ❑ B. 20,83 g ❑ C. 33,33 g ❑ D. 25 g

19 On compare les prix de différentes brioches : 8 brioches de la marque A coûtent 1,20 € ; 18 brioches de la marque B coûtent 3,06 € ; 12 brioches de la marque C coûtent 1,92 € ; 6 brioches de la marque D coûtent 1,02 €.
Quelle est la marque la moins chère ?

❑ A. brioche A ❑ B. brioche B ❑ C. brioche C ❑ D. brioche D

20 Le prix d'un objet subit successivement une hausse de 20 %, puis une baisse de 20 %.
Quelle est la proposition exacte parmi les suivantes ?

❑ A. Le prix n'a pas changé. ❑ B. Le prix a augmenté de 4 %.
❑ C. Le prix a baissé de 4 %. ❑ D. Le prix a baissé de 2 %.

21 **Avec 12 € d'augmentation sur un article qui valait 240 €, quel est le pourcentage d'augmentation ?**

❑ A. 20 % ❑ B. 5 % ❑ C. 2 % ❑ D. 10 %

22 Avec l'indice 428, ce fonctionnaire a une rémunération de 1 452 €.
Quel est l'indice d'un fonctionnaire dont la rémunération est 1/4 de fois plus importante ?

❑ A. 535 ❑ B. 363 ❑ C. 791 ❑ D. 453

23 Après une augmentation de 5 %, un objet coûte 525 €.
Quel était son prix initial ?

❑ A. 520 € ❑ B. 552,63 € ❑ C. 500 € ❑ D. 498,75 €

24 Un gaz volatile se répand dans un rayon de 30 m en 15 s.
Quelle est sa vitesse de propagation en km/h ?

❑ A. 1,83 km/h ❑ B. 7,2 km/h
❑ C. 2 km/h ❑ D. 3,6 km/h

25 Un appareil d'enregistrement graphique utilise 60 cm de papier en 15 s.
Quelle est sa vitesse d'enregistrement en m/min ?

❑ A. 2,4 m/min ❑ B. 24 m/min
❑ C. 15 m/min ❑ D. 4 m/min

26 **Quelle distance parcourt un avion pendant 3 h 45 min de vol si sa vitesse moyenne est de 880 km/h ?**

❑ A. 3 036 km ❑ B. 2 640 km
❑ C. 3 300 km ❑ D. 33 000 km

27 Un cycliste effectue un aller-retour. Il parcourt 13 km à la vitesse de 26 km/h à l'aller, tandis qu'au retour, sa vitesse n'est plus que de 13 km/h.
Quelle est sa vitesse moyenne sur l'aller-retour ?

❑ A. 8,666 km/h ❑ B. 19,5 km/h
❑ C. 17,33 km/h ❑ D. 10 km/h

28 Un capital de 2 000 € est placé à 7,5 % pendant 8 mois.
À quel taux a été placée la somme de 5 000 € qui a rapporté le même montant d'intérêts en 1 an ?

❑ A. 5 % ❑ B. 2 % ❑ C. 10 % ❑ D. 4 %

29 Avec une réduction de 30 %, le billet coûte 49 €.
Quel est le prix plein tarif ?

❑ A. 63,70 € ❑ B. 52 €
❑ C. 70 € ❑ D. 86,69 €

30 À la suite d'une augmentation de salaire de 6 %, un salarié perçoit 111 € de plus qu'avant.
Quel est son nouveau salaire ?

❑ A. 1 961 € ❑ B. 1 047 €
❑ C. 1 850 € ❑ D. 2 000 €

TEST EN TEMPS LIMITÉ *(15 minutes)*

31 **Sachant que 250 g de pain complet apportent 625 kcal, quelle quantité de calories apportent 70 g de pain ?**

❑ A. 175 kcal ❑ B. 17,5 kcal
❑ C. 28 kcal ❑ D. 280 kcal

32 **Dans cette recette de crêpes pour 3, 5 et 8 personnes, une ligne comporte une erreur : laquelle ?**

		pour 3 personnes	pour 5 personnes	pour 8 personnes
❑ A.	lait	75 cL	125 cL	200 cL
❑ B.	œufs	3	5	8
❑ C.	farine	120 g	200 g	340 g
❑ D.	sucre	30 g	50 g	80 g

33 La distance entre deux villes, A et B, est de 36 km. Un cycliste part de A et roule à 12 km/h. Un autre cycliste part au même instant de B et roule à 15 km/h.
Au bout de combien de temps ces cyclistes vont-ils se rencontrer ?

❑ A. 32 min ❑ B. 1 h 15 ❑ C. 1 h 20 ❑ D. 51 min

34 En période de soldes, on bénéficie d'une remise de 30 % grâce à laquelle on paie un article 392 €.
Quel était son prix avant les soldes ?

❑ A. 560 € ❑ B. 274,40 € ❑ C. 509,60 € ❑ D. 301,54 €

35 Une perfusion a un débit de 3 cm^3/min.
Quelle quantité de liquide distribue-t-elle en 2 h 30 min ?

❑ A. 4,5 L ❑ B. 45 cL ❑ C. 450 cL ❑ D. 0,045 L

36 100 g de pommes de terre contiennent 25 mg de magnésium et 125 g de haricots verts en contiennent 30 mg.
Quelle masse de pommes de terre permet d'obtenir la même quantité de magnésium que 250 g de haricots verts ?

❑ A. 240 g ❑ B. 420 g ❑ C. 500 g ❑ D. 320 g

37 Lors d'un concours, 240 candidats ont été reçus sur un total de 1 200.
Quel est le pourcentage de recalés ?

❑ A. 20 % ❑ B. 70 % ❑ C. 75 % ❑ D. 80 %

38 Un bébé pèse actuellement 3,96 kg, il a perdu 12 % de son poids suite à une gastro-entérite.
Quel était son poids à l'origine ?

- ❑ A. 4,44 kg
- ❑ B. 4,50 kg
- ❑ C. 5,20 kg
- ❑ D. 4,30 kg

39 **Quel est le produit le plus avantageux ?**

- ❑ A. 2,5 kg pour 8,75 €
- ❑ B. 1,75 kg pour 5,60 €
- ❑ C. 2 kg pour 6,80 €
- ❑ D. 1,50 kg pour 5,25 €

40 Un médicament est remboursé à 70 %, le montant restant à payer est de 5,40 €.
Quel est le prix du médicament ?

- ❑ A. 7,71 €
- ❑ B. 9,55 €
- ❑ C. 18 €
- ❑ D. 25 €

Réponses

Questions faciles

1 Réponse B : 4,55 L.

consommation en L	6,5	?
distance parcourue en km	100	70

Consommation : $\frac{6,5 \times 70}{100} = 4,55$ L.

2 Réponse D : 1 h 36 min.

distance parcourue en km	5	16
durée en min	30	?

Durée : $\frac{30 \times 16}{5} = 96$ min, soit 1 h 36 min.

3 Réponse C : 9 800.
On réalise un tableau de proportionnalité pour 5 jours, soit $5 \times 7 = 35$ heures.

nombre de pièces	560	?
durée en h	2	35

Nombre de pièces : $\frac{560 \times 35}{2} = 9\,800$.

4 Réponse B : 81.
Les bonbons au café représentent : $100 - 30 - 25 = 45$ % du contenu du sac, soit $180 \times \frac{45}{100} = 81$ bonbons.

5 Réponse C : 31,25 g.

Il y a $125 \times \frac{25}{100} = 31,25$ g de matières grasses.

6 Réponse B : 36 g.

Il y a $120 \times \frac{30}{100} = 36$ g de protides.

7 Réponse D : 575 g.

La boîte contient : $500 + 500 \times \frac{15}{100} = 575$ g de céréales.

8 **Réponse C : 12,8 %.**

nombre de reçus	320	?
nombre de candidats	2 500	100

Nombre de reçus : $\frac{320 \times 100}{2\,500} = 12{,}80\ \%$.

9 **Réponse A : 1/1 000 000.**
10 km = 1 000 000 cm, l'échelle est donc de 1/1 000 000.

10 **Réponse B : 12,5 km.**
La distance réelle est de $2{,}5 \times 500\,000 = 1\,250\,000$ cm, soit 12,5 km.

11 **Réponse A : 10 km/h.**
2 h 30 min = 2,5 h, donc le nombre de kilomètres parcourus en 1 h est :
$\frac{25}{2{,}5} = 10$. La vitesse est donc de 10 km/h.

12 **Réponse D : 36 km/h.**
1 h = 3 600 s.

distance en m	100	?
temps en s	10	3 600

Distance : $\frac{100 \times 3\,600}{10} = 36\,000$ m, soit 36 km.

13 **Réponse B : 3 min 20 s.**
Le débit est de 15 L en 60 s.

capacité en L	15	50
temps en s	60	?

Temps : $\frac{60 \times 50}{15} = 200$ s, soit 3 min 20 s.

14 **Réponse D : 450 cm^3.**
2 h 30 = 150 min.

volume en cm^3	3	?
temps en min	1	150

Volume : $\frac{150 \times 3}{1} = 450$ cm^3.

15 **Réponse A : 118 000.**

Une population de 5 900 habitants représente 5 % du recensement initial en 2000 (le recensement en 2000 représente 100 %).

nombre d'habitants	5 900	?
%	5	100

Nombre d'habitants : $\frac{5\,900 \times 100}{5} = 118\,000$.

■ Questions plus difficiles

16 **Réponse C : 3.**

1 dL = 10 cL. On réalise un tableau de proportionnalité :

quantité de lait en cL	10	?
quantité de calcium en mg	120	900

Quantité de lait : $\frac{900 \times 10}{120} = 75$ cL.

Il faut donc 75 ÷ 25 = 3 bols de 25 cL de lait.

17 **Réponse A : 50 g.**

Avec 100 g de viande, on a : 300 ÷ 2 = 150 kcal.

quantité de fruits en g	150	?
apport calorique en kcal	450	150

(× 3)

Le coefficient de proportionnalité est de 3, la quantité de fruits est donc de 50 g.

18 **Réponse B : 20,83 g.**

1,5 L = 150 cL. La quantité de sucre dans 1,5 L est de : 25 × 5 = 125 g.

quantité de soda en cL	150	25
quantité de sucre en g	125	?

Quantité de sucre : $\frac{125 \times 25}{150} = 20{,}83$ g.

19 **Réponse A.**

Il faut comparer les prix unitaires. 1 brioche A coûte 0,15 €, 1 brioche C coûte 0,16 € et 1 brioche B ou D coûte 0,17 €.

20 **Réponse C : le prix a baissé de 4 %.**

On imagine un prix de 100 €. Avec une hausse de 20 %, il passe à 120 €.

Puis avec une baisse de 20 %, il passe à : $120 - 120 \times \frac{20}{100} = 120 - 24 = 96$ €.

La baisse est donc de 4 €, soit 4 %.

21 **Réponse B : 5 %.**
On peut établir un tableau en cherchant l'augmentation pour 100 € :

augmentation en €	12	?
prix initial en €	240	100

Augmentation : $\frac{12 \times 100}{240} = 5$ €, soit 5 %.

22 **Réponse A : 535.**
L'indice et la rémunération sont des quantités proportionnelles.
L'indice sera 1/4 de fois plus important : $428 + \frac{428}{4} = 428 + 107 = 535$.

23 **Réponse C : 500 €.**
Ayant augmenté de 5 %, le nouveau prix représente 105 % du prix initial (les 100 %). Le prix initial était de : $\frac{525 \times 100}{105} = 500$ €.

24 **Réponse B : 7,2 km/h.**
30 m en 15 s correspond à une vitesse de 2 m/s. Il y a 3 600 s dans 1 h.

distance en m	2	?
temps en s	1	3 600

Distance : $\frac{3\,600 \times 2}{1} = 7\,200$ m, soit 7,2 km.
La vitesse est donc de 7,2 km/h.

25 **Réponse A : 2,4 m/min.**
60 cm en 15 s correspond à une vitesse de 4 cm/s. Il y a 60 s dans 1 min. On a donc l'opération : $60 \times 4 = 240$ cm, soit 2,4 m. La vitesse est donc de 2,4 m/min.

26 **Réponse C : 3 300 km.**
3 h 45 min = 3,75 h. On peut donc calculer la distance parcourue :
$880 \times 3{,}75 = 3\,300$ km.

27 **Réponse C : 17,33 km/h.**
La distance aller-retour est de 26 km. Il a fallu 30 min ou 0,5 h pour effectuer l'aller, puis 1 h pour le retour. L'aller-retour a donc pris 1,5 h. La vitesse moyenne est ainsi de $26 \div 1{,}5 = 17{,}33$ km/h.

28 **Réponse B : 2 %.**
Le premier placement rapporte : $2\,000 \times \frac{7{,}5}{100} \times \frac{8}{12} = 100$ €.

Le taux annuel du second placement est donc de : $\frac{100}{5\,000} = 0{,}02$

soit 2 %.

29 **Réponse C : 70 €.**
Le prix réduit correspond à 70 % du prix plein tarif, qui lui-même représente 100 %. Le prix plein tarif est : $\frac{49 \times 100}{70} = 70$ €.

30 **Réponse A : 1 961 €.**
Le nouveau salaire correspond à 106 % de l'ancien, et 111 € correspond à 6 % de l'ancien salaire.

%	6	106
valeur en €	111	?

Le nouveau salaire est donc de : $\frac{106 \times 111}{6} = 1\,961$ €.

Test en temps limité

31 **Réponse A : 175 kcal.**

pain en g	250	70
apport calorique en kcal	625	?

Apport calorique de 70 g de pain : $\frac{625 \times 70}{250} = 175$ kcal.

32 **Réponse C.**
Pour 8 personnes, la quantité de farine nécessaire pour les crêpes est de : $\frac{120 \times 8}{3} = 320$ g.

33 **Réponse C : 1 h 20.**
Ils parcourent : 12 + 15 = 27 km en 1 h ou 60 min.
Pour trouver le temps mis pour parcourir 36 km, on établit un tableau de proportionnalité :

distance en km	27	36
durée en min	60	?

Durée : $\frac{60 \times 36}{27} = 80$ min, soit 1 h 20 min.

34 **Réponse A : 560 €.**
Le prix soldé représente 70 % du prix avant les soldes, qui est lui-même de 100 %.

%	70	100
valeur en €	392	?

Prix avant les soldes : $\frac{392 \times 100}{70} = 560$ €.

35 **Réponse B : 45 cL.**
Le débit est de 3 cm^3 pour 1 min. On convertit la durée en minutes : 2 h 30 = 150 min. La quantité de liquide distribuée en 150 min est de : 3 × 150 = 450 cm^3, soit 450 mL ou 45 cL.

36 **Réponse A : 240 g.**
250 g de haricots verts apportent 30 × 2 = 60 mg de magnésium. On souhaite donc obtenir 60 mg de magnésium avec les pommes de terre.

quantité de pommes de terre en g	100	?
magnésium en mg	25	60

Quantité de pommes de terre : $\frac{100 \times 60}{25}$ = 240 g.

37 **Réponse D : 80 %.**
Il y a 1 200 – 240 = 960 recalés, soit $\frac{960 \times 100}{1\,200}$ = 80 %.

38 **Réponse B : 4,50 kg.**
Le nouveau poids représente 100 – 12 = 88 % du poids d'origine, qui est lui de 100 %.

%	88	100
poids en kg	3,96	?

Poids à l'origine : $\frac{3{,}96 \times 100}{88}$ = 4,50 kg.

39 **Réponse B : 1,75 kg pour 5,60 €.**
On se ramène au prix au kg. Il est de 3,50 € pour le produit A, de 3,20 € pour le produit B, de 3,40 € pour le produit C et de 3,50 € pour le produit D.

40 **Réponse C : 18 €.**
Le montant restant représente 100 – 70 = 30 % du prix du médicament qui est donc de : $\frac{5{,}40 \times 100}{30}$ = 18 €.

FICHE 4

Les calculs algébriques et la résolution d'équations

QUESTIONS FACILES

1 **Quelle est la valeur exacte de l'expression suivante : $(2x - 3)(x + 5x) + 3x$, pour $x = 0$?**

❑ A. –3 ❑ B. 0 ❑ C. –6 ❑ D. 5

2 **Quelle est la valeur exacte de l'expression suivante : $(2x - 3)(x + 5x) + 3x$, pour $x = -1$?**

❑ A. 27 ❑ B. –33 ❑ C. 9 ❑ D. –8

3 **Quelle est la valeur exacte de l'expression suivante : $(2x - 3)(x + 5x) + 3x$, pour $x = 1$?**

❑ A. – 3 ❑ B. 8 ❑ C. 3 ❑ D. 5

4 **Quel est le développement de l'expression suivante : $3x(2x + 1)$?**

❑ A. $6x^2 + 3x$ ❑ B. $9x^2$
❑ C. $5x^2 + 3x$ ❑ D. $7x^2$

5 **Quel est le développement de l'expression suivante : $(3 - 4x)^2$?**

❑ A. $9 - 16x^2$ ❑ B. $16x^2 - 24x + 9$
❑ C. $9 - 16x^2 - 24x$ ❑ D. $x^2 - 16$

6 **Quel est le développement de l'expression suivante : $(x - 2)(x + 2)$?**

❑ A. 0 ❑ B. x^2
❑ C. $x^2 - 4x + 4$ ❑ D. $x^2 - 4$

7 **Quel est le résultat exact de l'équation suivante : $x - 7 = 2x$?**

❑ A. $x = -7$ ❑ B. $x = 7$ ❑ C. $x = \frac{7}{3}$ ❑ D. $x = 5$

8 **Quel est le résultat exact de l'équation suivante : $5x + 2 = 3x - 2$?**

❑ A. $x = 0$ ❑ B. $x = 2$ ❑ C. $x = -2$ ❑ D. $x = 1$

9 **Quel est le résultat exact de l'équation suivante : $(3x + 1)(-2) = 5x$?**

❑ A. $x = \frac{11}{2}$ ❑ B. $x = -\frac{2}{11}$ ❑ C. $x = -11$ ❑ D. $x = 3$

10 **Quel est le résultat exact du système suivant : $\begin{cases} y = 3x - 4 \\ y = 2x + 1 \end{cases}$?**

- ❑ A. $x = 11$; $y = 5$
- ❑ B. $x = 5$; $y = 11$
- ❑ C. $x = 4$; $y = 9$
- ❑ D. $x = 2$; $y = 2$

11 **Quel est le résultat exact du système suivant : $\begin{cases} y = -2x + 3 \\ y = 3x - 12 \end{cases}$?**

- ❑ A. $x = 5$; $y = 3$
- ❑ B. $x = 3$; $y = -3$
- ❑ C. $x = 2$; $y = -6$
- ❑ D. $x = 10$; $y = 18$

12 **Quel est le résultat exact du système suivant : $\begin{cases} y = 2x - 4 \\ y = 2x + 1 \end{cases}$?**

- ❑ A. $x = 0$; $y = 1$
- ❑ B. $x = 0$; $y = -4$
- ❑ C. aucune solution
- ❑ D. $x = -4$; $y = 0$

13 **Quelle mise en équation illustre la situation proposée ?**
Un rectangle a une aire de 560 m^2, une longueur de 28 m et une largeur L.

- ❑ A. $560 - 28 = L$
- ❑ B. $28L = 560$
- ❑ C. $\frac{28}{560} = L$
- ❑ D. $28 - L = 560 \div 2$

14 **Quelle mise en équation illustre la situation proposée ?**
Le périmètre d'un cercle est de 130 m, son rayon vaut R et $\pi = 3{,}14$.

- ❑ A. $2R \times 3{,}14 = 130$
- ❑ B. $130 \div 3{,}14 = R$
- ❑ C. $R \div 3{,}14 = 130$
- ❑ D. $130 \div 2 = R \div 3{,}14$

15 **Quelle mise en équation illustre la situation proposée ?**
Le tiers du carré de x est égal au carré du tiers de y.

- ❑ A. $\frac{x^2}{3} = \frac{y^2}{3}$
- ❑ B. $\frac{x^2}{3} = y^2$
- ❑ C. $\frac{x^2}{3} = \frac{y^2}{9}$
- ❑ D. $3x^2 = 3y^2$

QUESTIONS PLUS DIFFICILES

16 **Quel est le résultat de cette opération algébrique : $\frac{2}{8} - \left(\frac{5}{7} - \frac{3}{4}\right) + \frac{5}{7}$?**

❑ A. 1 ❑ B. 0 ❑ C. -1 ❑ D. $\frac{1}{4}$

17 **Quel est le résultat de cette opération algébrique : $\frac{7}{12} - \left(\frac{4}{16} + \frac{10}{24} \times (-3)\right)$?**

❑ A. $\frac{2}{3}$ ❑ B. $\frac{19}{12}$ ❑ C. $-\frac{7}{8}$ ❑ D. $-\frac{2}{3}$

18 **Quel est le résultat de cette opération algébrique : $\frac{-8}{5} \times \left(\frac{5}{6} - 3 + \frac{3}{2}\right)$?**

❑ A. $-\frac{5}{60}$ ❑ B. $\frac{32}{15}$ ❑ C. $\frac{16}{15}$ ❑ D. $\frac{-8}{6}$

19 **Quelle est la valeur de l'expression suivante : $\frac{x+1}{2} + \frac{4x-3}{5}$, pour $x = -1$?**

❑ A. $\frac{-7}{5}$ ❑ B. $\frac{5}{2}$ ❑ C. $\frac{7}{5}$ ❑ D. $\frac{3}{10}$

20 **Quelle est la valeur de l'expression suivante : $\frac{x+1}{2} + \frac{4x-3}{5}$, pour $x = 2$?**

❑ A. $\frac{2}{5}$ ❑ B. $\frac{4}{7}$ ❑ C. $\frac{5}{2}$ ❑ D. $\frac{3}{10}$

21 **Quelle est la valeur de l'expression suivante : $\frac{x+1}{2} + \frac{4x-3}{5}$, pour $x = 1$?**

❑ A. $\frac{3}{10}$ ❑ B. $\frac{6}{5}$ ❑ C. 5 ❑ D. $\frac{7}{5}$

22 **Quelle est la factorisation de l'expression suivante : $(2x-3)^2 + (2x-3)(5x-1)$?**

❑ A. $(2x-3)(5x-1)$ ❑ B. $(2x-3)(7x-4)$

❑ C. $(2x-3)(5x)$ ❑ D. $(2x-3)^2\,(5x-1)$

23 **Quelle est la factorisation de l'expression suivante : $4x^2 + 12x + 9$?**

❑ A. $(2x+3)\,(2x-3)$ ❑ B. $(x+3)^2$

❑ C. $(2x+3)^2$ ❑ D. $(x+6)^2$

24 Quelle est la factorisation de l'expression suivante : $(3x-2)^2-49$?

- ❑ A. $(3x-2)(3x+7)$
- ❑ B. $(3x-5)(3x+7)$
- ❑ C. $(3x+5)(3x-5)$
- ❑ D. $3(3x+5)(x-3)$

25 Quelle est la solution du système suivant : $\begin{cases} y = 3x-2 \\ x = -2y+1 \end{cases}$?

- ❑ A. $x = \frac{5}{7}$; $y = \frac{1}{7}$
- ❑ B. $x = \frac{2}{3}$; $y = \frac{3}{2}$
- ❑ C. $x = \frac{-3}{7}$; $y = \frac{-2}{7}$
- ❑ D. $x = \frac{1}{3}$; $y = \frac{-1}{3}$

26 Quelle est la solution de l'inéquation suivante : $2(4x-6) < 6$?

- ❑ A. $\left[\frac{9}{4} ; +\infty\right[$
- ❑ B. $\left]\frac{9}{4} ; +\infty\right[$
- ❑ C. $\left]-\infty ; \frac{9}{4}\right[$
- ❑ D. $\left]-\infty ; \frac{9}{4}\right]$

27 Quelle est la solution de l'inéquation suivante : $2x-7 > 3x+1$?

- ❑ A. $]-\infty ; 8[$
- ❑ B. $]-\infty ; 8]$
- ❑ C. $]-\infty ; -8[$
- ❑ D. $\left]-\infty ; \frac{-5}{8}\right[$

28 Quelle mise en équation illustre la situation proposée ?
Trois entiers consécutifs, dont le plus petit est x, ont une somme de 36.

- ❑ A. $3x = 36$
- ❑ B. $x + (x+1) + (x+2) = 36$
- ❑ C. $3x + 2 = 36$
- ❑ D. $3x - 36 = 0$

29 Quelle mise en équation illustre la situation proposée ?
Une maman a 26 ans de plus que sa fille dont l'âge est x, et la somme de leurs âges est 48.

- ❑ A. $x - 26 = x + 48$
- ❑ B. $2x - 26 = 48$
- ❑ C. $(x+26) + x = 48$
- ❑ D. $2x = 48 + 26$

30 Quelle mise en équation illustre la situation proposée ?
En augmentant les côtés d'un carré de 2 unités, l'aire du carré est augmentée de 16.

- ❑ A. $(x+2)^2 = 16$
- ❑ B. $(x+2)^2 = x^2 + 16$
- ❑ C. $x^2 = 16 + (x+2)^2$
- ❑ D. $(x+2)x = 16$

TEST EN TEMPS LIMITÉ *(12 minutes)*

31 **Quelle est la factorisation de l'expression suivante : $3x - (9x^2 - 6x)$?**

- ☐ A. $3x(3x - 2)$
- ☐ B. $9x(-x + 1)$
- ☐ C. $3x(3x + 2)$
- ☐ D. $(x - 2)(x + 3)$

32 **Quelle est la factorisation de l'expression suivante : $25x^2 - 4$?**

- ☐ A. $(5x - 4)^2$
- ☐ B. $(5x - 2)^2$
- ☐ C. $(5x + 2)(5x - 2)$
- ☐ D. $(25x - 2)(25x + 2)$

33 **Quel est le développement de l'expression suivante : $(x + 3)^2$?**

- ☐ A. $x^2 + 9$
- ☐ B. $x^2 - 9$
- ☐ C. $x^2 + 6x + 9$
- ☐ D. $x^2 - 6x + 9$

34 **Quel est le développement de l'expression suivante : $\left(\frac{1}{2}x - 2\right)^2$?**

- ☐ A. $\frac{1}{4}x^2 - 2x + 4$
- ☐ B. $\frac{1}{4}x^2 - x + 4$
- ☐ C. $\frac{1}{4}x^2 - 4$
- ☐ D. $4x^2 - 4$

35 **Quelle est la solution de l'équation suivante : $3(x - 3) = 4x - 9$?**

- ☐ A. $x = 3$
- ☐ B. $x = 0$
- ☐ C. $x = -3$
- ☐ D. $x = -1$

36 **Quelle est la solution de l'équation suivante : $(x - 8)^2 = 0$?**

- ☐ A. $x = 16$
- ☐ B. $x = 64$
- ☐ C. $x = 8$
- ☐ D. $x = -8$

37 **Quelle équation illustre la situation proposée ?**
On pense à un nombre, on le multiplie par 3. On enlève 1 au résultat obtenu et on divise le tout par 2. On obtient 10.

- ☐ A. $3x - 1 = 5$
- ☐ B. $\frac{3x - 1}{2} = 10$
- ☐ C. $x + 3x - 1 = 10 \div 2$
- ☐ D. $3x - 1 = \frac{3x - 1}{2} + 10$

38 **Quelle équation illustre la situation proposée ?**
La somme des carrés de x et y est égale au carré de la somme de x et $2y$.

- ☐ A. $(x + y)^2 = (x + 2y)^2$
- ☐ B. $x^2 + y^2 = x^2 + (2y)^2$
- ☐ C. $x^2 + y^2 = (x + y)^2$
- ☐ D. $x^2 + y^2 = (x + 2y)^2$

39 **Quelle équation illustre la situation proposée ?**
Il y a 40 billets de deux sortes, les uns sont trois fois plus nombreux que les autres (appelés x).

- ❑ A. $4x = 40$
- ❑ B. $3x = 40$
- ❑ C. $3x = 40 + x$
- ❑ D. $40 = 3x + y$

40 **Quelle est la valeur exacte de l'expression : $(x - 5)^2 + x - 5$, pour $x = 0$?**

- ❑ A. 20
- ❑ B. –20
- ❑ C. 0
- ❑ D. 10

Réponses

■ Questions faciles

ASTUCE On peut développer et réduire l'expression avant de remplacer x par la valeur demandée : $(2x - 3)(6x) + 3x = 12x^2 - 18x + 3x = 12x^2 - 15x$.

1 Réponse B : 0.
$12 \times 0 - 15 \times 0 = 0$.

2 Réponse A : 27.
$12 \times 1 - 15 \times (-1) = 12 + 15 = 27$.

3 Réponse A : – 3.
$12 \times 1 - 15 \times 1 = 12 - 15 = -3$.

4 Réponse A : $6x^2 + 3x$.
$3x(2x + 1) = 6x^2 + 3x$.

5 Réponse B : $16x^2 - 24x + 9$.
On reconnaît une identité remarquable : $(3 - 4x)^2 = 9 - 24x + 16x^2$.

6 Réponse D : $x^2 - 4$.
On reconnaît une identité remarquable : $a^2 - b^2 = (a - b)(a + b)$, d'où $(x - 2)(x + 2) = x^2 - 4$.

ASTUCE Il y a deux tactiques possibles : soit on résout l'équation, soit on teste les solutions proposées.

7 Réponse A : $x = -7$.

8 Réponse C : $x = -2$.
$2x = -4$ donc $x = -2$.

9 Réponse B : $x = -\frac{2}{11}$.

$$-6x - 2 = 5x$$
$$-11x = 2$$
$$x = -\frac{2}{11}$$

ASTUCE Soit on résout le système par les méthodes de substitution ou d'addition, soit on teste les couples de solutions proposés.

10 Réponse B : $x = 5$; $y = 11$.

$$\begin{cases} y = 3x - 4 \\ y = 2x + 1 \end{cases}$$

On soustrait : $y - y = 3x - 4 - 2x - 1$
$0 = x - 5$
$x = 5$
Puis on remplace x par sa valeur dans l'une des équations :
$y = 3 \times 5 - 4 = 11$.

11 **Réponse B : $x = 3$; $y = -3$.**

$$\begin{cases} y = -2x + 3 \\ y = 3x - 12 \end{cases}$$

On soustrait : $0 = -2x + 3 - 3x + 12$

$0 = -5x + 15$

$5x = 15$

$x = 3$

Puis on remplace x par sa valeur dans l'une des équations :
$y = 3 \times 3 - 12 = -3$.

12 **Réponse C : aucune solution.**
Par substitution : $2x - 4 = 2x + 1$.
On trouve alors $-4 = 1$, ce qui est impossible.

13 **Réponse B : $28L = 560$.**
C'est la définition de l'aire d'un rectangle :
aire = longueur × largeur.

14 **Réponse A : $2R \times 3{,}14 = 130$.**
C'est la définition du périmètre d'un cercle :
périmètre = $2\pi R$.

15 **Réponse C : $\dfrac{x^2}{3} = \dfrac{y^2}{9}$.**

Le « tiers du carré de x » s'écrit $\dfrac{1}{3}x^2$ ou $\dfrac{x^2}{3}$.

Le « carré du tiers de y » s'écrit : $\left(\dfrac{y}{3}\right)^2 = \dfrac{y^2}{9}$.

■ Questions plus difficiles

ASTUCE **On peut penser à simplifier les expressions fractionnaires, à tout mettre au même dénominateur puis à enlever les parenthèses.**

16 **Réponse A : 1.**

$$\frac{2}{8} - \left(\frac{5}{7} - \frac{3}{4}\right) + \frac{5}{7} = \frac{1}{4} - \left(\frac{5}{7} - \frac{3}{4}\right) + \frac{5}{7} = \frac{1}{4} - \frac{5}{7} + \frac{3}{4} + \frac{5}{7} = \frac{4}{4} = 1.$$

17 **Réponse B : $\dfrac{19}{12}$.**

$$\frac{7}{12} - \left(\frac{4}{16} + \frac{10}{24} \times (-3)\right) = \frac{7}{12} - \left(\frac{1}{4} + \frac{5}{12} \times (-3)\right)$$

$$= \frac{7}{12} - \left(\frac{1}{4} + \frac{-15}{12}\right)$$

$$= \frac{7}{12} - \left(\frac{1}{4} + \frac{-5}{4}\right)$$

$$= \frac{7}{12} + \frac{4}{4} = \frac{19}{12}.$$

18 **Réponse C : $\frac{16}{15}$.**

$$\frac{-8}{5}\times\left(\frac{5}{6}-3+\frac{3}{2}\right)=\frac{-8}{5}\times\left(\frac{5}{6}-\frac{18}{6}+\frac{9}{6}\right)$$
$$=\frac{(-8)}{5}\times\frac{(-4)}{6}=\frac{32}{30}=\frac{16}{15}.$$

ASTUCE **On simplifie l'expression :**

$$\frac{x+1}{2}+\frac{4x-3}{5}=\frac{5x+5+8x-6}{10}=\frac{13x-1}{10}.$$

19 **Réponse A : $\frac{-7}{5}$.**

$$\frac{13\times(-1)-1}{10}=\frac{-14}{10}=\frac{-7}{5}$$

20 **Réponse C : $\frac{5}{2}$.**

$$\frac{13\times 2-1}{10}=\frac{25}{10}=\frac{5}{2}$$

21 **Réponse B : $\frac{6}{5}$.**

$$\frac{13\times 1-1}{10}=\frac{12}{10}=\frac{6}{5}$$

22 **Réponse B : $(2x-3)(7x-4)$.**
$(2x-3)[(2x-3)+5x-1]=(2x-3)(7x-4)$.

23 **Réponse C : $(2x+3)^2$.**
On reconnaît l'identité remarquable $(a+b)^2$.

24 **Réponse D : $3(3x+5)(x-3)$.**
On reconnaît l'identité remarquable a^2-b^2 :
$$[(3x-2)+7][(3x-2)-7]=(3x+5)(3x-9)$$
$$=3(3x+5)(x-3).$$

25 **Réponse A : $x=\frac{5}{7}$; $y=\frac{1}{7}$.**

$$\begin{cases} y=3x-2 \\ x=-2y+1 \end{cases}$$

Par substitution : $y=3(-2y+1)-2$
$$y=-6y+1$$
$$7y=1$$
$$y=\frac{1}{7}$$

En remplaçant y par sa valeur dans la 2e équation :

$$x=-2\times\frac{1}{7}+1=\frac{5}{7}.$$

26 **Réponse C : $\left]-\infty ; \frac{9}{4}\right[$.**

$8x - 12 < 6$

$8x < 18$

$x < \frac{18}{8}$ soit $x < \frac{9}{4}$.

27 **Réponse C : $]-\infty ; -8[$.**

$2x - 7 > 3x + 1$

$-8 > x$

$x < -8$.

28 **Réponse B : $x + (x + 1) + (x + 2) = 36$.**
Les nombres entiers consécutifs sont : x, $(x + 1)$ et $(x + 2)$.

29 **Réponse C : $(x + 26) + x = 48$.**
L'âge de la mère est $(x + 26)$ et celui de la fille x.

30 **Réponse B : $(x + 2)^2 = x^2 + 16$.**
L'aire du carré initial est x^2, celle du carré augmenté est $(x + 2)^2$.

■ Test en temps limité

31 **Réponse B : $9x(-x + 1)$.**
$3x - 9x^2 + 6x = -9x^2 + 9x$, soit $9x(-x + 1)$.

32 **Réponse C : $(5x + 2)(5x - 2)$.**
On reconnaît l'identité remarquable $a^2 - b^2$, avec $a = 5x$ et $b = 2$.

33 **Réponse C : $x^2 + 6x + 9$.**
On reconnaît l'identité remarquable $(a + b)^2$, soit $x^2 + 6x + 9$.

34 **Réponse A : $\frac{1}{4}x^2 - 2x + 4$.**

On reconnaît l'identité remarquable $(a - b)^2 = a^2 - 2ab + b^2$
soit $\left(\frac{1}{2}x\right)^2 - 2 \times \left(\frac{1}{2}x\right) \times 2 + 2^2$.

35 **Réponse B : $x = 0$.**

$3x - 9 = 4x - 9$

$0 = x$.

36 **Réponse C : $x = 8$.**
$(x - 8)^2 = 0$ a la même solution que $x - 8 = 0$, soit $x = 8$.

37 **Réponse B : $\frac{3x - 1}{2} = 10$.**

38 **Réponse D : $x^2 + y^2 = (x + 2y)^2$.**
La « somme des carrés » est $x^2 + y^2$, le carré de la somme de x et $2y$ est $(x + 2y)^2$.

39 **Réponse A : $4x = 40$.**
Les deux nombres de billets sont $3x$ et x, donc $3x + x = 40$ soit $4x = 40$.

ASTUCE On peut développer l'expression qui devient :
$x^2 - 10x + 25 + x - 5 = x^2 - 9x + 20$.

40 **Réponse A : 20.**
$0 - 0 + 20 = 20$.

FICHE 5

Problèmes variés

QUESTIONS FACILES

Autour des moyennes

1 Pour un spectacle, on dénombre 350 entrées à 8 € et 70 entrées à 5 €.
Quel prix unique aurait permis d'obtenir la même recette ?

❑ A. 9 € ❑ B. 6,50 € ❑ C. 7,50 € ❑ D. 4,50 €

2 Anne a 10 de moyenne, sa voisine Carole a le même total de points, mais avec 5 notes, car elle a été absente 3 fois.
Quelle est la moyenne de Carole ?

❑ A. 14 ❑ B. 16 ❑ C. 15 ❑ D. 13

3 Pour être admis, il faut 10 de moyenne à 4 épreuves W, X, Y et Z. Les épreuves sont notées sur 20 et affectées des coefficients suivants : coefficient 1 pour W, coefficient 2 pour X, coefficient 3 pour Y et coefficient 2 pour Z. Un candidat a obtenu 6/20 à W, 11/20 à X et 8/20 à Z.
Quelle note doit-il avoir à l'épreuve Y pour être reçu ?

❑ A. 18 ❑ B. 16 ❑ C. 14 ❑ D. 12

Autour des intervalles

4 Dans une course de haies, il y a 8 haies espacées de 12 m chacune. La première est à 33 m de la ligne de départ et la dernière à 33 m de la ligne d'arrivée.
Quelle est la longueur de la course ?

❑ A. 150 m ❑ B. 130 m ❑ C. 162 m ❑ D. 117 m

5 On écrit le mot REUSSITE. La largeur de chaque lettre est de 5 mm. L'espace entre chaque lettre est de 6 mm.
Quelle est la longueur du mot ?

❑ A. 8,8 cm ❑ B. 8,2 cm ❑ C. 4,1 cm ❑ D. 552 mm

6 Au jeu « quitte ou double », on double ses gains à chaque bonne réponse et on perd tout si la réponse est mauvaise. À la première réponse exacte, on gagne 100 €.
À combien de questions a répondu correctement un joueur qui a gagné 3200 € ?

❑ A. 4 ❑ B. 5 ❑ C. 6 ❑ D. 7

Autour de la proportionnalité et des fractions

7 Une personne dépense les 3/5 d'une somme puis la moitié du reste. Il lui reste alors 50 €.
Quelle était la somme initiale ?

❑ A. 300 € ❑ B. 400 € ❑ C. 250 € ❑ D. 500 €

8 Lors d'un concours, les 3/5 des candidats ont été reçus et parmi eux, les 3/4 sont des femmes.
Sachant que 15 hommes ont été reçus, combien y avait-il de candidats ?

❑ A. 120 ❑ B. 200 ❑ C. 100 ❑ D. 80

Autour des partages inégaux

9 Pour 300 €, on a deux articles, dont l'un est 5 fois plus cher que l'autre.
Quel est le prix de l'article le plus cher ?

❑ A. 60 € ❑ B. 240 € ❑ C. 250 € ❑ D. 280 €

10 Une prime de 1 000 € est partagée entre 3 employés proportionnellement à leurs années d'ancienneté, qui sont respectivement de 8, 5 et 7 ans.
Combien reçoit celui qui a 5 ans d'ancienneté ?

❑ A. 250 € ❑ B. 200 € ❑ C. 333 € ❑ D. 320 €

Autour des multiples et des diviseurs

11 Le contenu d'un paquet de bonbons peut être également partagé entre 3, 4 ou 5 enfants.
Quel est le nombre de bonbons sachant que ce nombre est supérieur à 80, mais inférieur à 150 ?

❑ A. 100 ❑ B. 90 ❑ C. 120 ❑ D. 140

12 Parmi un groupe d'enfants (dont le nombre est inférieur à 200), que l'on compose des équipes de foot (11 joueurs), des équipes de basket (5 joueurs) ou des équipes de rugby (15 joueurs), il en reste toujours 2.
Combien sont-ils ?

❑ A. 167 ❑ B. 112 ❑ C. 158 ❑ D. 192

Autour des mises en équation

13 Une mère de 45 ans a 3 enfants, âgés de 5, 12 et 14 ans.
Dans combien d'années l'âge de la mère sera-t-il égal à la somme des âges de ses enfants ?

❑ A. 10 ❑ B. 21 ❑ C. 7 ❑ D. 12

14 La somme de 3 entiers consécutifs est plus petite que 70, mais plus grande que 63.
Quel est le plus grand de ces trois nombres ?

❑ A. 21 ❑ B. 25 ❑ C. 23 ❑ D. 24

15 Pierre a 17 billes et Théo en a 28. Après quelques parties, Théo a 4 fois plus de billes que Pierre.
Combien Pierre a-t-il perdu de billes ?

❑ A. 12 ❑ B. 7 ❑ C. 10 ❑ D. 8

QUESTIONS PLUS DIFFICILES

Autour des moyennes

16 Les 25 membres d'un club envisagent une excursion. Au dernier moment, 3 adhérents ne partent pas et ne payent pas le prix du voyage. Ceux qui partent doivent payer 15 € de plus que le prix prévu.
Quel est le coût total de cette excursion ?

❑ A. 330 € ❑ B. 375 € ❑ C. 2 500 € ❑ D. 2 750 €

17 Au même moment, l'ombre d'une tour mesure 35 m, alors que celle d'un bâton de 45 cm mesure 21 cm.
Quelle est la hauteur de la tour ?

❑ A. 17 m ❑ B. 75 m ❑ C. 65 m ❑ D. 163,33 m

Autour de la proportionnalité

18 3 ouvriers trient 600 kg de produits en 1 heure.
En combien de temps avec la même efficacité, 5 ouvriers trieront-ils 1 200 kg ?

❑ A. 1 h 12 min ❑ B. 1,5 h

❑ C. 2 h 15 min ❑ D. 1 h 20 min

19 Un ordinateur X réalise un calcul en 15 h, un ordinateur Y en 12 h et un ordinateur Z en 10 h. On les fait travailler ensemble en réseau.
Combien de temps mettront-ils pour effectuer ce calcul ?

❑ A. 5 h ❑ B. 6 h ❑ C. 8 h ❑ D. 4 h

Autour des intervalles

20 Un ascenseur va du rez-de-chaussée au 5e étage. Il met 6 s pour monter d'un étage, soit 4 m de haut, et s'arrête 10 s à l'étage demandé.
Partant du rez-de-chaussée et s'arrêtant aux 1er, 3e et 5e étages, quelle est sa vitesse moyenne entre le départ au rez-de-chaussée et l'arrivée au 5e ?

❑ A. 8,64 km/h ❑ B. 1,440 km/h

❑ C. 12 km/h ❑ D. 8 km/h

21 Le long de cette voie ferrée, les poteaux sont espacés tous les 100 m. Un train à grande vitesse a mis 6 s pour aller du poteau n° 1 au poteau n° 5.
Quelle est la vitesse de ce train sur cette portion du trajet ?

❑ A. 180 km/h ❑ B. 200 km/h

❑ C. 210 km/h ❑ D. 240 km/h

Autour des multiples

22 Une lampe verte s'allume toutes les 16 s, une lampe bleue toutes les 24 s et une rouge toutes les 36 s.
Quel délai s'écoule-t-il entre deux instants où les trois lampes sont allumées ensemble ?

❑ A. 2 min 24 s ❑ B. 3 min
❑ C. 58 s ❑ D. 2 min 12 s

23 Si l'on divise un même nombre par 4, par 6 ou par 7, il reste toujours 2.
Quel est ce nombre (sachant qu'il est compris entre 500 et 600) ?

❑ A. 554 ❑ B. 502 ❑ C. 560 ❑ D. 506

24 Dans un partage entre X et Y proportionnel à 7 et à 4, X reçoit 39 € de plus que Y.
Quelle est la somme à partager ?

❑ A. 273 € ❑ B. 52 € ❑ C. 143 € ❑ D. 156 €

Autour des partages inégaux

25 On achète 3 articles X, Y et Z pour 45 €. X coûte 10 € de plus que Y, et Z est trois fois plus cher que Y.
Combien vaut X ?

❑ A. 7 € ❑ B. 17 € ❑ C. 21 € ❑ D. 25 €

26 On partage le gain de la loterie entre 3 gagnants X, Y et Z, proportionnellement à leurs mises respectives qui sont de : 2 €, 5 € et 10 €.
Si Y reçoit 150 € de plus que X, quel est ce gain ?

❑ A. 500 € ❑ B. 600 € ❑ C. 850 € ❑ D. 1 000 €

27 Une prime de 650 € est partagée entre 3 employés X, Y et Z, de façon inversement proportionnelle au nombre de jours d'absence, soit respectivement : 3, 4 et 2 jours.
Combien reçoit X ?

❑ A. 120 € ❑ B. 200 € ❑ C. 300 € ❑ D. 220 €

Autour des mises en équation

28 On a 19 pièces de 50 cents et de 20 cents pour une somme totale de 7,40 €.
Combien a-t-on de pièces de 20 cents ?

❑ A. 7 ❑ B. 12 ❑ C. 15 ❑ D. 9

29 Un père a 32 ans de plus que son fils. Dans 14 ans, son âge sera le double de celui de son fils.
Quel est l'âge actuel du fils ?

❑ A. 8 ans ❑ B. 12 ans ❑ C. 26 ans ❑ D. 18 ans

30 La différence des carrés de deux nombres consécutifs est 101.
Quel est le plus petit des deux ?

❑ A. 40 ❑ B. 50 ❑ C. 60 ❑ D. 70

TEST EN TEMPS LIMITÉ *(12 minutes)*

31 On aménage 4 salles de réunion. La première comptera 20 places, la deuxième 30 de plus mais 20 de moins que la troisième, la quatrième 20 de plus que la première et la deuxième réunies.
Combien y a-t-il de places en tout ?

❑ A. 90 ❑ B. 230 ❑ C. 235 ❑ D. 320

32 Les écoliers peuvent être groupés exactement par 5, 6 ou 7.
Quel est l'effectif de cette école, sachant qu'il est inférieur à 400 ?

❑ A. 250 ❑ B. 300 ❑ C. 210 ❑ D. 320

33 Une fontaine X remplit seule un bassin en 3 h et une fontaine Y le remplit seule en 6 h.
Si ces fontaines fonctionnent ensemble, au bout de combien de temps le bassin sera-t-il plein ?

❑ A. 1 h 30 min ❑ B. 1 h 12 min
❑ C. 2 h ❑ D. 1 h 45 min

34 Un escargot part un lundi matin à 8 h pour grimper le long d'une clôture verticale de 11 m. Il parcourt 5 m la journée (de 8 h à 20 h), mais la nuit, il redescend de 2 m.
Quand atteindra-t-il le sommet de cette clôture ?

❑ A. jeudi matin ❑ B. mercredi matin
❑ C. mercredi soir ❑ D. jeudi soir

35 Une côte rectiligne a une pente de 7 %. On passe de l'altitude 450 m à l'altitude 660 m.
Quelle distance a-t-on parcouru ?

❑ A. 2 km ❑ B. 3 km ❑ C. 500 m ❑ D. 750 m

36 Un chemin a 105 m de long, on le borde d'arbres de chaque côté. On place un arbre à chaque extrémité et les autres sont séparés par un intervalle de 15 m.
Combien faut-il d'arbres ?

❑ A. 15 ❑ B. 14 ❑ C. 16 ❑ D. 12

37 Pour nourrir 2 chevaux pendant 15 jours, il a fallu 200 kg de foin.
Combien de kg de foin faudra-t-il pour nourrir dans les mêmes conditions 3 chevaux pendant 20 jours ?

❑ A. 300 kg ❑ B. 550 kg ❑ C. 320 kg ❑ D. 400 kg

38 **Quel est le plus petit des 3 nombres impairs consécutifs dont la somme est 57 ?**

❑ A. 19 ❑ B. 17 ❑ C. 15 ❑ D. 21

39 Pour payer une excursion, chacun des 25 élèves doit apporter 12 €. Cependant, 3 élèves n'y participent pas et les autres versent 14 €, la somme restante servant pour le pourboire du chauffeur.
Quel est le montant de ce pourboire ?

❑ A. 10 € ❑ B. 9 € ❑ C. 8 € ❑ D. 12 €

40 Dans un troupeau de chameaux (à 2 bosses) et de dromadaires (à 1 bosse), on dénombre 112 têtes et 174 bosses.
Combien y a-t-il de chameaux ?

❑ A. 50 ❑ B. 65 ❑ C. 80 ❑ D. 62

Réponses

■ Questions faciles

1 **Réponse C : 7,50 €.**
Pour obtenir ce prix moyen, on totalise la recette ($350 \times 8 + 70 \times 5$ soit 3 150 €) et le nombre d'entrées ($350 + 70 = 420$). Puis on divise l'un par l'autre : $3\,150 \div 420 = 7,50$ €.

2 **Réponse B : 16.**
Anne a 10 de moyenne, avec $5 + 3 = 8$ notes ; elle a donc obtenu $8 \times 10 = 80$ points.
Ayant 80 points avec 5 notes, Carole a une moyenne de $80 \div 5 = 16$.

3 **Réponse D : 12.**
Le nombre de points obtenus par le candidat est :
$6 + 11 \times 2 + 8 \times 2 = 44$.
Pour avoir une moyenne de 10 avec une somme des coefficients de 8, il faut 80 points. Il manque donc 36 points. Le coefficient de Y est 3, donc la note doit être $36 \div 3 = 12$.

4 **Réponse A : 150 m.**
Il y a 8 haies séparées par 7 intervalles de 12 m.
La longueur de la course est de : $12 \times 7 + 33 + 33 = 150$ m.

5 **Réponse B : 8,2 cm.**
Il y a 8 lettres de 5 mm et 7 intervalles de 6 mm. La longueur du mot est donc : $8 \times 5 + 7 \times 6 = 82$ mm ou 8,20 cm.

6 **Réponse C : 6.**
À la 1re question, le gain est de 100 € ; à la 2e, il est de 200 € ; à la 3e, il est de 400 € ; à la 4e, il est de 800 € ; à la 5e, il est de 1 600 € ; à la 6e, il est de 3 200 €.

7 **Réponse C : 250 €.**
50 € représentent la moitié du reste, le reste est donc de 100 €.
100 € représentent le reste des 3/5 dépensés, donc les 2/5 de la somme initiale. La somme initiale est donc de : $\frac{100 \times 5}{2} = 250$ €.

8 **Réponse C : 100.**
Les 15 hommes reçus représentent 1/4 des reçus, il y a donc eu $15 \times 4 = 60$ reçus.
60 reçus représentent les 3/5 des candidats, donc il y a :
$\frac{60 \times 5}{3} = 100$ candidats.

9 **Réponse C : 250 €.**
Si l'un est 5 fois plus cher que l'autre, on a un partage de 300 € en $5 + 1 = 6$ parts égales. La valeur d'une part est $300 \div 6 = 50$ €, et l'article le plus cher vaut : $5 \times 50 = 250$ €.

10 **Réponse A : 250 €.**
Le nombre total d'années d'ancienneté est de $8 + 5 + 7 = 20$. La prime est donc de $1\,000 \div 20 = 50$ € par année d'ancienneté. Celui qui a 5 ans d'ancienneté reçoit ainsi : $5 \times 50 = 250$ €.

11 **Réponse C : 120.**
On cherche un nombre multiple à la fois de 3, de 4 et de 5, compris entre 80 et 150.
$3 \times 4 \times 5 = 60$ donc le multiple de 60 répondant aux critères demandés est 120.

12 **Réponse A : 167.**
On cherche un nombre multiple à la fois de 11, de 5 et de 15 (5×3), on choisit : $11 \times 5 \times 3 = 165$.
Puis on ajoute 2, puisque le reste est de 2, et on obtient 167.

13 **Réponse C : 7.**
Soit X le nombre d'années. On a :

$$(5 + X) + (12 + X) + (14 + X) = 45 + X$$
$$31 + 3X = 45 + X$$
$$2X = 14$$
$$X = 7$$

14 **Réponse C : 23.**
Le plus rapide est de tester les réponses. On peut aussi résoudre l'inéquation. Soit x le plus petit nombre :
$63 < x + (x + 1) + (x + 2) < 70$
$63 < 3x + 3 < 70$
$60 < 3x < 67$
$20 < x < 22{,}33$
On trouve donc $x = 21$.
Les trois nombres sont ainsi : 21, 22 et 23.

15 **Réponse D : 8.**
Soit x le nombre de billes perdues, la mise en équation de l'énoncé donne :
$4(17 - x) = 28 + x$
$68 - 4x = 28 + x$
$40 = 5x$
$x = 8.$

■ Questions plus difficiles

16 **Réponse D : 2 750 €.**
Les 22 partants payent $22 \times 15 = 330$ € pour les trois absents. Le coût de l'excursion est donc de $330 \div 3 = 110$ € par personne. Le coût du voyage est alors de : $110 \times 25 = 2\,750$ € (ou $(110 + 15) \times 22$).

17 **Réponse B : 75 m.**

ombre en cm	21	3 500
hauteur en cm	45	?

Hauteur : $\dfrac{3\,500 \times 45}{21} = 7\,500$ cm $= 75$ m.

18 **Réponse A : 1 h 12 min.**
On établit un tableau de proportionnalité pour 1 h de tri :

ouvriers	3	5
kg	600	?

En 1 h, 5 ouvriers trieraient : $\frac{600 \times 5}{3} = 1\,000$ kg.

On effectue ensuite un autre tableau pour la durée :

durée en min	60	?
kg	1 000	1 200

Durée : $\frac{1\,200 \times 60}{1\,000} = 72$ min ou 1 h 12 min.

19 **Réponse D : 4 h.**
En une heure, X effectue 1/15 du travail, Y effectue 1/12 du travail et Z effectue 1/10 du travail.
Ensemble, ils effectuent donc :

$$\frac{1}{15} + \frac{1}{12} + \frac{1}{10} = \frac{4+5+6}{60} = \frac{15}{60} = \frac{1}{4} \text{ du travail.}$$

Il faut alors 4 h pour effectuer le travail en réseau.

20 **Réponse B : 1,440 km/h.**
Il y a 5 intervalles entre le rez-de-chaussée et le 5e étage, et 2 arrêts, soit : $5 \times 6 + 2 \times 10 = 50$ s et la distance est de $5 \times 4 = 20$ m.
La vitesse est donc de $20 \div 50 = 0{,}4$ m/s.

$$\frac{20 \times 3\,600}{50} = 1\,440 \text{ m/h} = 1{,}44 \text{ km/h.}$$

21 **Réponse D : 240 km/h.**
Il y a 4 intervalles de 100 m, soit 400 m entre les poteaux 1 et 5. La vitesse est de $\frac{400 \times 3\,600}{6} = 240\,000$ m/h = 240 km/h.

22 **Réponse A : 2 min 24 s.**
On cherche le plus petit multiple commun à 16, 24 et 36.
Pour rappel, $16 = 2 \times 2 \times 2 \times 2$; $24 = 2 \times 2 \times 2 \times 3$; $36 = 2 \times 2 \times 3 \times 3$.
Le PPCM est : $2 \times 2 \times 2 \times 2 \times 3 \times 3 = 144$ et 144 s = 2 min 24 s.

23 **Réponse D : 506.**
On cherche un multiple de 4, 6 et 7 compris entre 500 et 600.
$4 \times 6 \times 7 = 168$ et $168 \times 3 = 504$.
Le nombre cherché est $504 + 2 = 506$.

24 **Réponse C : 143 €.**
Les 3 parts de différence entre X et Y valent 39 € ; une part vaut donc 13 €. Il y a 7 + 4 = 11 parts au total, donc la somme totale est de $11 \times 13 = 143$ €.

25 **Réponse B : 17 €.**

On pose x le prix de Y. X vaut alors $x + 10$ et Z vaut $3x$. On résout l'équation suivante :

$$(x + 10) + x + 3x = 45$$
$$5x = 35$$
$$x = 7$$

Le prix de X est 10 + 7 = 17 €.

26 **Réponse C : 850 €.**

Pour une mise supérieure de 3 €, Y reçoit 150 € de plus que X, donc on reçoit 150 ÷ 3 = 50 € pour une mise de 1 €. La mise totale est de 2 + 5 + 10 = 17 €, le gain reçu est de : 17 × 50 = 850 €.

27 **Réponse B : 200 €.**

La part de X est proportionnelle à 1/3, celle de Y à 1/4 et celle de Z à 1/2. On met au même dénominateur (12), on simplifie les dénominateurs et on obtient le partage : « la part de X est proportionnelle à 4, celle de Y à 3 et celle de Z à 6 ».

Il y a 4 + 3 + 6 = 13 éléments unitaires, ainsi X reçoit :

$$\frac{650 \times 4}{13} = 200 \text{ €}.$$

28 **Réponse A : 7.**

On peut tester les différentes propositions ou résoudre un système. Soit x le nombre de pièces de 50 cents et y celui de pièces de 20 cents :

$$\begin{cases} x + y = 19 \\ 0{,}5x + 0{,}2y = 7{,}40 \end{cases}$$

On isole x dans la 1re équation : $x = 19 - y$.

On remplace cette expression de x dans la 2e équation :

$$0{,}5 \times (19 - y) + 0{,}2y = 7{,}40$$
$$9{,}5 - 0{,}5y + 0{,}2y = 7{,}4$$
$$-0{,}3y = -2{,}1$$
$$y = \frac{-2{,}1}{-0{,}3} = 7.$$

29 **Réponse D : 18 ans.**

Soit x l'âge actuel du fils. La mise en équation de l'énoncé donne :

$$(x + 32) + 14 = 2(x + 14)$$
$$x + 46 = 2x + 28$$
$$x = 18.$$

30 **Réponse B : 50.**

Soit x et $x + 1$ les deux nombres. L'équation à résoudre est :

$$(x + 1)^2 - x^2 = 101.$$
$$x^2 + 2x + 1 - x^2 = 101$$
$$2x = 101 - 1$$
$$x = 50.$$

■ Test en temps limité

31 **Réponse B : 230.**
Dans la salle n° 1, il y a 20 places ; dans la salle n° 2, il y a 50 places ; dans la salle n° 3, il y a 70 places ; dans la salle n° 4, il y a 90 places. On a donc au total : 20 + 50 + 70 + 90 = 230 places.

32 **Réponse C : 210.**
On cherche un multiple à la fois de 5, 6 et 7, soit $5 \times 6 \times 7 = 210$.

33 **Réponse C : 2 h.**
En 1 h, X remplit 1/3 de bassin et Y remplit 1/6 de bassin.
En fonctionnant ensemble, en 1 h, elles remplissent :
$\frac{1}{3} + \frac{1}{6} = \frac{2+1}{6} = \frac{3}{6} = \frac{1}{2}$ soit 50 %.
Elles rempliront donc complètement le bassin en 2 h.

34 **Réponse C : mercredi soir.**
Le mardi matin, il est à 3 m (5 – 2 = 3) ; le mercredi matin, il est à 6 m (3 + 5 – 2 = 6) et le mercredi soir, il atteint le sommet (6 + 5 = 11).

35 **Réponse B : 3 km.**
Une côte à 7 %, c'est une élévation de 7 m sur une distance de 100 m. L'élévation est de 660 – 450 = 210 m, d'où le tableau de proportionnalité suivant :

élévation en m	7	210
distance en m	100	?

Distance parcourue : $\frac{210 \times 100}{7} = 3\,000$ m = 3 km.

36 **Réponse C : 16.**
Sur 105 m, il y a 7 intervalles de 15 m, soit 8 arbres par côté (puisqu'il y a un arbre aux extrémités). Au total, il y a donc 16 arbres.

37 **Réponse D : 400 kg.**
La quantité de foin nécessaire pour 3 chevaux pendant 15 jours est :
$\frac{200 \times 3}{2} = 300$ kg.
La quantité de foin nécessaire pour 3 chevaux pendant 20 jours est :
$\frac{300 \times 20}{15} = 400$ kg.

38 **Réponse B : 17.**
Soit x, $x + 2$ et $x + 4$ les trois nombres impairs successifs. La mise en équation de l'énoncé donne :
$x + (x + 2) + (x + 4) = 57$
$3x = 51$
$x = 17$
On vérifie que l'on a bien 17 + 19 + 21 = 57.

39 **Réponse C : 8 €.**
Le prix de l'excursion est : $25 \times 12 = 300$ €. La somme reçue est : $22 \times 14 = 308$ €. Le pourboire est donc de $308 - 300 = 8$ €.

40 **Réponse D : 62.**
Soit x le nombre des dromadaires et y celui des chameaux. Le système à résoudre est le suivant :

$$\begin{cases} x + y = 112 & \text{(pour les têtes)} \\ x + 2y = 174 & \text{(pour les bosses)} \end{cases}$$

On soustrait membre à membre :

$$2y - y = 174 - 112$$
$$y = 62$$

3. LES TESTS DE CONCENTRATION

FICHE 1

Les recensements

QUESTIONS FACILES

1 **Quel est le plus long chemin pour arriver au trésor ?**

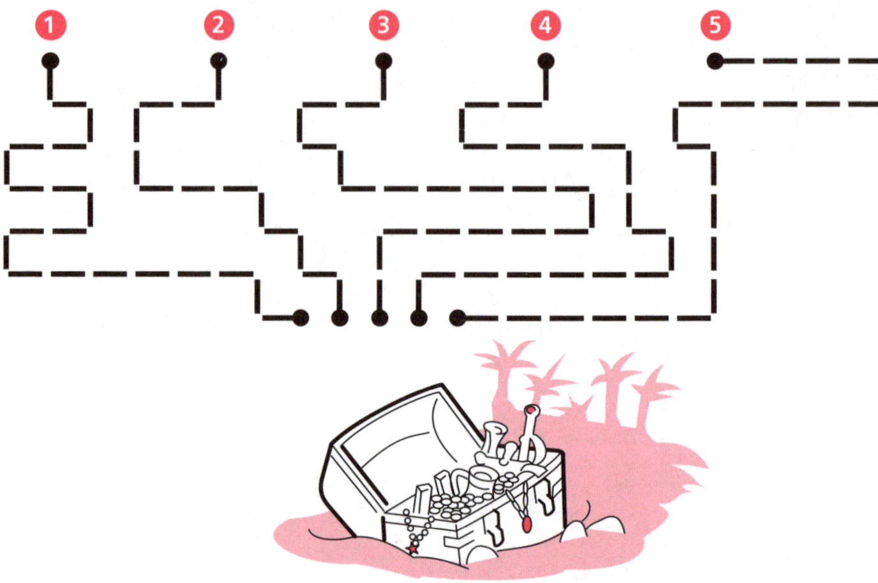

❑ A. n° 1 ❑ B. n° 2 ❑ C. n° 3 ❑ D. n° 4 ❑ E. n° 5

Observez la grille ci-dessous, puis répondez aux questions.

I	N	F	I	R	M	I	E	R	I	E	R
N	N	I	N	F	I	R	M	I	E	R	N
I	N	F	I	R	M	E	R	I	E	F	F
R	R	I	I	F	E	M	M	I	N	E	I
E	E	N	N	R	E	M	M	R	R	M	R
I	I	F	F	F	M	R	R	M	I	M	M
M	M	I	I	R	I	I	E	E	F	F	I
R	R	R	I	F	E	R	E	R	F	M	E
I	I	M	N	F	I	F	M	R	R	N	R
F	F	I	N	F	I	R	M	I	E	R	E
N	N	E	I	M	R	E	I	E	E	I	E
I	I	R	E	M	R	E	F	N	E	R	R

2 **Combien de lettres différentes sont utilisées ?**

❑ A. 9 ❑ B. 6 ❑ C. 7 ❑ D. 8

3 Combien de fois le mot « infirmier » est-il écrit ?

Le mot peut être lu horizontalement de gauche à droite, de droite à gauche ; verticalement de haut en bas ou de bas en haut ; en diagonale de gauche à droite ou de droite à gauche. Une même lettre peut être utilisée plusieurs fois.

❑ A. 9 ❑ B. 12 ❑ C. 7 ❑ D. 8

4 Combien de fois trois lettres identiques successives apparaissent-elles ?

Les trois lettres peuvent être horizontales, verticales ou en diagonale.

❑ A. 9 ❑ B. 12 ❑ C. 11 ❑ D. 6

5 Combien de lettres « R » dénombre-t-on ?

❑ A. 26 ❑ B. 28 ❑ C. 31 ❑ D. 33

6 Combien de fois les lettres « MI » se suivent-elles dans cet ordre sur les lignes ?

❑ A. 4 ❑ B. 5 ❑ C. 6 ❑ D. 7

Pour chacun des légumes suivants, on a relevé le type et la quantité de vitamines qu'il contient.

type de vitamines	quantité
A B C K E PP	FF : très forte F : forte M : moyenne B : faible O : très faible

légumes	vitamines					
	A	B	C	K	E	PP
artichaut	M	M	B	O	O	O
asperge	M	M	M	O	O	O
carotte	F	M	F	B	O	M
chou	M	M	FF	F	F	M
chou-fleur	O	M	F	M	O	B
céleri	M	M	F	O	O	O
céréale	O	F	O	O	M	F
cresson	F	M	F	O	F	F
épinard	F	M	FF	FF	O	F
endive	F	M	F	O	O	O
laitue	F	M	FF	O	F	M
oignon	B	M	FF	O	O	M
pois	M	F	F	F	F	M
pomme de terre	O	M	F	O	O	O
tomate	F	M	FF	O	O	M

7 **Combien de légumes ont une teneur en vitamine A très forte ?**

❑ A. 0 ❑ B. 1 ❑ C. 2 ❑ D. 3

8 **Combien de légumes ont à la fois très peu de vitamine K et très peu de vitamine PP ?**

❑ A. 2 ❑ B. 3 ❑ C. 4 ❑ D. 5

9 **Combien de légumes ont une teneur égale en vitamines A et K ?**

❑ A. 2 ❑ B. 3 ❑ C. 4 ❑ D. 5

Observez cette grille, puis répondez aux questions suivantes.

a	u	x	i	l	i	a	i	r	e	a	u
x	i	l	i	a	i	r	e	a	u	x	i
l	i	a	i	r	e	a	u	x	i	l	i
a	i	r	e	a	u	x	i	l	i	a	i
r	e	a	u	x	i	l	i	a	i	r	e
a	u	x	i	l	i	a	i	r	e	a	u
x	i	l	i	a	i	r	e	a	u	x	i
l	i	a	i	r	e	a	u	x	i	l	i
a	i	r	e	a	u	x	i	l	i	a	i
r	e	a	u	x	i	l	i	a	i	r	e
a	u	x	i	l	i	a	i	r	e	a	u
x	i	l	i	a	i	r	e	a	u	x	i

10 **Combien de fois la lettre « r » apparaît-elle ?**

❑ A. 10 ❑ B. 12 ❑ C. 14 ❑ D. 16

11 **Combien de fois la lettre « a » apparaît-elle ?**

❑ A. 29 ❑ B. 30 ❑ C. 31 ❑ D. 32

12 **Combien de fois la séquence « au » apparaît-elle horizontalement ?**

❑ A. 12 ❑ B. 13 ❑ C. 14 ❑ D. 15

Observez cette grille, puis répondez aux questions suivantes.

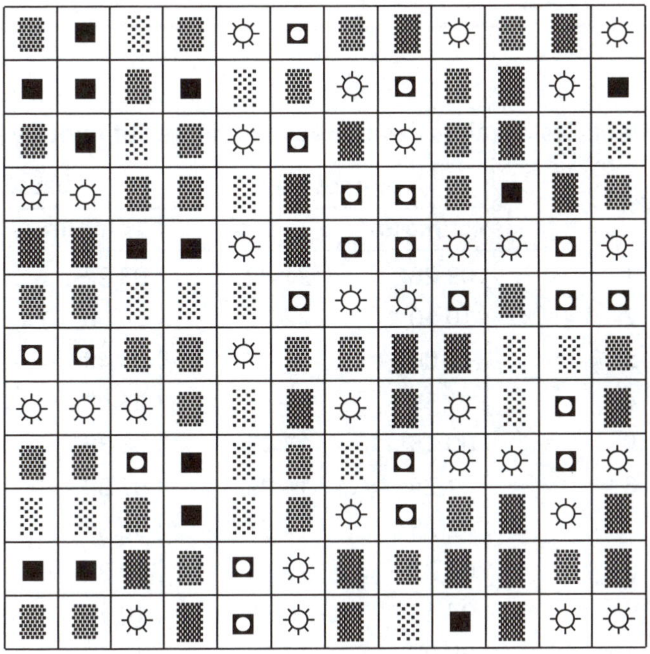

13 Combien de symboles différents sont utilisés ?

❑ A. 6 ❑ B. 7 ❑ C. 8 ❑ D. 9

14 Combien de fois la séquence  **est-elle inscrite dans la grille ?**

(Cette séquence peut être lue horizontalement de gauche à droite ou de droite à gauche ; verticalement de bas en haut et de haut en bas ; en diagonale de gauche à droite ou de droite à gauche. Un même symbole peut être utilisé plusieurs fois.)

❑ A. 9 ❑ B. 12 ❑ C. 7 ❑ D. 8

15 Combien de  **dénombre-t-on ?**

❑ A. 6 ❑ B. 26 ❑ C. 28 ❑ D. 31

QUESTIONS PLUS DIFFICILES

Voici pour un mois les horaires des marées (en heures et minutes).

date		pleines mers		basses mers	
		matin	soir	matin	soir
samedi	1	09 26	21 42	03 27	15 31
dimanche	2	10 10	22 27	04 08	16 16
lundi	3	11 00	23 17	04 49	17 03
mardi	4	11 59	-----	05 40	18 00
mercredi	5	00 15	13 03	06 38	19 02
jeudi	6	01 24	14 02	07 39	20 04
vendredi	7	02 25	14 57	08 37	21 07
samedi	8	03 23	15 31	09 35	21 59
dimanche	9	04 15	16 35	10 22	22 53
lundi	10	05 05	17 24	11 13	23 41
mardi	11	05 54	18 10	11 58	-----
mercredi	12	06 40	18 56	00 28	12 43
jeudi	13	07 26	19 43	01 15	13 29
vendredi	14	08 12	20 31	01 58	14 16
samedi	15	08 55	21 17	02 45	14 58
dimanche	16	09 44	22 08	03 23	15 48
lundi	17	10 37	23 03	04 23	16 42
mardi	18	11 37	------	05 12	17 39
mercredi	19	00 07	12 47	06 14	18 50
jeudi	20	01 18	14 01	07 26	20 08
vendredi	21	02 39	15 13	08 45	21 25
samedi	22	03 48	16 13	09 49	22 26
dimanche	23	04 47	17 05	10 42	23 23
lundi	24	05 32	17 46	11 32	------
mardi	25	06 11	18 23	00 04	12 11
mercredi	26	06 45	18 56	00 43	12 47
jeudi	27	07 17	19 28	01 18	13 21
vendredi	28	07 48	20 00	01 46	13 53
samedi	29	08 19	20 31	02 18	14 25
dimanche	30	08 48	21 01	02 50	14 55
lundi	31	09 23	21 37	03 23	15 32

16 **Quel est le samedi où l'écart entre deux marées de pleine mer est le plus court ?**

❑ A. samedi 1 ❑ B. samedi 8 ❑ C. samedi 15

❑ D. samedi 22 ❑ E. samedi 29

17 **Combien de jours la mer est-elle basse entre 6 h et midi ?**

❑ A. 7 jours ❑ B. 6 jours ❑ C. 13 jours ❑ D. 15 jours

18 **Combien de jours la mer est-elle à la fois basse entre 13 h et 15 h et haute entre 20 h et 22 h ?**

❑ A. 2 jours ❑ B. 5 jours ❑ C. 3 jours ❑ D. 12 jours

19 **Combien de fois le nombre des minutes est-il égal au nombre des heures ?**

❑ A. 0 fois ❑ B. 2 fois ❑ C. 3 fois ❑ D. 4 fois

20 **Combien relève-t-on d'horaires identiques ?**

❑ A. 1 ❑ B. 2 ❑ C. 7 ❑ D. 4

21 **Quel nombre d'heures apparaît le moins souvent ?**

❑ A. 10 ❑ B. 19 ❑ C. 06 ❑ D. 16

Voici un texte sans majuscule ni espace :

SAMAJESTÉLEROIDESBELGESLEPRÉSIDENTDELARÉPUBLIQUETCHÈQUESAMAJESTÉ
LAREINEDEDANEMARKLEPRÉSIDENTDELARÉPUBLIQUEFÉDÉRALED'ALLEMAGNEL
EPRÉSIDENTDELARÉPUBLIQUED'ESTONIELEPRÉSIDENTDELARÉPUBLIQUEHELLÉNI
QUESAMAJESTÉLEROID'ESPAGNELEPRÉSIDENTDELARÉPUBLIQUEFRANÇAISELAPR
ÉSIDENTED'IRLANDELEPRÉSIDENTDELARÉPUBLIQUEITALIENNELEPRÉSIDENTDELA
RÉPUBLIQUEDECHYPRELAPRÉSIDENTEDELARÉPUBLIQUEDELETTONIELEPRÉSIDEN
TDELARÉPUBLIQUEDELITUANIESONALTESSEROYALELEGRANDDUCDELUXEMBOU
RGLEPRÉSIDENTDELARÉPUBLIQUEDEHONGRIELEPRÉSIDENTDEMALTESAMAJESTÉ
LAREINEDESPAYSBASLEPRÉSIDENTFÉDÉRALDELARÉPUBLIQUED'AUTRICHELEPRÉSI
DENTDELARÉPUBLIQUEDEPOLOGNELEPRÉSIDENTDELARÉPUBLIQUEPORTUGAISEL
EPRÉSIDENTDELARÉPUBLIQUEDESLOVÉNIELEPRÉSIDENTDELARÉPUBLIQUEDESLO
VAQUIELAPRÉSIDENTEDELARÉPUBLIQUEDEFINLANDELEGOUVERNEMENTDUROY
AUMEDESUÈDESAMAJESTÉLAREINEDUROYAUMEDEGRANDEBRETAGNEETD'IRLA
NDEDUNORD

22 **Combien de fois dénombre-t-on l'expression « le président » ?**

❑ A. 12 ❑ B. 13 ❑ C. 14 ❑ D. 15

23 **Combien de lettres de l'alphabet n'apparaissent pas ?**

❑ A. 0 ❑ B. 1 ❑ C. 2 ❑ D. 3

24 **Combien de chefs d'État sont cités dans cette énumération ?**

❑ A. 21 ❑ B. 25 ❑ C. 26 ❑ D. 24

25 **Combien de fois les lettres BL se succèdent-elles ?**

❑ A. 16 ❑ B. 18 ❑ C. 20 ❑ D. 22

Voici une grille remplies de symboles.

	C1	C2	C3	C4	C5	C6	C7	C8	C9	C10	C11	C12	C13	C14	C15	C16	C17
L1	ф	x	И	С	x	б	б	ф	x	ш	x	ш	ф	x	ш	ф	ш
L2	ш	С	С	ф	И	є	ш	С	И	б	И	И	ш	И	б	И	x
L3	x	ш	x	γ	б	ш	γ	є	γ	С	С	б	И	ф	ш	ф	ш
L4	б	ф	И	ф	ф	С	є	ф	x	ш	ф	x	С	ш	ф	ф	ф
L5	є	x	И	б	γ	С	б	ф	И	γ	ф	γ	б	x	γ	И	И
L6	ш	б	γ	б	γ	є	ф	б	x	ш	x	є	С	б	И	ш	И
L7	γ	С	И	С	ф	γ	С	ф	є	И	γ	И	є	б	С	ш	ш
L8	ф	x	γ	x	ф	И	б	ф	ш	И	ш	б	x	γ	б	И	ф
L9	С	И	С	γ	ф	є	x	С	б	γ	С	С	x	ш	γ	С	x
L10	γ	б	ш	ш	x	И	ш	ш	С	И	γ	є	С	И	С	γ	С
L11	И	ф	ш	x	С	ш	γ	ш	б	γ	є	б	γ	ш	ф	x	И
L12	ф	x	є	ш	є	С	ф	С	С	б	С	И	С	И	б	γ	С
L13	γ	ш	И	γ	С	ш	С	x	ш	ф	x	С	б	С	ф	И	ш
L14	С	И	ф	ш	γ	ш	ф	б	γ	γ	γ	γ	γ	ф	x	С	ф
L15	x	ф	ф	ф	ш	ш	И	ш	С	И	С	x	И	γ	И	γ	б
L16	γ	є	ш	ф	ф	б	И	ф	И	С	С	б	С	ш	С	ш	ф
L17	ш	ш	И	И	ш	ш	С	x	ш	ф	γ	γ	И	С	ф	С	ф
L18	ф	є	С	є	ф	С	ф	И	ф	x	С	ф	γ	С	ш	ш	С
L19	x	С	x	ш	x	ш	ш	ф	И	є	б	x	И	ф	ф	x	ш
L20	ф	И	ш	И	ф	И	б	ф	ш	И	є	γ	є	И	ф	б	С

26 **Combien de fois la suite ш x apparaît-elle dans cet ordre dans les lignes L1, L2, L4, L5 ?**

❑ A. 0 ❑ B. 1 ❑ C. 2 ❑ D. 3

27 **Combien de fois la suite γ И apparaît-elle dans les lignes L7, L8, L17, L18 ?**

❑ A. 0 ❑ B. 1 ❑ C. 2 ❑ D. 3

28 **Combien de fois l'élément б apparaît-il dans les colonnes C8, C10, C12, C14 ?**

❑ A. 8 ❑ B. 9 ❑ C. 10 ❑ D. 12

29 **Combien de fois l'élément ф apparaît-il dans les lignes L5, L7, L9, L15, L17, L19 ?**

❑ A. 14 ❑ B. 18 ❑ C. 19 ❑ D. 20

30 **Combien de fois l'élément γ apparaît-il dans les lignes L3, L8, et les colonnes C9 et C13 ?**

❑ A. 7 ❑ B. 8 ❑ C. 9 ❑ D. 10

TEST EN TEMPS LIMITÉ *(10 minutes)*

Observez cette grille de symboles, puis répondez aux questions.

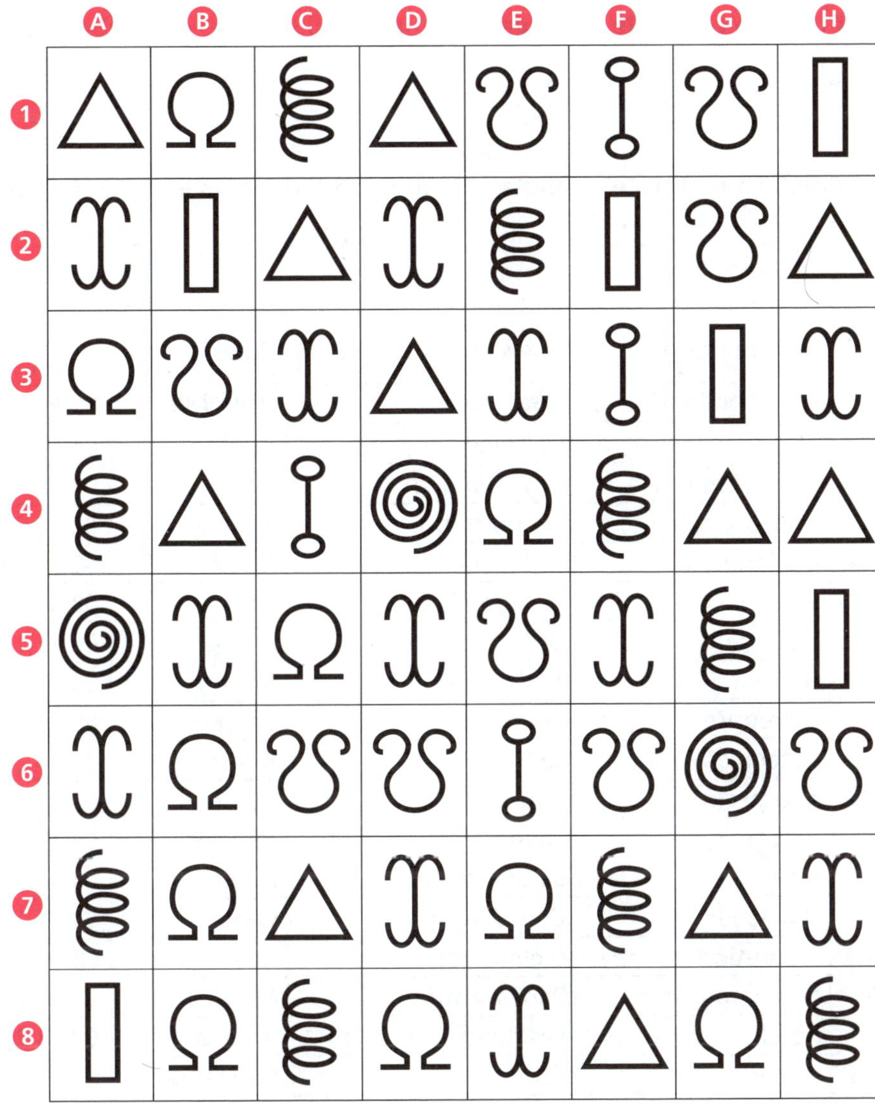

31 **Quel symbole apparaît le plus souvent ?**

❑ A. Ω ❑ B. △ ❑ C.  ❑ D. 

32 **Combien de fois la séquence △ Ω  apparaît-elle, sachant qu'elle peut être observée de gauche à droite ou de droite à gauche ?**

❑ A. 1 fois ❑ B. 2 fois ❑ C. 3 fois ❑ D. 4 fois

33 **Combien de symboles présents sur la ligne 3 n'apparaissent pas dans la colonne C ?**

❑ A. 1 ❑ B. 2 ❑ C. 3 ❑ D. 4

34 **Combien de fois le symbole △ apparaît-il dans les colonnes A, C et F ?**

❑ A. 3 ❑ B. 4 ❑ C. 5 ❑ D. 6

35 **Combien de fois le symbole ♉ apparaît-il dans les lignes 2, 4, 7 et 8 ?**

❑ A. 0 ❑ B. 1 ❑ C. 2 ❑ D. 3

Voici une liste des professionnels abonnés téléphoniques.

	type d'activité	raison sociale	propriétaire	n° de téléphone
1	glacier	La bolée	Audin	06 57 36 28
2	hôtel-restaurant	L'as de pique	Clerc	08 56 23 25
3	centre sportif	Tennis club	Nadau	02 32 32 32
4	boulangerie	Le fournil	Audin	06 54 53 52
5	garage	Garage Thierry	Thierry	08 36 01 02
6	restaurant	Grill de la mer	Briand	06 17 18 19
7	coiffeur	Tiff' coupe	Gouley	08 32 32 32
8	entreprise	Renov'tout	Thong	05 28 32 32
9	hôtel-restaurant	NEPTUNE	Audin	08 56 23 24
10	boucherie	Boucherie	Kedif	03 55 89 98
11	garage	Le mécano	Jacquot	02 37 78 85
12	café	La plantation	Audin	08 57 99 99
13	chausseur	Chauss'tout	Capon	03 31 13 31
14	réparation	Clé'minute	Jack	08 56 24 23
15	centre sportif	Parc aventure	Marsan	03 30 20 13
16	hôtel	Les dunes	Amélie	08 23 24 56
17	épicerie	Coccinelle	Dauvergne	08 32 42 65
18	hôtel	Les pins	Michelon	06 22 33 11
19	pharmacie	Pharmacie du centre	Desmaourin	08 10 02 30
20	poissonnerie	Poissonnerie	Demoulin	02 52 00 00
21	médecin	Cabinet Odin	Odin	06 25 25 27
22	menuisier	Artisan-ébéniste	Biron	06 82 28 17
23	souvenirs	À la plage	Gonzo	08 44 22 99
24	pâtissier-glacier	Le bon cône	Laffand	08 68 68 86
25	habillement	Vêtatous	Dauvergne	08 32 24 65

36 **Combien d'activités différentes ont des propriétaires portant le même nom ?**

❑ A. 3 ❑ B. 4 ❑ C. 5 ❑ D. 6

37 **Combien d'abonnés ont un numéro de téléphone composé uniquement de 3 chiffres différents ?**

❑ A. 2 ❑ B. 3 ❑ C. 4 ❑ D. 5

38 **Combien d'entreprises ont un rapport avec l'alimentation (hors restaurant, café et glacier) ?**

❑ A. 3 ❑ B. 4 ❑ C. 5 ❑ D. 6

39 **Combien d'hôtels ou d'hôtels-restaurants ont un numéro de téléphone qui commence par 08 ?**

❑ A. 3 ❑ B. 4 ❑ C. 5 ❑ D. 6

40 **Combien de propriétaires différents ont un nom se terminant par la lettre « n » ?**

❑ A. 6 ❑ B. 7 ❑ C. 8 ❑ D. 10

Réponses

■ Questions faciles

1 **Réponse E : n° 5.**
Le n° 1 est composé de 20 segments, le n° 2 de 13 segments, le n° 3 de 20 segments, le n° 4 de 19 segments, le n° 5 de 22 segments.

2 **Réponse B : 6.**
Les 6 lettres sont : I N F R M E.

3 **Réponse A : 9.**
On lit le mot INFIRMIER 3 fois horizontalement, 3 fois verticalement et 3 fois en diagonale.

4 **Réponse C : 11.**
On trouve N, I, F et E à la verticale ; R et F à l'horizontale ; R, M (2 fois) et I (2 fois) en diagonale.

5 **Réponse C : 31.**
R se trouve 3 fois sur la 1re ligne, 2 fois sur la 2e ligne, 2 fois sur la 3e ligne, 2 fois sur la 4e ligne, 4 fois sur la 5e ligne, 2 fois sur la 6e ligne, 1 fois sur la 7e ligne, 5 fois sur la 8e ligne, 3 fois sur la 9e ligne, 2 fois sur la 10e ligne, 1 fois sur la 11e ligne et 4 fois sur la 12e ligne.

6 **Réponse C : 6.**
MI se trouve sur les lignes 1, 2, 4, 6, 7 et 10.

7 **Réponse A : 0.**

8 **Réponse D : 5.**
Il s'agit de l'artichaut, de l'asperge, du céleri, de l'endive et de la pomme de terre.

9 **Réponse A : 2.**
Il s'agit de la céréale et de la pomme de terre.

10 **Réponse C : 14.**

11 **Réponse A : 29.**

12 **Réponse D : 15.**

13 **Réponse A : 6.**

14 **Réponse B : 12.**
On lit la séquence des trois symboles :
- 4 fois horizontalement, de gauche à droite ;
- 2 fois verticalement de bas en haut ;
- 2 fois verticalement de haut en bas ;
- 2 fois en diagonale, de gauche à droite, de haut en bas ;
- 2 fois en diagonale, de gauche à droite, de bas en haut.

15 **Réponse D : 31.**

■ Questions plus difficiles

16 **Réponse B : samedi 8.**
L'écart est alors de 12 h 08. Pour le samedi 1er, l'écart est de 12 h 16 min. Pour le samedi 15, il est de 12 h 22 min. Pour le samedi 22, il est de 12 h 25 min. Pour le samedi 29, il est de 12 h 12 min.

17 **Réponse C : 13 jours.**
La mer est basse entre 6 h et 12 h le mercredi 5, le jeudi 6, le vendredi 7, le samedi 8, le dimanche 9, le lundi 10, le mardi 11, le mercredi 19, le jeudi 20, le vendredi 21, le samedi 22, le dimanche 23 et le lundi 24.

18 **Réponse B : 5 jours.**
La mer est à la fois basse entre 13 h et 15 h et haute entre 20 h et 22 h le vendredi 14, le samedi 15, le vendredi 28, le samedi 29 et le dimanche 30.

19 **Réponse D : 4 fois.**
Le nombre des minutes est égal au nombre des heures le dimanche 2 matin et soir (10 h 10 et 16 h 16), le dimanche 23 au soir (23 h 23) et le lundi 10 au matin (05 h 05).

20 **Réponse C : 7.**
Les horaires identiques sont les suivants : 15 h 31 le samedi 1er et le samedi 8 ; 03 h 23 le samedi 8, le dimanche 16 et le lundi 31 ; 18 h 56 le mercredi 12 et le mercredi 26 ; 01 h 18 le jeudi 20 et le jeudi 27 ; 07 h 26 le jeudi 13 et le jeudi 20 ; 20 h 31 le vendredi 14 et le samedi 29 ; 12 h 47 le mercredi 19 et le mercredi 26.

21 **Réponse B : 19.**
Le 19 n'apparaît que 3 fois, alors que les autres heures apparaissent 4 ou 5 fois.

22 **Réponse D : 15.**
On dénombre 15 fois « LE PRESIDENT » (attention à ne pas compter « LA PRESIDENTE »).

23 **Réponse C : 2.**
Les lettres Z et W n'apparaissent pas.

24 **Réponse B : 25.**

25 **Réponse A : 16.**
On les trouve dans « REPUBLIQUE ».

26 **Réponse B : 1.**

27 **Réponse C : 2.**

28 **Réponse C : 10.**

29 **Réponse A : 14.**

30 **Réponse D : 10.**

■ Test en temps limité

31 **Réponse C : .** 

32 **Réponse C : 3 fois.**
La séquence apparaît sur les lignes 1, 7 et 8.

33 **Réponse A : 1.**
C'est le symbole : ▯

34 **Réponse B : 4.**

35 **Réponse B : 1.**

36 **Réponse D : 6.**
Les deux propriétaires sont Audin (glacier, hôtel-restaurant, boulangerie, café) et Dauvergne (habillement et épicerie).

37 **Réponse C : 4.**
Le n° 3, le n° 13, le n° 20, le n° 24.

38 **Réponse B : 4.**
Le n° 4, le n° 10, le n° 17 et le n° 20.

39 **Réponse A : 3.**
Les n° 2, 9 et 16.

40 **Réponse C : 8.**

FICHE 2

Les différences

1 **Combien y a-t-il de différences entre les deux dessins ?**

❑ A. 3 ❑ B. 4 ❑ C. 5 ❑ D. 6

2 Quelles sont les deux lignes qui sont composées des mêmes éléments placés dans un ordre différent ?

1

2

3

4

5

6

❑ A. 1 et 6 ❑ B. 2 et 4 ❑ C. 3 et 6 ❑ D. 1 et 4

3 **Parmi ces quatre dessins, un seul diffère des autres : lequel ?**

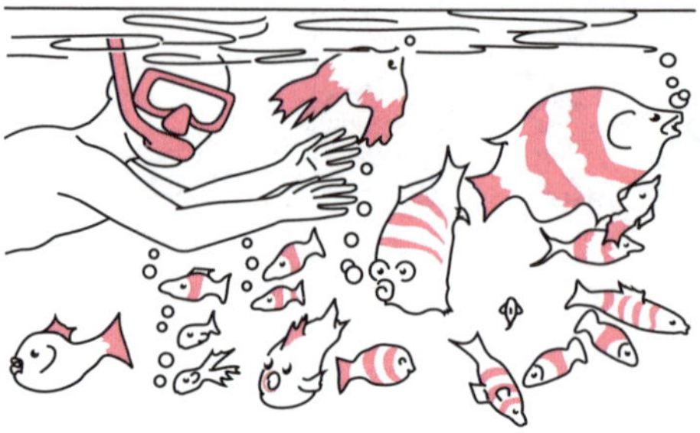

❑ A

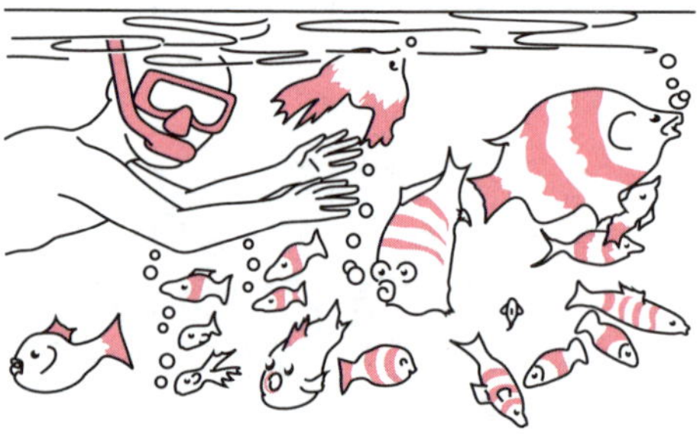

❑ B

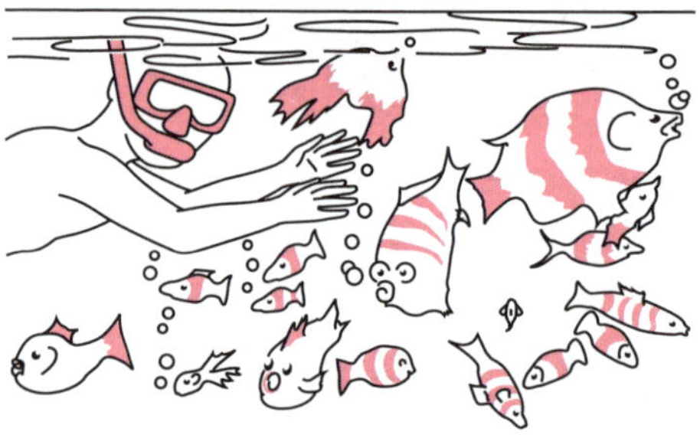

❑ C

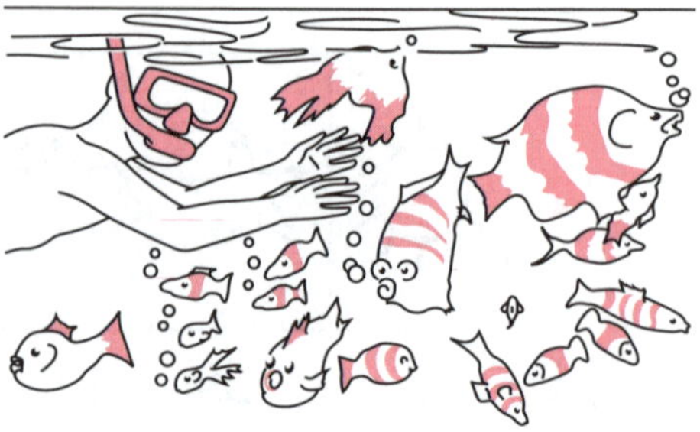

❑ D

4 Combien d'étoiles différentes dénombre-t-on ?

❑ A. 3 ❑ B. 4 ❑ C. 5 ❑ D. 6

Les images de la colonne de gauche sont vues en miroir dans la colonne de droite. **Déterminez le nombre de différences pour chaque groupe de dessins.**

Groupe 1

1
2
3

Groupe 2

4
5
6

Groupe 3

7
8
9

Groupe 4

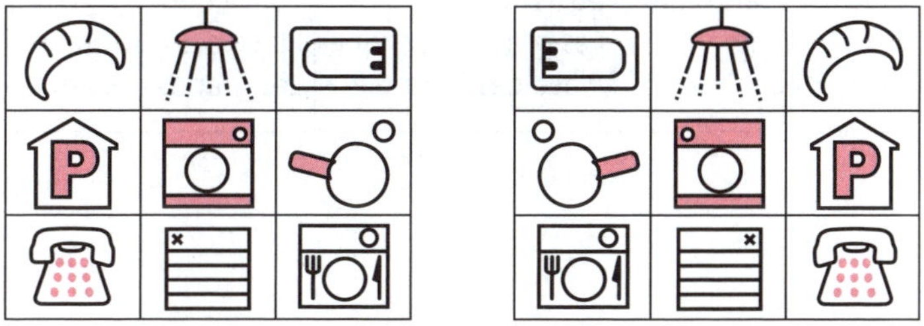

10
11
12

5 **Groupe 1**

❑ A. 0 ❑ B. 1 ❑ C. 2 ❑ D. 3

6 **Groupe 2**

❑ A. 0 ❑ B. 1 ❑ C. 2 ❑ D. 3

7 **Groupe 3**

❑ A. 0 ❑ B. 1 ❑ C. 2 ❑ D. 3

8 **Groupe 4**

❑ A. 0 ❑ B. 1 ❑ C. 2 ❑ D. 3

Dans ce tableau, sur chaque ligne, les mêmes informations ont été recopiées quatre fois, mais une erreur s'est glissée. Vous devez repérer pour chaque ligne la case contenant l'erreur.

	A	B	C	D
L1	Musée 04 05 04 05 00 4 rue des Enfants Du 5 mars au 5 mai Céramiques	04 05 04 05 00 Musée 4 rue des Enfants Du 4 mars au 5 mai Céramiques	Musée 04 05 04 05 00 Céramiques 4 rue des Enfants Du 5 mars au 5 mai	Musée Du 5 mars au 5 mai 04 05 04 05 00 4 rue des Enfants Céramiques
L2	Romantisme Fondation Route des bois Du 7 février au 15 avril	Fondation Route du bois Du 7 février au 15 avril Romantisme	Route des bois Fondation Romantisme Du 7 février au 15 avril	Fondation Route des bois Du 7 février au 15 avril Romantisme
L3	Centre international Du 21 octobre au 31 décembre Impressionnisme	Impressionnisme Centre international Du 21 octobre au 31 décembre	Centre international Impressionnismes Du 21 octobre au 31 décembre	Centre international Du 21 octobre au 31 décembre Impressionnisme
L4	Musée 54 esplanade des fleurs 09 09 05 04 02 Urbanisme antique	54 esplanade des fleurs 09 09 05 04 02 Musée Urbanisme antique	Musée 09 09 05 04 02 Urbanisme antique 54 esplanade des fleurs	54 esplanade des fleurs Musée 09 90 05 04 02 Urbanisme antique
L5	Les grands classiques Fondation Place des fantômes Du 11 janvier au 17 mai	Fondation Du 17 janvier au 17 mai Les grands classiques Place des fantômes	Du 17 janvier au 17 mai Fondation Place des fantômes Les grands classiques	Fondation Place des fantômes Du 17 janvier au 17 mai Les grands classiques

	A	B	C	D
L6	Pavillon Abbaye de flamant 03 03 23 03 01 Du 15 novembre au 31 mai Pop'art	Pavillon 03 03 23 03 01 Du 15 novembre au 31 mai Abbaye de flamant Pop'art	Abbaye de flamand Du 15 novembre au 31 mai Pavillon Pop'art 03 03 23 03 01	Pavillon Du 15 novembre au 31 mai Pop'art Abbaye de flamant 03 03 23 03 01
L7	Carré 5 promenade Curie Du 20 septembre au 30 mai Design	5 promenade Curie Du 20 septembre au 30 mars Carré Design	Carré Du 20 septembre au 30 mars 5 promenade Curie Design	Du 20 septembre au 30 mars Design Carré 5 promenade Curie

9 **Pour L1, l'erreur est en case :**

❑ A ❑ B ❑ C ❑ D

10 **Pour L2, l'erreur est en case :**

❑ A ❑ B ❑ C ❑ D

11 **Pour L3, l'erreur est en case :**

❑ A ❑ B ❑ C ❑ D

12 **Pour L4, l'erreur est en case :**

❑ A ❑ B ❑ C ❑ D

13 **Pour L5, l'erreur est en case :**

❑ A ❑ B ❑ C ❑ D

14 **Pour L6, l'erreur est en case :**

❑ A ❑ B ❑ C ❑ D

15 **Pour L7, l'erreur est en case :**

❑ A ❑ B ❑ C ❑ D

QUESTIONS PLUS DIFFICILES

Voici quatre carrés dans lesquels sont installés différents chiffres :

1	3	9
		4
3	8	2
2	1	
5		

a

1	6	5
9	4	7
4		
2	3	

b

1	2	2	3
6	8	3	
5	1	7	

c

8	2	4
1		
7	5	6
	9	

d

16 Combien y a-t-il de carrés comportant à la fois 3 et 5 ?

❑ A. 1 ❑ B. 2 ❑ C. 3 ❑ D. 4

17 Combien d'éléments sont présents dans les quatre carrés à la fois ?

❑ A. 3 ❑ B. 4 ❑ C. 5 ❑ D. 1

18 Quel élément n'apparaît qu'une fois dans l'ensemble des éléments des 4 carrés ?

❑ A. le 1 ❑ B. le 6 ❑ C. le 8 ❑ D. le 6

19 Combien d'éléments du carré d ne sont pas dans le carré a ?

❑ A. 1 ❑ B. 2 ❑ C. 3 ❑ D. 4

20 Combien d'éléments du carré c ne sont pas dans le carré b ?

❑ A. 3 ❑ B. 4 ❑ C. 5 ❑ D. 6

Dans le tableau ci-dessous, des erreurs se sont glissées lors de la recopie des informations. Pour chaque ligne, vous devez retrouver la case comportant l'erreur.

	A	B	C	D
L1	Ciné-concert Tarif : E – Salle : 1 à 20 h Jeudi 5 mars Luis and Ben Piano-percussions	Jeudi 5 mars Ciné-concert Piano-percussions Tarif : E – Salle : 2 à 20 h Luis and Ben	Ciné-concert Tarif : E – Salle : 2 à 20 h Jeudi 5 mars Luis and Ben Piano-percussions	Jeudi 5 mars Luis and Ben Piano-percussions Ciné-concert Tarif : E – Salle : 2 à 20 h
L2	Jazz Tarif : E – Salle : 4 à 21 h Vendredi 6 mars Roby, Negry, Mona Chants-vibraphone	Jazz Vendredi 7 mars Roby, Negry, Mona Chants-vibraphone Tarif : E – Salle : 4 à 21 h	Vendredi 6 mars Jazz Tarif : E – Salle : 4 à 21 h Roby, Negry, Mona Chants-vibraphone	Jazz Tarif : E – Salle : 4 à 21 h Vendredi 6 mars Roby, Negry, Mona Chants-vibraphone

	A	B	C	D
L3	Rock Tarif : E – Salle : 2 à 22 h Vendredi 6 mars Goya et compagnie Flûte, voix percussions	Rock Goya et compagnie Flûte, voix percussions Tarif : E – Salle : 2 à 22 h Vendredi 6 mars	Vendredi 6 mars Flûte, voix percussions Rock Tarif : E – Salle : 2 à 22 h Goya et compagnie	Goya et compagnie Rock Tarif : F – Salle : 2 à 22 h Vendredi 6 mars Flûte, voix percussions
L4	Jazz Tarif : G – Salle : 1 à 20 h 30 Samedi 7 mars Ensemble Palli Saxo, clarinettes, tuba	Tarif : G – Salle : 1 à 20 h 30 Samedi 7 mars Jazz Ensemble Palli Saxo, clarinettes, tuba	Samedi 7 mars Ensemble Galli Saxo, clarinettes, tuba Jazz Tarif : G – Salle : 1 à 20 h 30	Jazz Tarif : G – Salle : 1 à 20 h 30 Samedi 7 mars Ensemble Palli Saxo, clarinettes, tuba
L5	Chant Tarif : F – Salle : 2 à 20 h Vendredi 13 mars Jim Patter Piano, voix	Jim Patter Piano, voix Chants Tarif : F – Salle : 2 à 20 h Vendredi 13 mars	Vendredi 13 mars Chants Tarif : F – Salle : 2 à 20 h Jim Patter Piano, voix	Chants Vendredi 13 mars Jim Patter Piano, voix Tarif : F – Salle : 2 à 20 h
L6	Jazz Tarif : F – Salle : 1 à 21 h Samedi 14 mars Aldo Cocxoc Batterie, contrebasse	Samedi 14 mars Aldo Cocxoc Jazz Tarif : F – Salle : 1 à 21 h Batterie, contrebasse	Aldo Cocxoc Batterie, contrebasse Samedi 14 mars Jazz Tarif : F – Salle : 1 à 21 h	Tarif : F – Salle : 1 à 21 h Samedi 14 mars Jazz Aldo Coxoc Batterie, contrebasse
L7	Improvisation Tarif : G – Salle : 1 à 20 h Jeudi 12 mars Collectif92 Guitare, saxo, batterie	Tarif : G – Salle : 1 à 20 h Jeudi 12 mars Improvisation Collectif92 Guitare, saxo, batterie	Collectif93 Guitare, saxo, batterie Improvisation Tarif : G – Salle : 1 à 20 h Jeudi 12 mars	Improvisation Collectif92 Guitare, saxo, batterie Tarif : G – Salle : 1 à 20 h Jeudi 12 mars
L8	Blues-jazz Tarif : E – Salle : 2 à 22 h Vendredi 20 mars Doragav Piano-vibraphone	Dorogav Piano-vibraphone Blues-jazz Tarif : E – Salle : 2 à 22 h Vendredi 20 mars	Vendredi 20 mars Blues-jazz Doragav Piano-vibraphone Tarif : E – Salle : 2 à 22 h	Blues-jazz Doragav Piano-vibraphone Tarif : E – Salle : 2 à 22 h Vendredi 20 mars
L9	Rock Samedi 21 mars Tarif : A – Salle : 1 à 21 h Tristillonna Bandonéon, percussion	Samedi 21 mars Tarif : A – Salle : 1 à 21 h Rock Tristillona Bandonéon, percussion	Samedi 21 mars Rock Tarif : A – Salle : 1 à 21 h Tristillona Bandonéon, percussion	Rock Samedi 21 mars Tristillona Bandonéon, percussion Tarif : A – Salle : 1 à 21 h
L10	Classique Tarif : B – Salle : 3 à 20 h Jeudi 19 mars Juan Monar Guitare, flûte	Classique Jeudi 19 mars Juan Monar Guitare, flûte Tarif : B – Salle : 3 à 20 h	Juan Monar Guitare, flûte Classique Tarif : B – Salle : 2 à 20 h Jeudi 19 mars	Classique Juan Monar Tarif : B – Salle : 3 à 20 h Guitare, flûte Jeudi 19 mars

21 **Pour la L1, l'erreur est en case :**

❑ A ❑ B ❑ C ❑ D

22 **Pour la L2, l'erreur est en case :**

❑ A ❑ B ❑ C ❑ D

23 **Pour la L3, l'erreur est en case :**

❑ A ❑ B ❑ C ❑ D

24 **Pour la L4, l'erreur est en case :**

❑ A ❑ B ❑ C ❑ D

25 **Pour la L5, l'erreur est en case :**

❑ A ❑ B ❑ C ❑ D

26 **Pour la L6, l'erreur est en case :**

❑ A ❑ B ❑ C ❑ D

27 **Pour la L7, l'erreur est en case :**

❑ A ❑ B ❑ C ❑ D

28 **Pour la L8, l'erreur est en case :**

❑ A ❑ B ❑ C ❑ D

29 **Pour la L9, l'erreur est en case :**

❑ A ❑ B ❑ C ❑ DD

30 **Pour la L10, l'erreur est en case :**

❑ A ❑ B ❑ C ❑ D

TEST EN TEMPS LIMITÉ *(5 minutes)*

Dans le tableau ci-dessous, des erreurs se sont glissées lors de la recopie des informations. Pour chaque ligne, vous devez retrouver la case comportant l'erreur.

	A	B	C	D
L1	Mardi 1 avril Pleine mer matin : 07 h 05 Basse mer soir : 13 h 02 Coefficient : 106	Coefficient : 108 Mardi 1 avril Pleine mer matin : 07 h 05 Basse mer soir : 13 h 02	Pleine mer matin : 07 h 05 Mardi 1 avril Basse mer soir : 13 h 02 Coefficient : 108	Pleine mer matin : 07 h 05 Basse mer soir : 13 h 02 Mardi 1 avril Coefficient : 108
L2	Lundi 14 avril Pleine mer soir : 17 h 45 Coefficient : 83 Basse mer matin : 11 h 28	Coefficient : 83 Lundi 14 avril Pleine mer soir : 17 h 54 Basse mer matin : 11 h 28	Lundi 14 avril Pleine mer soir : 17 h 45 Basse mer matin : 11 h 28 Coefficient : 83	Lundi 14 avril Basse mer matin : 11 h 28 Pleine mer soir : 17 h 45 Coefficient : 83
L3	Coefficient : 94 Pleine mer soir : 19 h 34 Basse mer matin : 00 h 59 Jeudi 1er mai	Jeudi 1er mai Pleine mer soir : 19 h 34 Basse mer matin : 00 h 59 Coefficient : 94	Jeudi 1er mai Coefficient : 94 Pleine mer matin : 19 h 34 Basse mer matin : 00 h 59	Jeudi 1er mai Coefficient : 94 Basse mer matin : 00 h 59 Pleine mer soir : 19 h 34
L4	Jeudi 15 mai Pleine mer matin : 06 h 17 Basse mer soir : 12 h 13 Coefficient : 94	Pleine mer matin : 06 h 17 Coefficient : 94 Basse mer soir : 12 h 13 Jeudi 15 mai	Jeudi 15 mai Basse mer soir : 12 h 13 Pleine mer matin : 06 h 17 Coefficient : 94	Jeudi 15 mai Pleine mer matin : 06 h 17 Coefficient : 94 Basse mer soir : 12 h 12
L5	Coefficient : 76 Dimanche 1er juin Pleine mer soir : 20 h 20 Basse mer soir : 14 h 01	Dimanche 1er juin Basse mer soir : 14 h 01 Pleine mer soir : 20 h 20 Coefficient : 67	Dimanche 1er juin Pleine mer soir : 20 h 20 Basse mer soir : 14 h 01 Coefficient : 76	Dimanche 1er juin Pleine mer soir : 20 h 20 Coefficient : 76 Basse mer soir : 14 h 01
L6	Samedi 14 juin Pleine mer matin : 06 h 45 Coefficient : 98 Basse mer matin : 00 h 18	Samedi 14 juin Pleine mer matin : 06 h 45 Coefficient : 98 Basse mer matin : 00 h 18	Samedi 14 juin Pleine mer matin : 16 h 45 Coefficient : 98 Basse mer matin : 00 h 18	Samedi 14 juin Coefficient : 98 Pleine mer matin : 06 h 45 Basse mer matin : 00 h 18

	A	B	C	D
L7	Dimanche 28 juin Coefficient : 79 Pleine mer matin : 07 h 14 Pleine mer soir : 19 h 25	Pleine mer matin : 07 h 14 Coefficient : 79 Pleine mer soir : 19 h 25 Dimanche 29 juin	Dimanche 29 juin Pleine mer matin : 07 h 14 Pleine mer soir : 19 h 25 Coefficient : 79	Dimanche 29 juin Pleine mer matin : 07 h 14 Coefficient : 79 Pleine mer soir : 19 h 25
L8	Samedi 5 juillet Basse mer soir : 17 h 01 Pleine mer matin : 11 h 11 Coefficient : 48	Samedi 5 juillet Pleine mer matin : 11 h 11 Coefficient : 48 Basse mer soir : 17 h 01	Pleine mer matin : 11 h 11 Basse mer soir : 17 h 01 Coefficient : 48 Samedi 5 juillet	Samedi 5 juillet Pleine mer matin : 11 h 11 Coefficient : 48 Basse mer matin : 17 h 01
L9	Coefficient : 78 Vendredi 18 juillet Pleine mer matin : 10 h 41 Pleine mer soir : 23 h 07	Vendredi 18 juillet Basse mer matin : 10 h 41 Pleine mer soir : 23 h 07 Coefficient : 78	Pleine mer matin : 10 h 41 Coefficient : 78 Pleine mer soir : 23 h 07 Vendredi 18 juillet	Vendredi 18 juillet Pleine mer matin : 10 h 41 Coefficient : 78 Pleine mer soir : 23 h 07
L10	Jeudi 31 juillet Pleine mer soir : 20 h 37 Basse mer soir : 14 h 22 Coefficient : 76	Pleine mer soir : 20 h 37 Coefficient : 76 Basse mer soir : 14 h 22 Jeudi 31 juillet	Jeudi 31 juillet Pleine mer soir : 20 h 37 Basse mer soir : 14 h 22 Coefficient : 67	Jeudi 31 juillet Pleine mer soir : 20 h 37 Coefficient : 76 Basse mer soir : 14 h 22

31 **Pour la L1, l'erreur est en case :**

❑ A ❑ B ❑ C ❑ D

32 **Pour la L2, l'erreur est en case :**

❑ A ❑ B ❑ C ❑ D

33 **Pour la L3, l'erreur est en case :**

❑ A ❑ B ❑ C ❑ D

34 **Pour la L4, l'erreur est en case :**

❑ A ❑ B ❑ C ❑ D

35 **Pour la L5, l'erreur est en case :**

❑ A ❑ B ❑ C ❑ D

36 **Pour la L6, l'erreur est en case :**

❑ A ❑ B ❑ C ❑ D

37 **Pour la L7, l'erreur est en case :**

❑ A ❑ B ❑ C ❑ D

38 **Pour la L8, l'erreur est en case :**

❑ A ❑ B ❑ C ❑ D

39 **Pour la L9, l'erreur est en case :**

❑ A ❑ B ❑ C ❑ D

40 **Pour la L10, l'erreur est en case :**

❑ A ❑ B ❑ C ❑ D

Réponses

Questions faciles

1 **Réponse B : 4.**
Les quatre différences sont : l'orientation différente des ZZ sur les volets de gauche, le nombre différent de briques arrondies au-dessus des portes-fenêtres, le sens inversé du clocheton au-dessus de la tourelle et l'alternance différente des couleurs de briques autour de la fenêtre de droite.

2 **Réponse D : 1 et 4.**
Les lignes 1 et 4 sont composées des 7 mêmes symboles.

3 **Réponse : C.**
Il manque un poisson sous le coude du plongeur.

4 **Réponse C : 5.**

5 **Réponse C : 2.**
1re ligne : les fleurs sont de couleurs différentes ; 3e ligne : les étoiles sur la maison ne sont pas en « miroir ».

6 **Réponse D : 3.**
5e ligne : les voiles sont de couleurs différentes et les maisons ne sont pas en « miroir » ; 6e ligne : les couteaux ne sont pas en « miroir ».

7 **Réponse D : 3.**
7e ligne : les maisons ne sont pas en « miroir » ; 8e ligne : les bouches des masques sont différentes ; 9e ligne : le nombre de barreaux des échelles est différent.

8 **Réponse D : 3.**
10e ligne : les croissants ne sont pas en « miroir » ; 11e ligne : les lettres P ne sont pas en « miroir » ; 12e ligne : les couverts ne sont pas en « miroir ».

9 **Réponse B : 4 mars.**

10 **Réponse B : du bois.**

11 **Réponse C : impressionnismes.**

12 **Réponse D : 09 90.**

13 **Réponse A : 11 janvier.**

14 **Réponse C : flamand.**

15 **Réponse A : 30 mai.**

Questions plus difficiles

16 **Réponse C : 3.**
Les carrés a, b et c comportent à la fois le 3 et le 5.

17 **Réponse D : 1.**
Le 5 est présent dans tous les carrés.

18 **Réponse C : le 8.**

19 **Réponse B : 2.**
Le 7 et le 6 sont dans le carré d, mais pas dans le carré a.

20 **Réponse C : 5.**
Le 1, le 2, le 3, le 8 et le 7 sont dans le carré c, mais pas dans le b.

21 **Réponse A : Salle 1.**

22 **Réponse B : 7 mars.**

23 **Réponse D : Tarif F.**

24 **Réponse C : Galli.**

25 **Réponse A : chant.**

26 **Réponse D : Coxoc.**

27 **Réponse C : Collectif93.**

28 **Réponse B : dorogav.**

29 **Réponse A : Tristillonna.**

30 **Réponse C : Salle 2.**

■ Test en temps limité

31 **Réponse A : Coefficient 106.**

32 **Réponse B : 17 h 54.**

33 **Réponse C : Pleine mer matin.**

34 **Réponse D : 12 h 12.**

35 **Réponse B : Coefficient 67.**

36 **Réponse C : 16 h 45.**

37 **Réponse A : 28 juin.**

38 **Réponse D : Basse mer matin.**

39 **Réponse B : Basse mer matin.**

40 **Réponse C : Coefficient 67.**

FICHE 3

Les déplacements dans un tableau

QUESTIONS FACILES

Voici un tableau comportant des symboles.
À partir de chacune des 15 cases de départ proposées, vous effectuerez les déplacements demandés et déterminerez le symbole contenu dans la case d'arrivée.

	A	B	C	D	E	F	G	H	I	J	K	L	M	N	O
1	◀	♠	♀	♠	♪	♀	♀	◀	♥	♀	♀	♠	♪	◀	♥
2	♀	♀	♥	♪	♠	♪	♥	♠	♪	♥	♠	♥	♀	♠	♀
3	♪	♪	◀	☼	♀	♀	♠	♀	♀	♀	◀	♀	☼	♀	♀
4	☼	♥	♀	♥	☼	☺	◀	☼	☺	♪	♪	☺	☼	☼	♪
5	♀	♠	♪	◀	♀	♥	☼	◀	♀	♀	☺	♪	◀	☺	♀
6	♥	♀	♀	☼	♪	☺	♀	☺	◀	☼	◀	♀	☺	♀	◀
7	♀	◀	☺	♪	♥	♪	♥	♪	☺	☺	♀	☺	♪	♀	☺
8	♥	♀	☺	♀	♀	☺	☺	♥	☺	♀	◀	☼	☺	☼	♀
9	♀	☼	♠	◀	♠	♥	♪	♀	♀	☺	♪	◀	♪	♪	♥
10	♥	♀	♀	♠	☼	☺	♀	☺	☺	♪	☺	♠	♪	☺	☺
11	♪	♀	☼	☺	♀	♠	♪	◀	♀	♀	♠	☼	♀	♀	♀
12	♀	♠	☺	◀	♀	☼	☺	☺	☺	♪	☼	♠	♥	♪	♪
13	♀	♥	♪	☼	☺	♠	◀	♥	♥	☺	♠	♪	♪	♠	☼
14	◀	☼	♀	☺	♠	☺	♀	☺	♠	☺	♥	♪	♪	☺	♀
15	♥	♥	♪	♀	◀	♀	♪	♪	♠	♪	♀	◀	♀	♪	♥

1 **Si la case de départ est B1 et le déplacement 5d, quel est le symbole contenu dans la case d'arrivée ?**

❑ A. ♀ ❑ B. ♠ ❑ C. ♪ ❑ D. ☼

2 **Si la case de départ est H2 et le déplacement 8b, quel est le symbole contenu dans la case d'arrivée ?**

❑ A. ☺ ❑ B. ◀ ❑ C. ♪ ❑ D. ☼

3 **Si la case de départ est G3 et le déplacement 4g, quel est le symbole contenu dans la case d'arrivée ?**

❑ A. ♀ ❑ B. ◀ ❑ C. ♪ ❑ D. ☼

4 **Si la case de départ est A4 et le déplacement 7b, quel est le symbole contenu dans la case d'arrivée ?**

❑ A. ♀ ❑ B. ♥ ❑ C. ♪ ❑ D. ☼

5 **Si la case de départ est L5 et le déplacement 3h, quel est le symbole contenu dans la case d'arrivée ?**

❑ A. ♥ ❑ B. ☼ ❑ C. ♀ ❑ D. ☺

6 **Si la case de départ est E6 et le déplacement 5h-2d, quel est le symbole contenu dans la case d'arrivée ?**

❑ A. ♀ ❑ B. ◀ ❑ C. ♪ ❑ D. ☼

7 **Si la case de départ est N8 et le déplacement 3h-1d, quel est le symbole contenu dans la case d'arrivée ?**

❑ A. ♥ ❑ B. ☼ ❑ C. ♀ ❑ D. ☺

8 **Si la case de départ est O7 et le déplacement 10g-5b, quel est le symbole contenu dans la case d'arrivée ?**

❑ A. ♥ ❑ B. ☼ ❑ C. ♀ ❑ D. ☺

9 **Si la case de départ est H9 et le déplacement 6b-7d, quel est le symbole contenu dans la case d'arrivée ?**

❑ A. ♥ ❑ B. ☼ ❑ C. ♀ ❑ D. ☺

10 **Si la case de départ est C10 et le déplacement 6d-8h, quel est le symbole contenu dans la case d'arrivée ?**

❑ A. ♀ ❑ B. ◀ ❑ C. ♪ ❑ D. ☼

11 **Si la case de départ est I11 et le déplacement 8h-5g-2b, quel est le symbole contenu dans la case d'arrivée ?**

❑ A. ♀ ❑ B. ◀ ❑ C. ♪ ❑ D. ☼

12 **Si la case de départ est N12 et le déplacement 2b-8g-5h, quel est le symbole contenu dans la case d'arrivée ?**

❑ A. ♥ ❑ B. ☼ ❑ C. ♀ ❑ D. ☺

13 **Si la case de départ est M13 et le déplacement 10h-2d-5g, quel est le symbole contenu dans la case d'arrivée ?**

❑ A. ♥ ❑ B. ☼ ❑ C. ♀ ❑ D. ☺

14 **Si la case de départ est D14 et le déplacement 2g-8h-5d, quel est le symbole contenu dans la case d'arrivée ?**

❑ A. ♀ ❑ B. ◀ ❑ C. ♪ ❑ D. ☼

15 **Si la case de départ est C15 et le déplacement 10d-10h-10g, quel est le symbole contenu dans la case d'arrivée ?**

❑ A. ♀ ❑ B. ◀ ❑ C. ♪ ❑ D. ☼

QUESTIONS PLUS DIFFICILES

Voici un tableau contenant des chiffres.
À partir de chacune des 15 cases de départ proposées, vous effectuerez les déplacements demandés et déterminerez le chiffre contenu dans la case d'arrivée.

	C1	C2	C3	C4	C5	C6	C7	C8	C9	C10	C11	C12	C13	C14	C15	C16	C17
L1	2	3	3	4	5	7	8	4	5	1	1	3	8	9	9	4	2
L2	5	2	2	9	7	5	9	5	8	4	2	2	9	1	4	9	9
L3	6	5	1	8	6	7	8	4	6	2	4	4	7	6	8	6	2
L4	6	7	7	6	2	6	6	5	8	5	8	6	5	5	6	2	8
L5	1	8	6	4	2	7	5	6	6	6	6	3	7	7	1	6	3
L6	2	9	2	6	5	4	5	2	1	2	6	4	7	8	8	8	1
L7	6	9	5	6	1	6	3	6	5	4	5	3	2	5	7	6	7
L8	7	7	9	9	2	2	2	5	4	7	1	3	2	4	6	8	1
L9	9	9	1	6	6	6	3	6	1	1	6	2	4	7	3	6	5
L10	4	5	2	8	4	4	4	3	6	3	8	4	8	5	1	3	3
L11	5	9	4	1	8	6	6	6	8	7	2	5	9	3	1	3	8
L12	1	9	4	5	7	5	5	4	1	3	8	8	7	5	1	5	6
L13	2	1	6	5	6	1	4	5	4	4	4	1	7	3	9	9	9
L14	2	6	4	2	3	8	5	6	1	5	8	1	1	2	6	4	1
L15	4	5	5	7	1	9	8	1	9	3	4	7	8	2	3	4	2
L16	4	1	9	4	3	7	5	6	6	3	8	5	1	6	5	5	4
L17	3	8	5	9	6	7	4	6	4	6	1	5	7	3	9	8	8
L18	4	6	2	6	6	7	6	4	6	8	6	4	1	4	4	6	6
L19	8	1	4	1	2	7	5	5	8	4	3	8	6	8	2	6	2
L20	3	7	6	7	2	9	4	2	6	4	8	3	8	9	8	9	8

16 **Si la case de départ est C12-L10 et le déplacement 5d-8h, quel est le chiffre contenu dans la case d'arrivée ?**

❑ A. 7 ❑ B. 9 ❑ C. 6 ❑ D. 2

17 **Si la case de départ est C3-L5 et le déplacement 3h-2d, quel est le chiffre contenu dans la case d'arrivée ?**

❑ A. 2 ❑ B. 7 ❑ C. 8 ❑ D. 6

18 **Si la case de départ est C17-L3 et le déplacement 6b-7g, quel est le chiffre contenu dans la case d'arrivée ?**

❑ A. 7 ❑ B. 5 ❑ C. 1 ❑ D. 2

19 **Si la case de départ est C1-L19 et le déplacement 10h-8d, quel est le chiffre contenu dans la case d'arrivée ?**

❑ A. 2 ❑ B. 7 ❑ C. 8 ❑ D. 1

20 **Si la case de départ est C5-L20 et le déplacement 4g-7h, quel est le chiffre contenu dans la case d'arrivée ?**

❑ A. 7 ❑ B. 1 ❑ C. 6 ❑ D. 2

21 **Si la case de départ est C10-L11 et le déplacement 8b-5d-2h, quel est le chiffre contenu dans la case d'arrivée ?**

❑ A. 3 ❑ B. 9 ❑ C. 4 ❑ D. 8

22 **Si la case de départ est C8-L12 et le déplacement 2b-7g-5h, quel est le chiffre contenu dans la case d'arrivée ?**

❑ A. 9 ❑ B. 8 ❑ C. 7 ❑ D. 6

23 **Si la case de départ est C12-L12 et le déplacement 10h-2g-5b, quel est le chiffre contenu dans la case d'arrivée ?**

❑ A. 3 ❑ B. 9 ❑ C. 4 ❑ D. 8

24 **Si la case de départ est C6-L18 et le déplacement 2g-8h-7d, quel est le chiffre contenu dans la case d'arrivée ?**

❑ A. 9 ❑ B. 8 ❑ C. 7 ❑ D. 6

25 **Si la case de départ est C14-L13 et le déplacement 8g-10d-5h, quel est le chiffre contenu dans la case d'arrivée ?**

❑ A. 3 ❑ B. 9 ❑ C. 4 ❑ D. 8

26 **Si la case de départ est C2-L20 et le déplacement 10d-10h-5d-4b, quel est le chiffre contenu dans la case d'arrivée ?**

❑ A. 1 ❑ B. 5 ❑ C. 2 ❑ D. 8

27 **Si la case de départ est C9-L18 et le déplacement 10h-5d-12b-4g, quel est le chiffre contenu dans la case d'arrivée ?**

❑ A. 3 ❑ B. 9 ❑ C. 4 ❑ D. 8

28 **Si la case de départ est C17-L18 et le déplacement 8h-8g-8b-8d, quel est le chiffre contenu dans la case d'arrivée ?**

❑ A. 1 ❑ B. 6 ❑ C. 2 ❑ D. 8

29 **Si la case de départ est C10-L20 et le déplacement 7d-15h-8g-7b, quel est le chiffre contenu dans la case d'arrivée ?**

❑ A. 1 ❑ B. 5 ❑ C. 2 ❑ D. 8

30 **Si la case de départ est C17-L10 et le déplacement 8b-5g-9h-2d, quel est le chiffre contenu dans la case d'arrivée ?**

❑ A. 1 ❑ B. 7 ❑ C. 2 ❑ D. 8

TEST EN TEMPS LIMITÉ *(5 minutes)*

Voici une grille de lettres.

À partir de chacune des 10 cases de départ proposées, vous effectuerez les déplacements demandés et déterminerez la lettre contenue dans la case d'arrivée.

	C1	C2	C3	C4	C5	C6	C7	C8	C9	C10	C11	C12	C13	C14	C15
L1	V	W	R	V	H	G	H	M	M	V	M	R	R	V	P
L2	G	P	G	Y	P	G	P	G	E	W	W	E	W	M	Y
L3	P	H	M	E	R	P	D	M	M	P	M	W	V	Z	E
L4	L	M	L	P	E	M	G	H	Y	E	E	G	E	H	G
L5	G	W	P	E	M	E	W	D	M	L	P	P	Z	Y	M
L6	P	E	R	P	P	Y	R	Z	E	G	Z	G	B	G	Z
L7	M	P	W	M	L	E	H	P	P	V	L	H	P	H	V
L8	P	V	G	W	G	M	Z	H	G	H	M	E	H	P	Y
L9	R	L	P	E	P	Y	G	V	M	Y	P	L	M	E	P
L10	P	H	E	M	H	L	W	G	Y	L	Y	M	V	Z	M
L11	R	V	V	M	E	V	H	E	D	E	G	L	Z	E	Y
L12	H	P	V	W	Y	G	Z	Y	M	W	M	Y	M	P	G
L13	G	M	P	M	P	P	E	L	P	L	D	P	Z	Y	E
L14	M	P	W	L	Z	G	L	P	E	W	Z	G	R	L	V
L15	R	H	E	V	S	G	M	P	R	L	V	M	L	M	P

31 **Si la case de départ est C3-L2 et le déplacement 2g-2b, quelle est la lettre contenue dans la case d'arrivée ?**

❑ A. G ❑ B. L ❑ C. M ❑ D. Z

32 **Si la case de départ est C2-L3 et le déplacement 2b-2d, quelle est la lettre contenue dans la case d'arrivée ?**

❑ A. G ❑ B. E ❑ C. W ❑ D. P

33 **Si la case de départ est C6-L6 et le déplacement 5g-5h, quelle est la lettre contenue dans la case d'arrivée ?**

❑ A. V ❑ B. W ❑ C. S ❑ D. Y

34 **Si la case de départ est C3-L7 et le déplacement 7b-8d, quelle est la lettre contenue dans la case d'arrivée ?**

❑ A. G ❑ B. L ❑ C. M ❑ D. Z

35 **Si la case de départ est C12-L5 et le déplacement 3d-5b-8g, quelle est la lettre contenue dans la case d'arrivée ?**

❑ A. V ❑ B. W ❑ C. S ❑ D. Y

36 **Si la case de départ est C15-L14 et le déplacement 10h-10g-10b, quelle est la lettre contenue dans la case d'arrivée ?**

❑ A. Z ❑ B. E ❑ C. H ❑ D. R

37 **Si la case de départ est C1-L13 et le déplacement 2b-12d-10h, quelle est la lettre contenue dans la case d'arrivée ?**

❑ A. Z ❑ B. E ❑ C. H ❑ D. R

38 **Si la case de départ est C8-L13 et le déplacement 2b-7d-10h, quelle est la lettre contenue dans la case d'arrivée ?**

❑ A. G ❑ B. L ❑ C. M ❑ D. Z

39 **Si la case de départ est C10-L10 et le déplacement 3b-5g-7d-2h, quelle est la lettre contenue dans la case d'arrivée ?**

❑ A. G ❑ B. L ❑ C. M ❑ D. Z

40 **Si la case de départ est C7-L14 et le déplacement 5g-6h-7d-5b, quelle est la lettre contenue dans la case d'arrivée ?**

❑ A. G ❑ B. E ❑ C. W ❑ D. P

Réponses

■ Questions faciles

1 Réponse A : case G1.

2 Réponse A : case H10.

3 Réponse B : case C3.

4 Réponse C : case A11.

5 Réponse A : case L2.

6 Réponse A : case G1.

7 Réponse C : case O5.

8 Réponse C : case E12.

9 Réponse A : case O15.

10 Réponse C : case I2.

11 Réponse B : case D5.

12 Réponse A : case F9.

13 Réponse C : case I3.

14 Réponse A : case G6.

15 Réponse C : case C5.

■ Questions plus difficiles

16 Réponse B : case C17 L2.

17 Réponse B : case C5 L2.

18 Réponse C : case C10 L9.

19 Réponse D : case C9 L9.

20 Réponse D : case C1 L13.

21 Réponse B : case C15 L17.

22 Réponse A : case C1 L9.

23 Réponse C : case C10 L7.

24 Réponse B : case C11 L10.

25 Réponse D : case C16 L8.

26 Réponse A : case C17 L14.

27 Réponse C : case C10 L20.

28 Réponse B : case C17 L18.

29 Réponse A : case C9 L12.

30 Réponse B : case C14 L9.

■ Test en temps limité

31 Réponse B : case C1 L4.

32 Réponse B : case C4 L5.

33 Réponse A : case C1 L1.

34 Réponse D : case C11 L14.

35 Réponse B : case C7 L10.

36 Réponse A : case C5 L14.

37 Réponse A : case C13 L5.

38 Réponse C : case C15 L5.

39 Réponse B : case C12 L11.

40 Réponse D : case C9 L13.

FICHE 4

La concentration visuelle

QUESTIONS FACILES

1 Combien de losanges dénombre-t-on dans cette figure ?

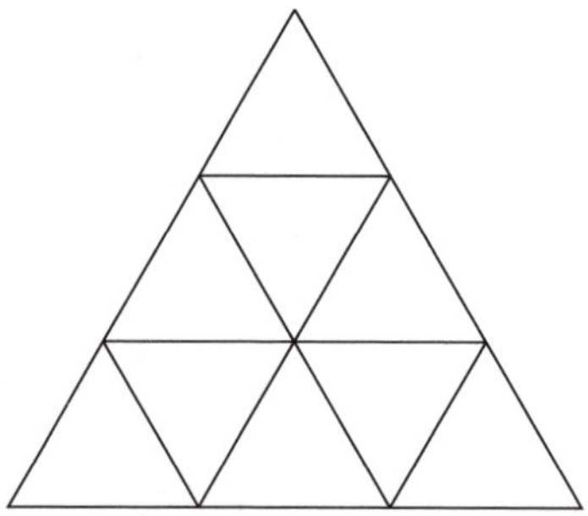

❑ A. 5 ❑ B. 7 ❑ C. 9 ❑ D. 11

2 En reliant les trois points entre eux, combien de zones distinctes et fermées dénombre-t-on dans ce dessin ?

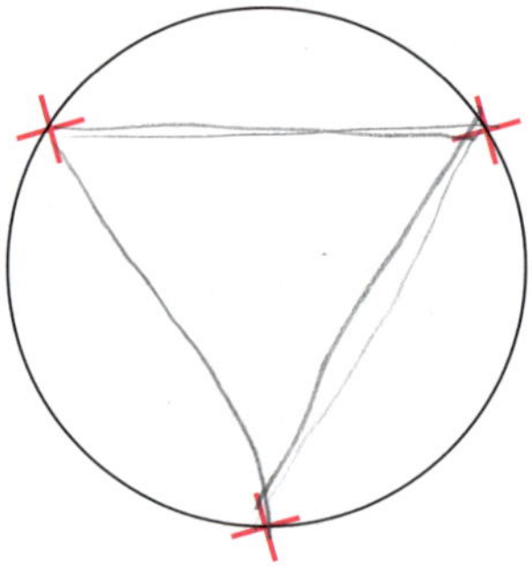

❑ A. 4 ❑ B. 6 ❑ C. 12 ❑ D. 8

3 Combien de segments doit-on tracer pour relier les cinq points suivants deux à deux ?

❑ A. 5 ❑ B. 8 ❑ C. 10 ❑ D. 12

4 **Combien de carrés dénombre-t-on dans cette figure ?**

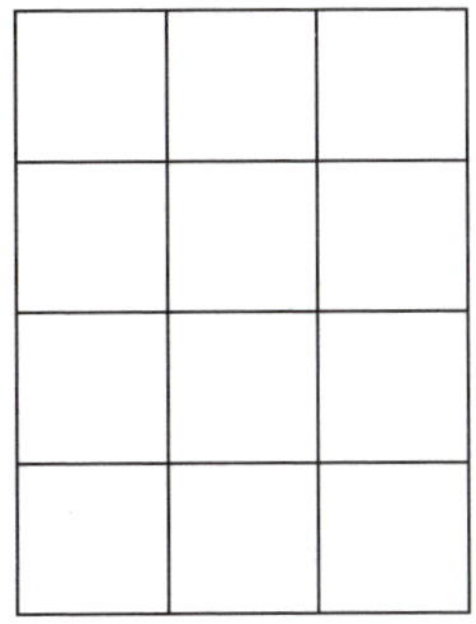

❑ A. 12 ❑ B. 18 ❑ C. 16 ❑ D. 20

5 **Combien de rectangles (qui ne soient pas des carrés) dénombre-t-on dans cette figure ?**

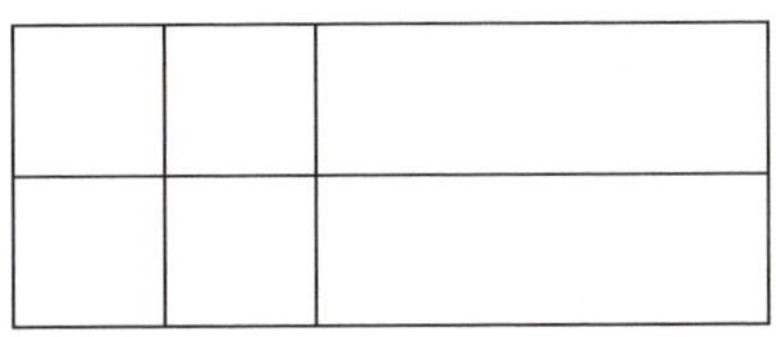

❑ A. 2 ❑ B. 4 ❑ C. 8 ❑ D. 13

6 **Quelle « région » de 3 × 3 chiffres complète cette grille de *sudoku* ?**

RAPPEL **Chaque chiffre de 1 à 9 ne doit apparaître qu'une seule fois sur la même colonne, la même ligne et le même bloc de 3 × 3 cases.**

7	2	4				8	9	3
6	1	9				5	4	7
8	5	3				2	1	6
3	9	2	6	5	7	4	8	1
5	8	1	4	3	9	7	6	2
4	6	7	8	2	1	9	3	5
9	4	5	3	7	6	1	2	8
1	3	8	5	4	2	6	7	9
2	7	6	9	1	8	3	5	4

❑ A.
5 1 6
3 2 8
7 9 4

❑ B.
1 6 5
2 8 3
7 9 4

❑ C.
2 5 6
8 3 2
1 7 4

❑ D.
1 3 4
2 8 3
7 9 6

7 Quel morceau complète ce plan de ville ?

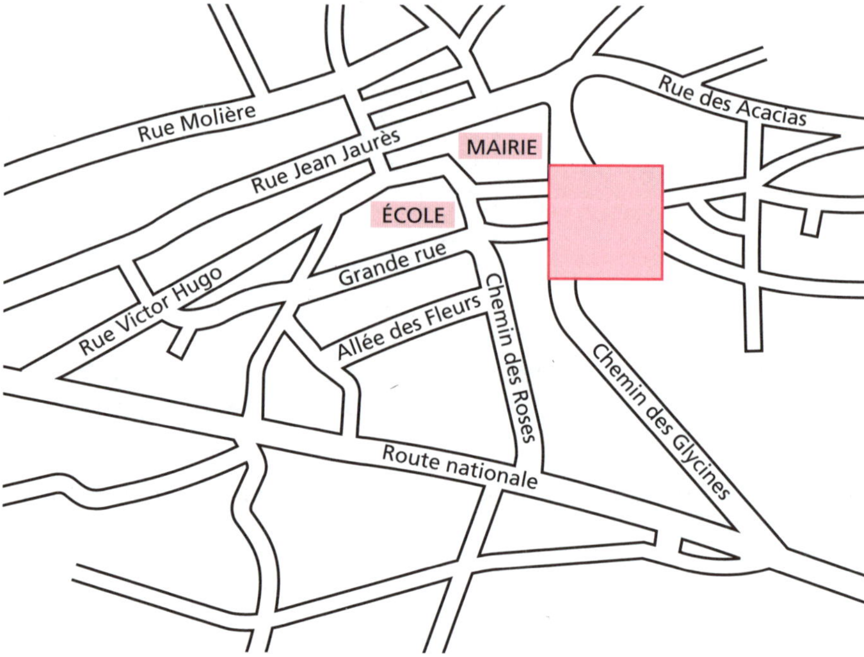

❑ A

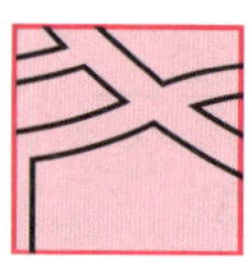

❑ B

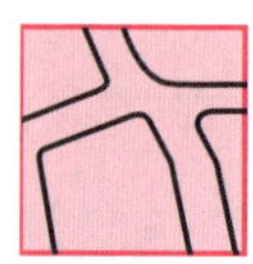

❑ C

❑ D

8 Tous ces éléments vont par paire pour reconstituer un cône , sauf un.
Quel est l'intrus ?

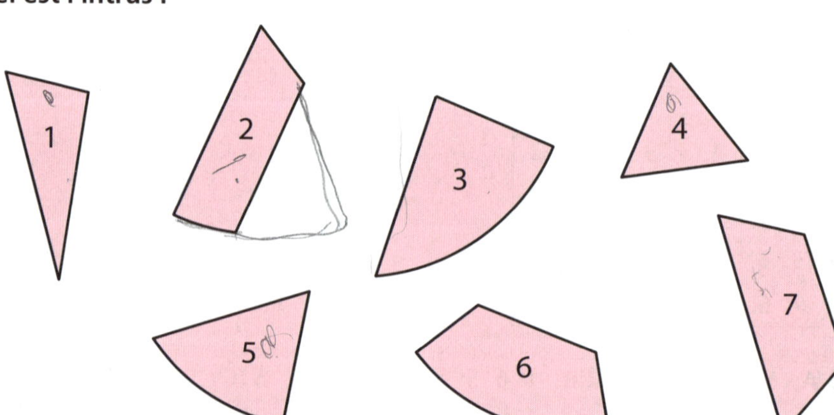

❑ A. 2 ❑ B. 3 ❑ C. 6 ❑ D. 7

9 Tous ces éléments vont par paire pour reconstituer cette forme , sauf un.

Quel est l'intrus ?

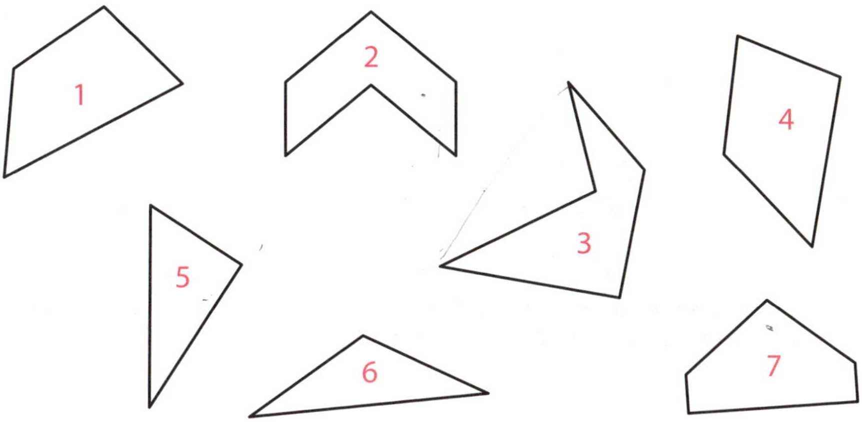

❑ A. 2 ❑ B. 3 ❑ C. 6 ❑ D. 7

10 Tous ces éléments vont par paire pour reconstituer une étoile , sauf un.

Quel est l'intrus ?

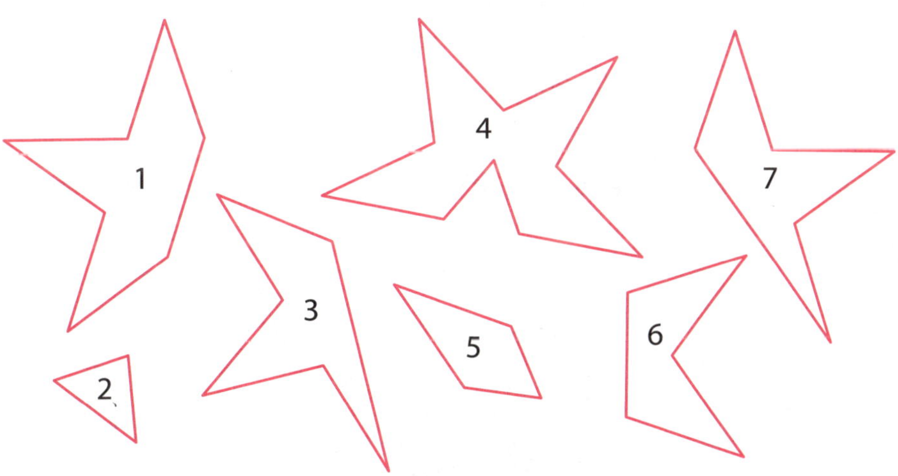

❑ A. 2 ❑ B. 3 ❑ C. 6 ❑ D. 3

11 **Quel est le périmètre de cette figure, sachant que le carré unitaire a un côté de 2 cm ?** (La figure n'est pas à l'échelle.)

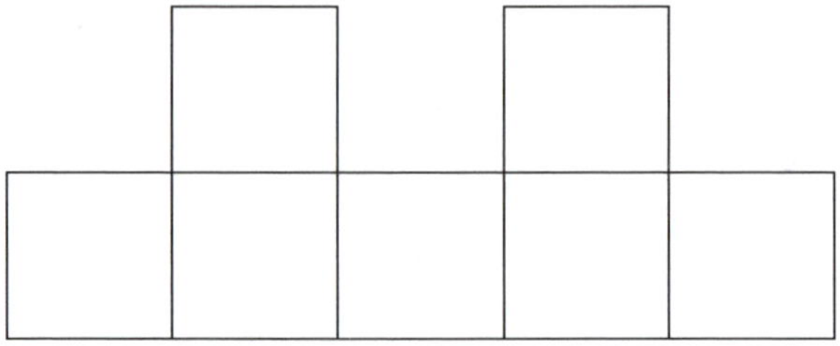

❑ A. 32 cm ❑ B. 112 cm ❑ C. 56 cm ❑ D. 80 cm

12 **Quel est le périmètre de cette figure composée de triangles équilatéraux dont le côté mesure 3 cm ?** (La figure n'est pas à l'échelle.)

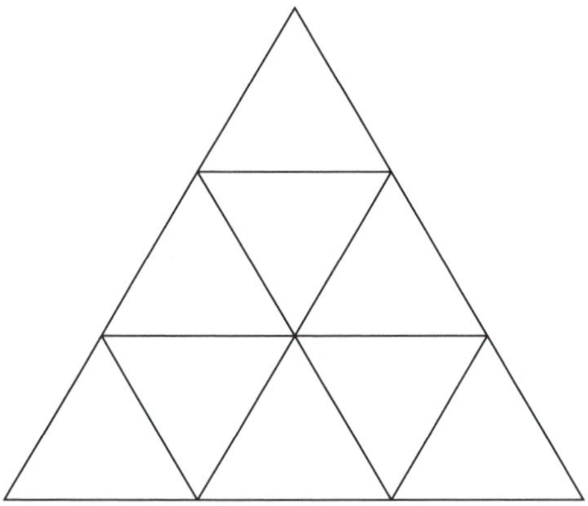

❑ A. 81 cm ❑ B. 243 cm ❑ C. 54 cm ❑ D. 27 cm

13 **Combien de nœuds se formeront si l'on tire sur les deux extrémités du cordon ?**

❑ A. 0 ❑ B. 1 ❑ C. 2 ❑ D. 3

14 **Combien de nœuds se formeront si l'on tire sur les deux extrémités du cordon ?**

❑ A. 0 ❑ B. 1 ❑ C. 2 ❑ D. 3

15 **Combien de nœuds se formeront si l'on tire sur les deux extrémités du cordon ?**

❑ A. 0 ❑ B. 1 ❑ C. 2 ❑ D. 3

QUESTIONS PLUS DIFFICILES

16 **Combien de triangles dénombre-t-on dans ce dessin ?**

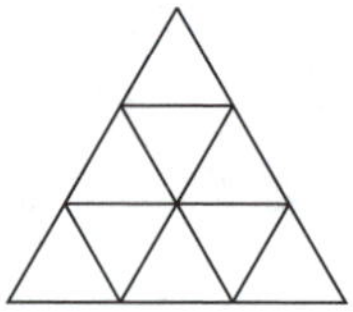

❑ A. 9 ❑ B. 12 ❑ C. 13 ❑ D. 10

17 **Combien de rectangles (qui ne soient pas des carrés) dénombre-t-on dans cette figure ?**

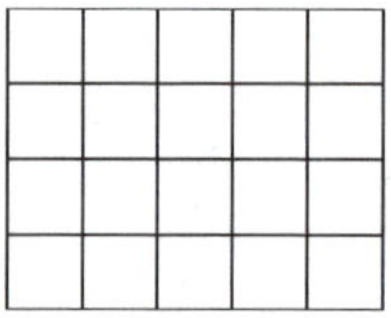

❑ A. 50 ❑ B. 60 ❑ C. 110 ❑ D. 120

18 **Quel élément permet de reconstituer le puzzle ?**

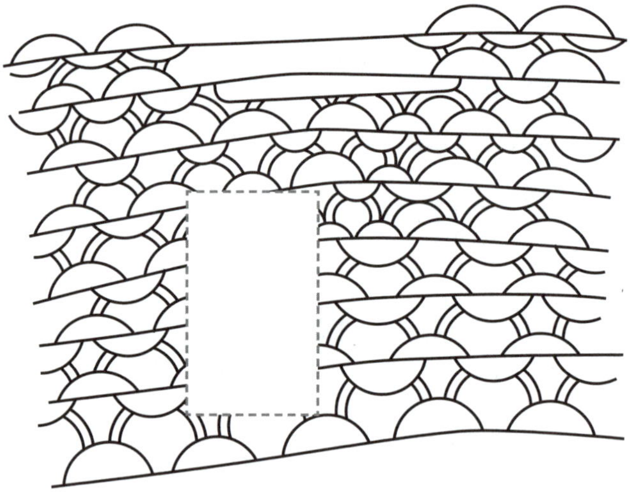

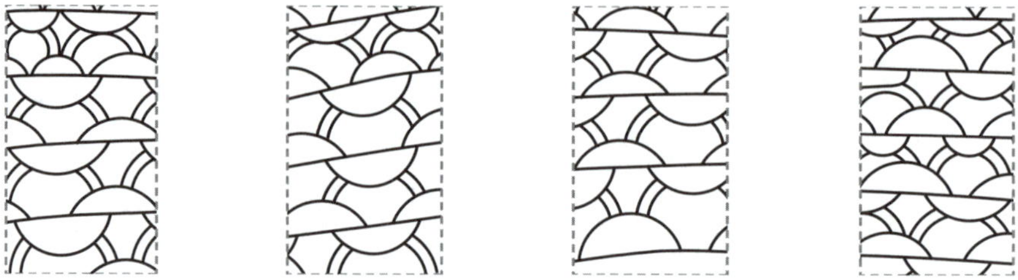

❑ A ❑ B ❑ C ❑ D

19 Quel morceau de puzzle complète ce labyrinthe ?

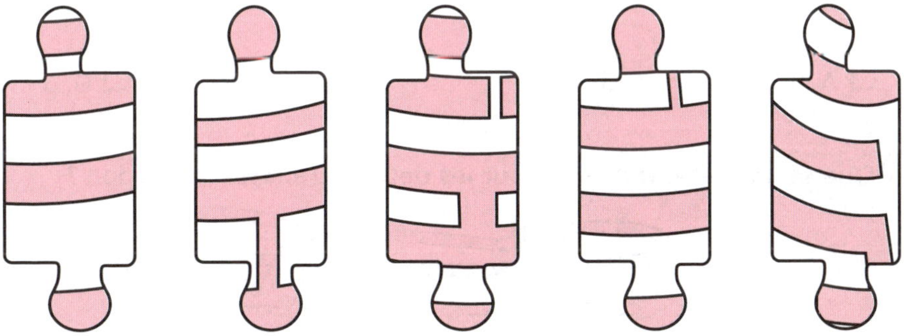

❑ A ❑ B ❑ C ❑ D ❑ E

20 Quelles figures formeront un nœud ?

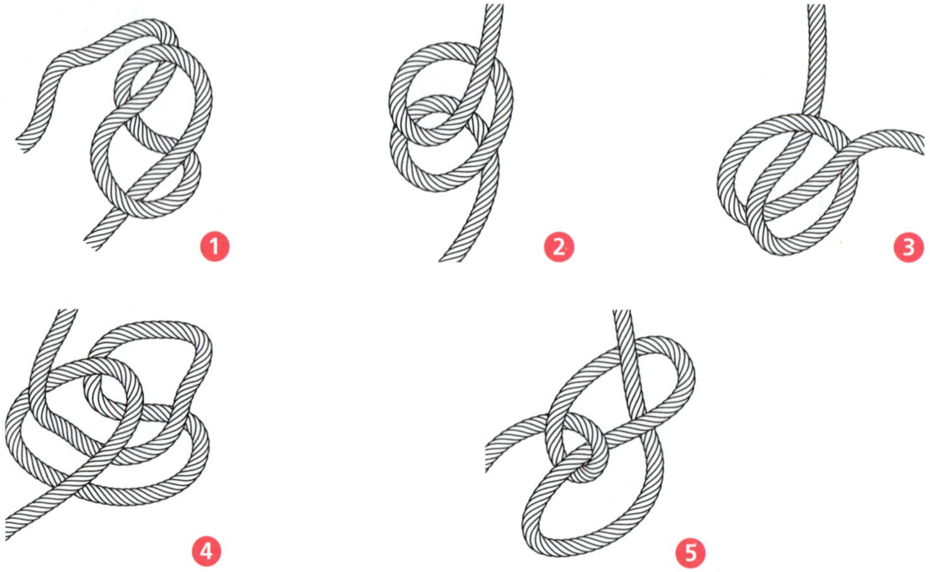

❑ A. 1 et 2 ❑ B. 2 et 3 ❑ C. 4 et 5 ❑ D. 1, 3 et 5

21 Combien de nœuds se formeront si l'on tire sur les deux extrémités du cordon ?

❑ A. 0 ❑ B. 1 ❑ C. 2 ❑ D. 3

22 Que se passe-t-il si l'on tire sur les deux extrémités du cordon ?

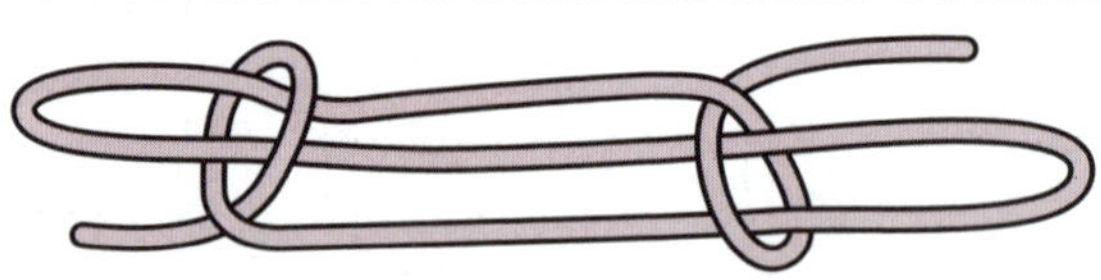

❑ A. Le système se bloque.

❑ B. Le nœud de gauche se défait.

❑ C. Le nœud de droite se défait.

❑ D. Les deux nœuds se défont.

23 Que se passe-t-il si l'on tire sur les deux extrémités du cordon ?

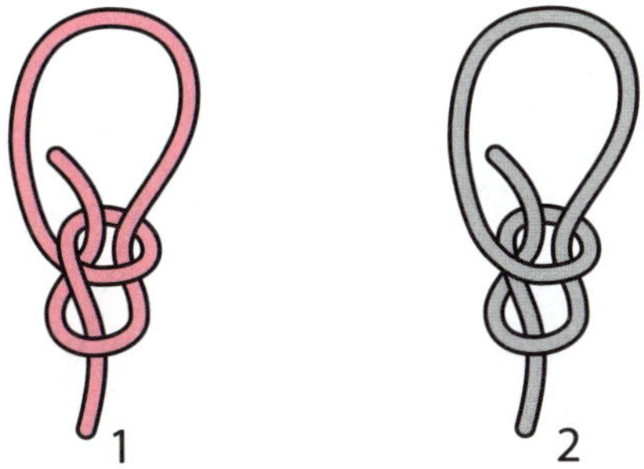

- ❑ A. 1 et 2 se défont immédiatement.
- ❑ B. 1 se bloque et 2 se dénoue.
- ❑ C. 2 se bloque et 1 se dénoue.
- ❑ D. 1 et 2 se bloquent.

24 Quel est le périmètre de cette figure composée de carrés de 9 cm^2 ?

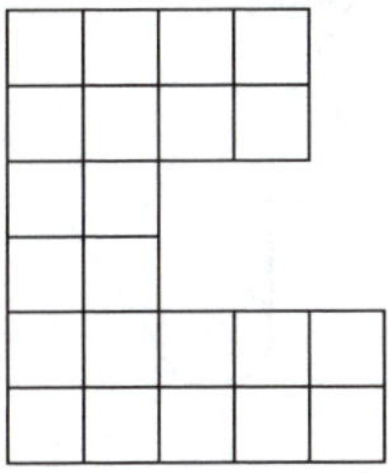

❑ A. 198 cm ❑ B. 66 cm ❑ C. 78 cm ❑ D. 234 cm

25 Si ce triangle  a pour aire 2 cm^2, quelle est l'aire de cette figure ?

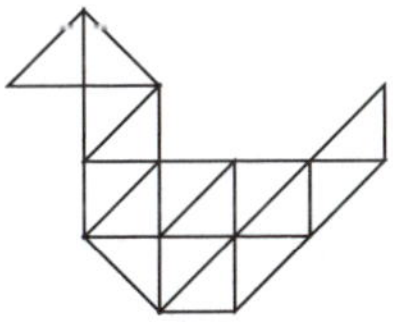

❑ A. 30 cm^2 ❑ B. 25 cm^2

❑ C. 28 cm^2 ❑ D. 32 cm^2

26 **Si on tire en A, combien de poulies tourneront dans le sens des aiguilles d'une montre ?**

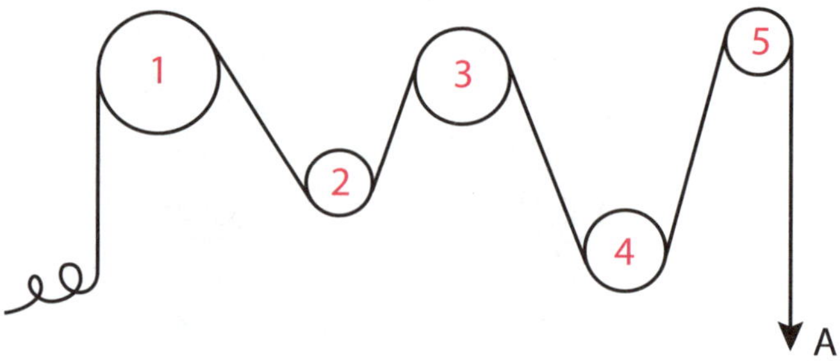

❑ A. 2 ❑ B. 3 ❑ C. 4 ❑ D. 5

27 **Combien de poulies tournent dans le sens indiqué par la flèche dans l'ensemble de ce dispositif ?**

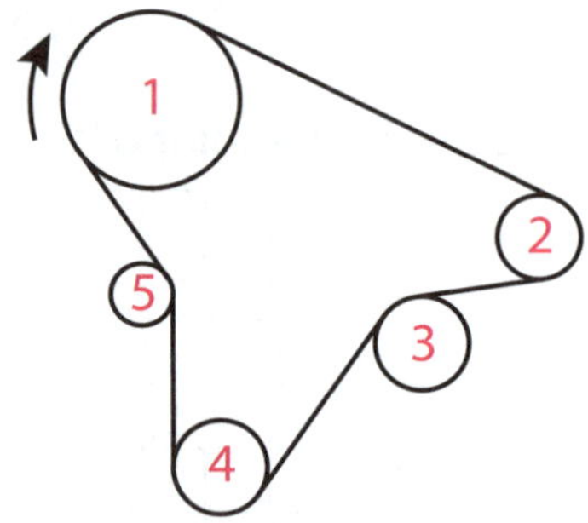

❑ A. 2 ❑ B. 3 ❑ C. 4 ❑ D. 5

28 **Combien de poulies tournent dans le sens de la flèche dans l'ensemble de ce dispositif ?**

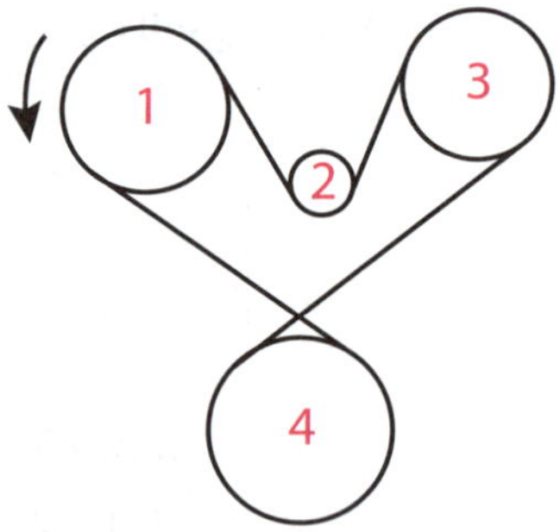

❑ A. 2 ❑ B. 3 ❑ C. 4 ❑ D. 5

29 **Combien de poulies tournent dans le sens de la flèche dans l'ensemble de ce dispositif ?**

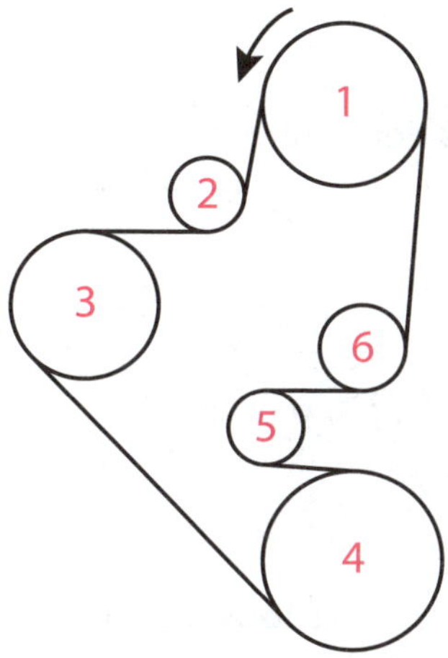

❑ A. 2 ❑ B. 3 ❑ C. 4 ❑ D. 5

30 **Combien de poulies tournent dans le sens indiqué par la flèche dans l'ensemble de ce dispositif ?**

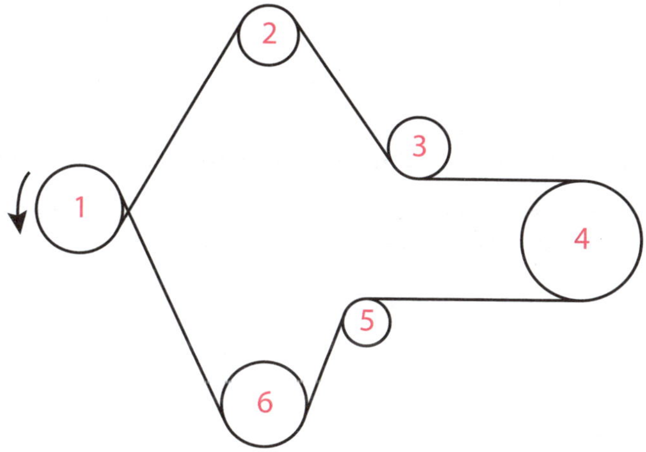

❑ A. 2 ❑ B. 3 ❑ C. 4 ❑ D. 5

TEST EN TEMPS LIMITÉ *(10 minutes)*

31 **Combien de triangles dénombre-t-on dans ce dessin ?**

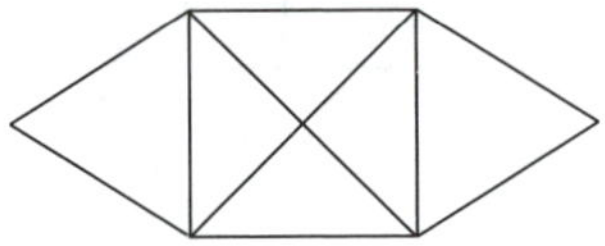

❑ A. moins de 10 ❑ B. plus de 20 ❑ C. 10 ❑ D. 20

32 **En reliant chaque point avec tous les autres, combien de zones distinctes et fermées dénombre-t-on ?**

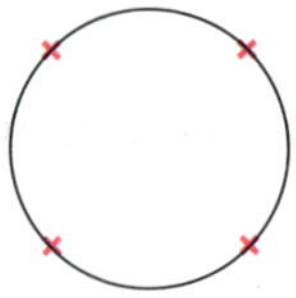

❑ A. 4 ❑ B. 8

❑ C. 10 ❑ D. 16

33 **Quelle « région » de 3 × 3 chiffres complète cette grille de sudoku ?**

RAPPEL **Chaque chiffre de 1 à 9 ne doit apparaître qu'une seule fois dans la même colonne, la même ligne et le même bloc de 3 × 3 cases.**

4	6	3	1	5	9	8	7	2
9	5	1	2	8	7	4	6	3
2	8	7	4	6	3	9	5	1
8	7	6				2	3	4
1	2	4				5	9	7
3	9	5				1	8	6
5	4	6	3	2	6	7	1	9
6	1	2	9	7	5	3	4	8
7	3	9	8	1	4	6	2	5

❑ A. 5 1 7
6 2 8
4 9 3

❑ B. 5 9 2
6 8 3
7 4 1

❑ C. 7 5 6
8 3 2
1 9 4

❑ D. 5 9 1
6 3 8
7 4 2

34 **Quel est le périmètre de cette figure composée de carrés de 4 cm² ?**

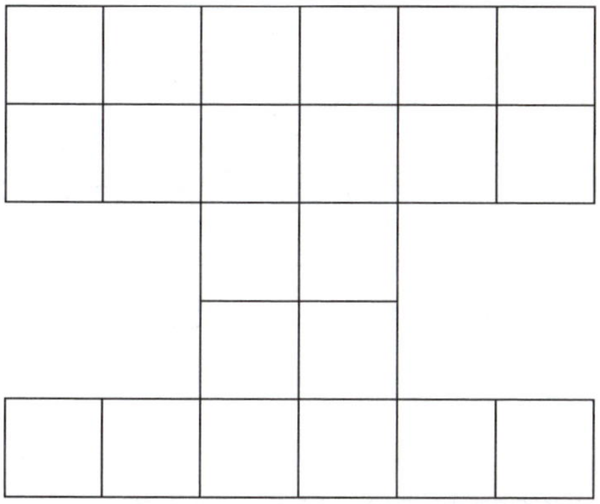

❑ A. 60 cm ❑ B. 80 cm ❑ C. 104 cm ❑ D. 160 cm

35 **Si ce losange** 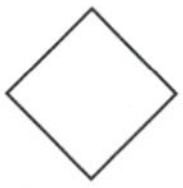 **a une aire de 3 cm², quelle est l'aire de la figure suivante ?**

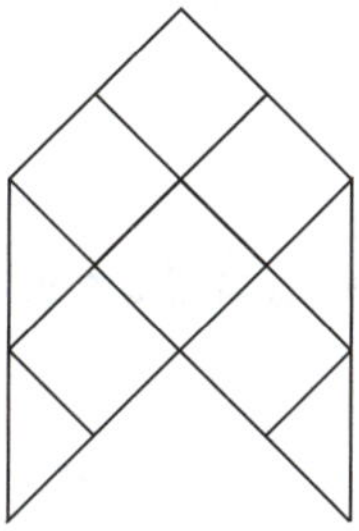

❑ A. 48 mm² ❑ B. 24 cm³ ❑ C. 36 cm² ❑ D. 24 cm²

36 **Combien de nœuds se formeront si l'on tire sur les extrémités du cordon ?**

❑ A. 0 ❑ B. 1 ❑ C. 2 ❑ D. 3

37 **Combien de nœuds se formeront si l'on tire sur les extrémités du cordon ?**

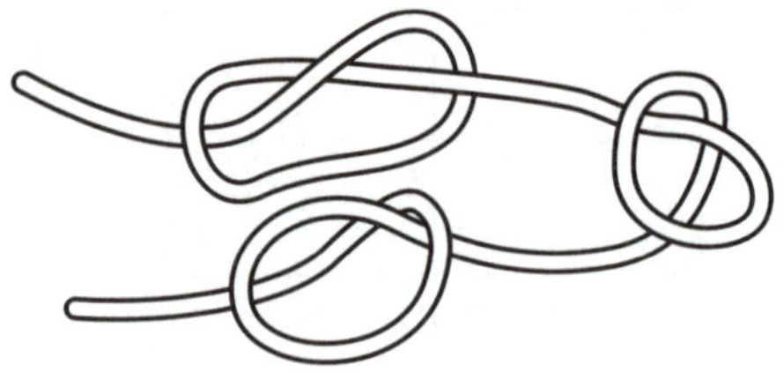

❑ A. 0 ❑ B. 1 ❑ C. 2 ❑ D. 3

38 **Combien de nœuds se formeront si l'on tire sur les extrémités du cordon ?**

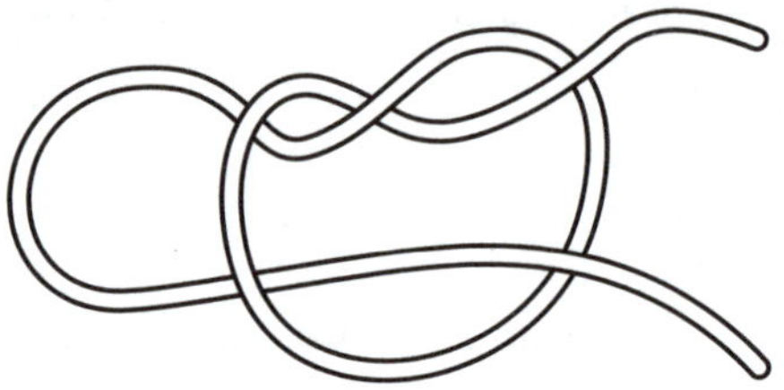

❑ A. 0 ❑ B. 1 ❑ C. 2 ❑ D. 3

39 **Combien de poulies tourneront dans le sens de la flèche dans l'ensemble de ce dispositif ?**

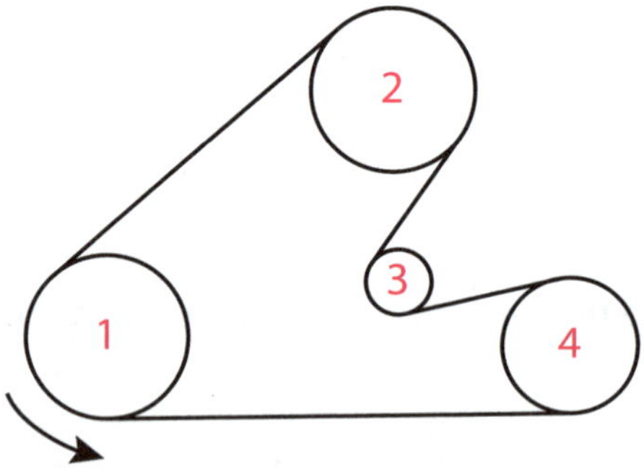

❑ A. 0 ❑ B. 1 ❑ C. 2 ❑ D. 3

40 **Tous ces éléments vont par paire pour former un champignon , sauf un, lequel ?**

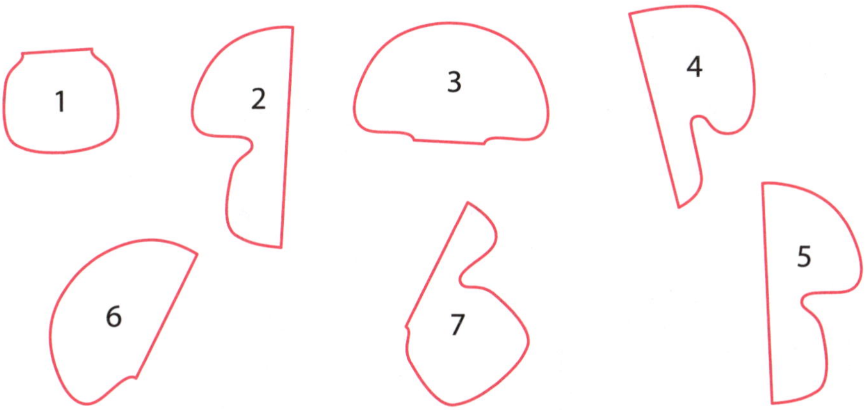

❑ A. 1 ❑ B. 2 ❑ C. 4 ❑ D. 7

Réponses

Questions faciles

1 **Réponse C : 9.**

2 **Réponse A : 4.**

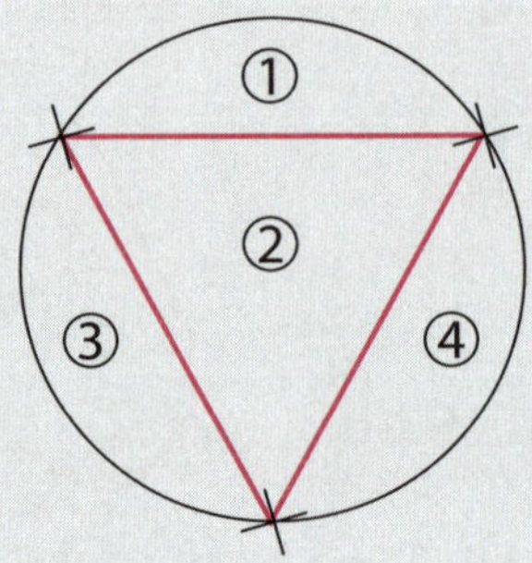

3 **Réponse C : 10.**

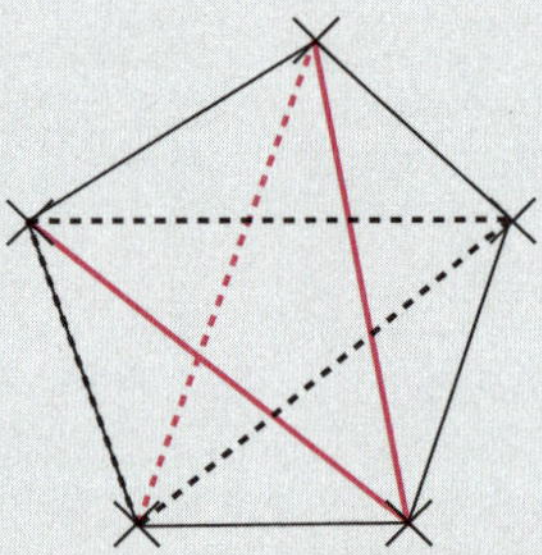

4 **Réponse D : 20.**
On décompose ainsi :
- 12 carrés de 1 élément ;
- 6 carrés de 4 éléments ;
- 2 carrés de 9 éléments.

5 **Réponse D : 13.**

6 **Réponse B.**
Dans la réponse A, le 5 est déjà dans la colonne. Dans la réponse C, le 2 est déjà dans la ligne. Dans la réponse D, le 4 est déjà dans la ligne.

7 **Réponse D.**

8 **Réponse D : 7.**
Les couples de figures 1 et 3, 2 et 5, 4 et 6 permettent la reconstitution du cône.

9 **Réponse C : 6.**
Les couples de figures 1 et 5, 3 et 4, 2 et 7 permettent la reconstitution de la silhouette.

10 **Réponse A : 2.**
Les couples de figures 1 et 6, 7 et 3, 4 et 5 permettent la reconstitution de l'étoile.

11 **Réponse A : 32 cm.**
Il y a 16 côtés unitaires de 2 cm chacun. Le périmètre de la figure est donc de : $16 \times 2 = 32$ cm.

12 **Réponse D : 27 cm.**
Il y a 9 côtés unitaires de 3 cm chacun. Le périmètre de la figure est donc de $9 \times 3 = 27$ cm.

13 **Réponse C : 2.**

14 **Réponse C : 2.**

15 **Réponse D : 3.**

Questions plus difficiles

16 **Réponse C : 13.**
On dénombre :
- 9 triangles de 1 élément ;
- 3 triangles de 4 éléments ;
- 1 triangle de 9 éléments.

17 **Réponse C : 110.**
On dénombre :
- 31 rectangles de 2 éléments ;
- 22 rectangles de 3 éléments ;
- 13 rectangles de 4 éléments ;
- 4 rectangles de 5 éléments ;
- 17 rectangles de 6 éléments ;
- 10 rectangles de 8 éléments ;
- 3 rectangles de 10 éléments ;
- 7 rectangles de 12 éléments ;
- 2 rectangles de 15 éléments ;
- 1 rectangle de 20 éléments.

18 **Réponse B.**

19 **Réponse E.**
ASTUCE **Repérer les tracés aux bords de la découpe.**

20 **Réponse D : 1, 3 et 5.**
Les figures 2 et 4 ne forment pas de boucle, le brin est simplement superposé.

21 **Réponse C : 2.**
De gauche à droite, les deux premières boucles forment un nœud.

22 **Réponse A : le système se bloque.**

23 **Réponse B : 1 se bloque et 2 se dénoue.**

24 **Réponse C : 78 cm.**
Le côté unitaire a pour mesure la racine carrée de 9, soit 3 cm. Il y a 26 côtés unitaires, le périmètre est donc de : $26 \times 3 = 78$ cm.

25 **Réponse D : 32 cm².**
Il y a 16 triangles qui composent cette « cocotte », la surface est donc de $16 \times 2 = 32$ cm^2.

26 **Réponse B : 3.**
Les poulies 1, 3 et 5 tournent dans le sens des aiguilles d'une montre.

27 **Réponse B : 3.**
Les poulies 1, 2 et 4 tournent dans le sens indiqué par la flèche.

28 **Réponse A : 2.**
Les poulies 1 et 3 tournent dans le sens indiqué par la flèche.

29 **Réponse C : 4.**
Les poulies 1, 3, 4 et 6 tournent dans le sens indiqué par la flèche.

30 **Réponse B : 3.**
Les poulies 1, 3 et 5 tournent dans le sens indiqué par la flèche.

■ Test en temps limité

31 **Réponse C : 10.**
On dénombre 6 triangles de 1 élément et 4 de 2 éléments.

32 **Réponse B : 8.**

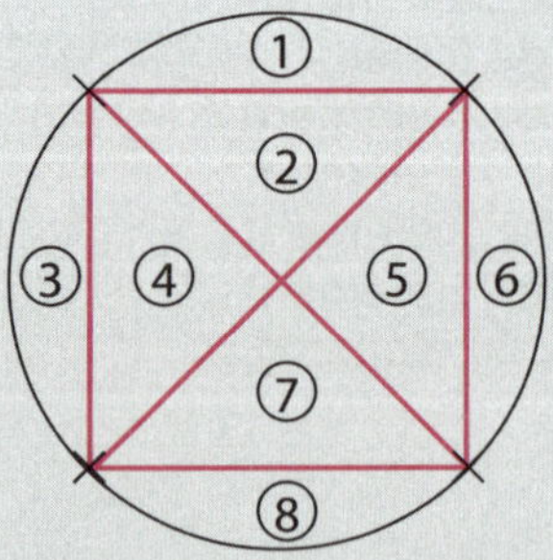

33 **Réponse D.**
Pour le A, le 1 est déjà dans la colonne. Pour le B, le 8 est déjà dans la colonne. Pour le C, le 5 est déjà dans la colonne.

34 **Réponse A : 60 cm.**
Les carrés unitaires ont des côtés de 2 cm. Le périmètre est composé de 30 côtés de 2 cm, il mesure donc 60 cm.

35 **Réponse D : 24 cm².**
Il y a 8 losanges de 3 cm^2 chacun. L'aire est donc de : $8 \times 3 = 24$ cm^2.

36 **Réponse B : 1.**
Les deux premières boucles en partant de la gauche ne forment pas de nœuds.

37 **Réponse B : 1.**
Seule la première boucle en haut forme un nœud.

38 **Réponse A : 0.**

39 **Réponse D : 3.**
Les poulies 1, 2 et 4 tournent dans le même sens.

40 **Réponse C : 4.**
Les couples 1 et 3, 2 et 5, 6 et 7 permettent la reconstitution du champignon.

FICHE 5

Les cubes et autres volumes

QUESTIONS FACILES

1 Quel est le cube qui ne correspond pas au patron ?

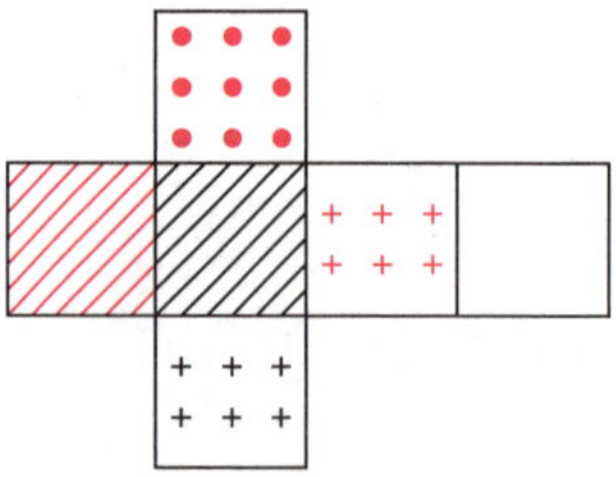

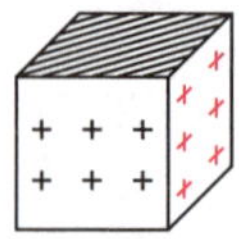

q A

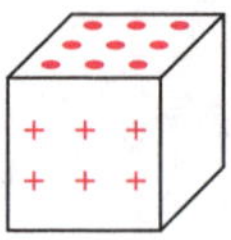

q B

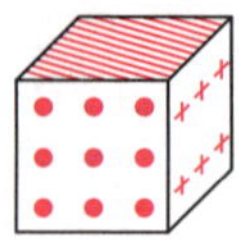

q C

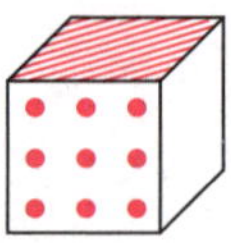

q D

2 Si  **est la face avant du dé, quelle est sa face arrière ?**

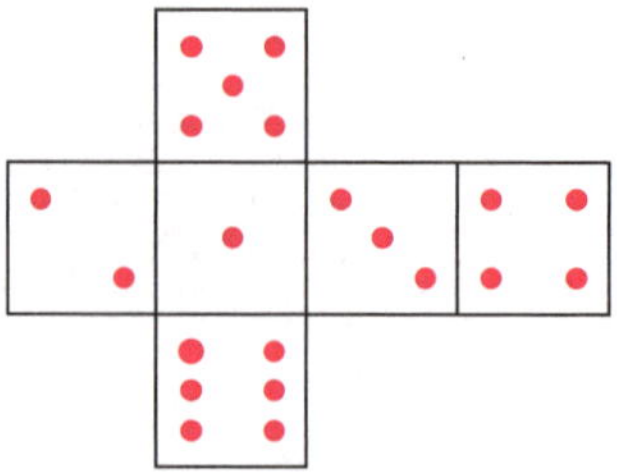

❑ A

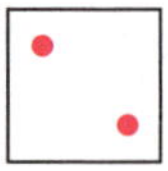

❑ B

❑ C

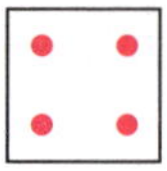

❑ D

3 Quel cube correspond au patron ?

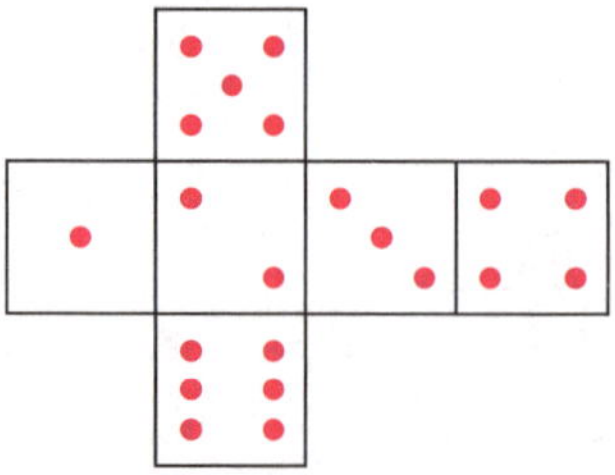

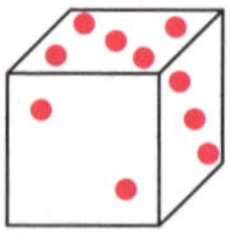

❑ A

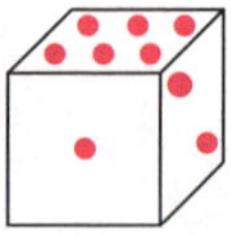

❑ B

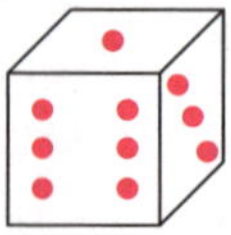

❑ C

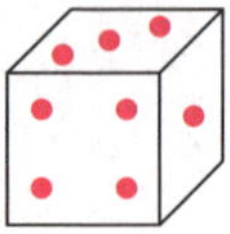

❑ D

4 **Quel cube ne correspond pas au patron ?**

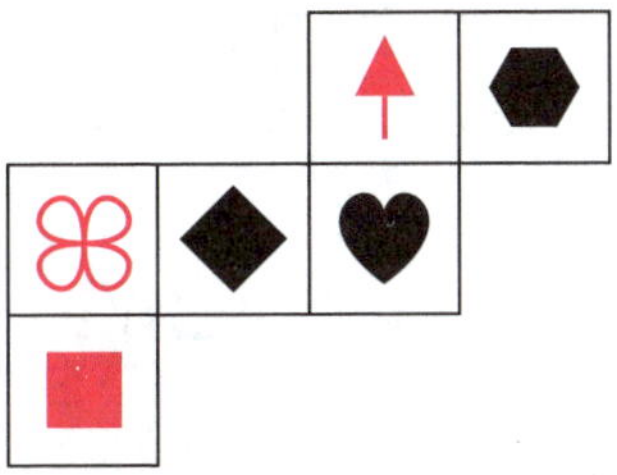

❑ A

❑ B

❑ C

❑ D

5 **Quel cube correspond au patron ?**

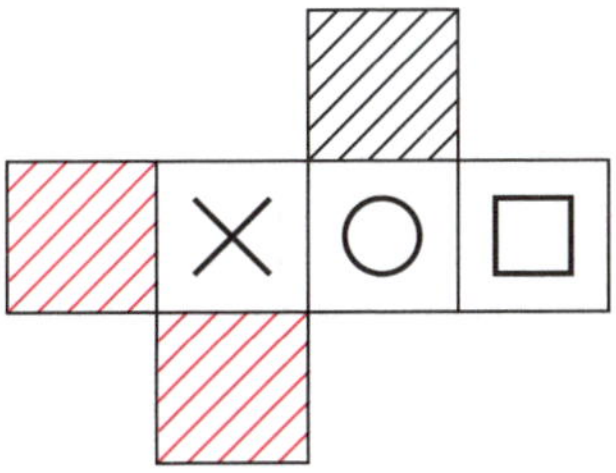

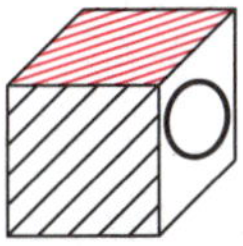

❑ A

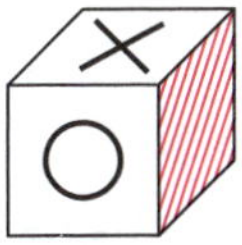

❑ B

❑ C

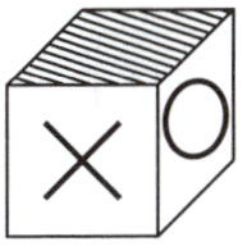

❑ D

6 **Parmi ces patrons, lequel est celui d'un cylindre ?**

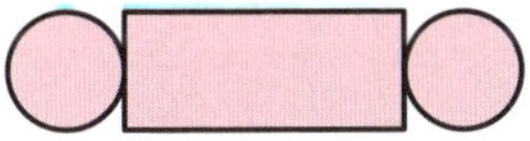

❑ A

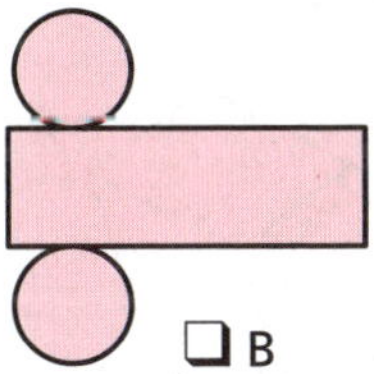

❑ B

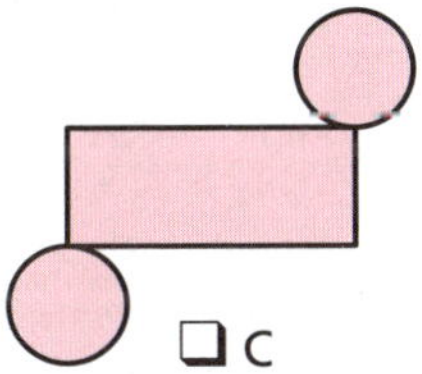

❑ C

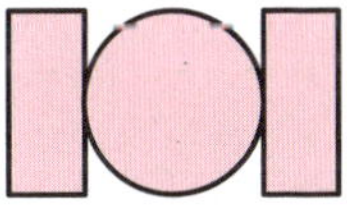

❑ D

7 **Parmi ces patrons, lequel est celui d'un berlingot ?**

❑ A

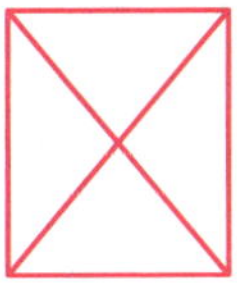

❑ B

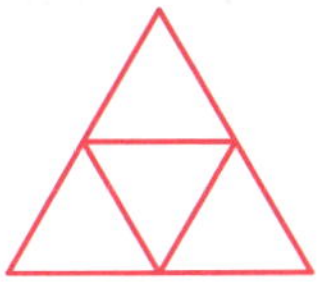

❑ C

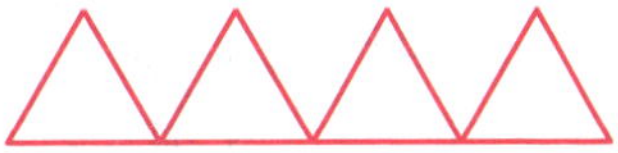

❑ D

8 **Parmi ces patrons, lequel est celui d'un cube ?**

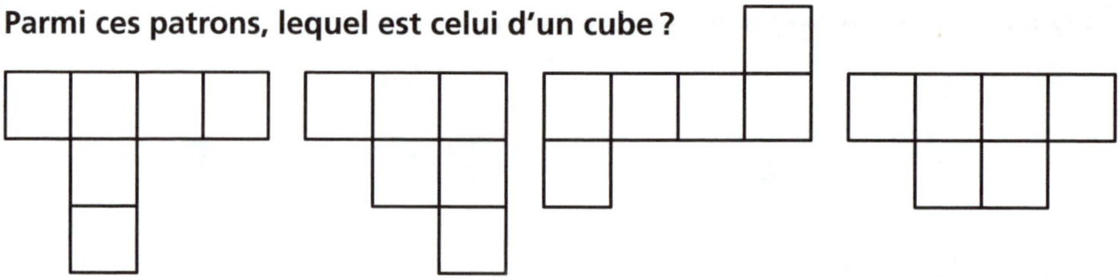

❑ A ❑ B ❑ C ❑ D

9 **Parmi ces patrons, lequel est celui d'une pyramide ?**

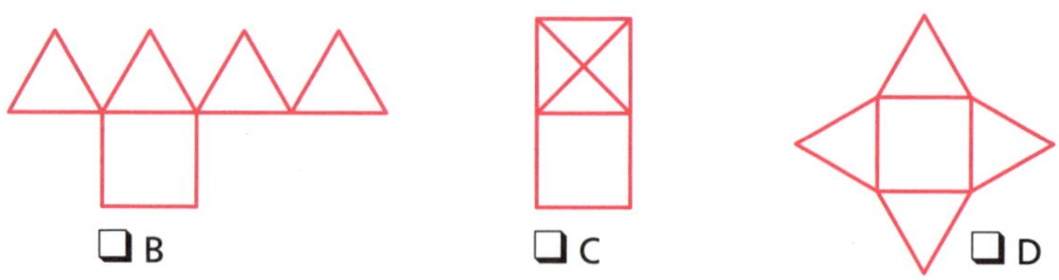

❑ A ❑ B ❑ C ❑ D

10 **Parmi ces patrons, quel est l'intrus ?**

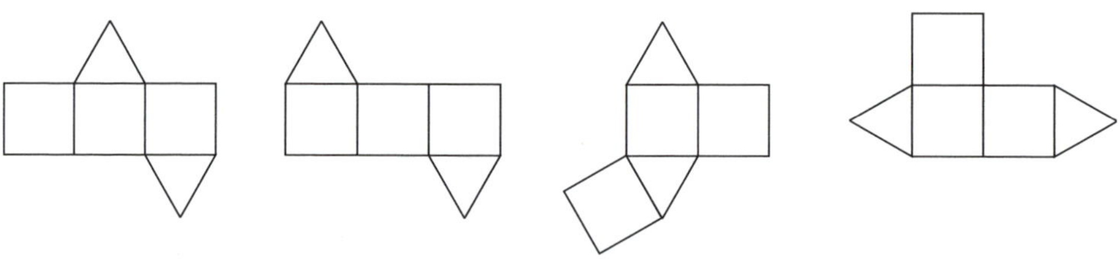

❑ A ❑ B ❑ C ❑ D

11 **Combien y a-t-il de faces à ce volume ?**

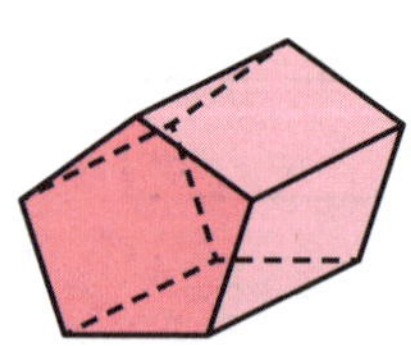

❑ A. 7 ❑ B. 10 ❑ C. 14 ❑ D. 6

12 **Quel est le nombre de faces de cet objet ?**

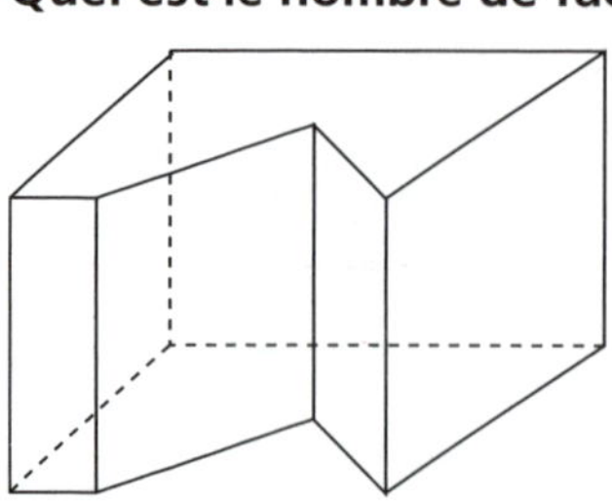

❑ A. 7 ❑ B. 8 ❑ C. 9 ❑ D. 6

13 **Combien y a-t-il de faces à ce volume ?**

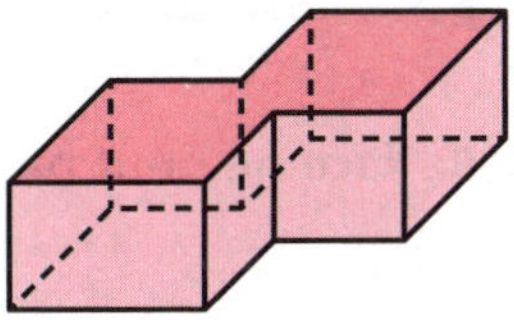

❑ A. 8 ❑ B. 9 ❑ C. 10 ❑ D. 12

14 **Combien y a-t-il d'arêtes à ce volume ?**

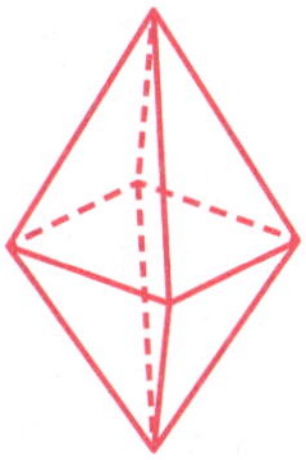

❑ A. 8 ❑ B. 9 ❑ C. 10 ❑ D. 12

15 **Combien y a-t-il d'arêtes à ce volume ?**

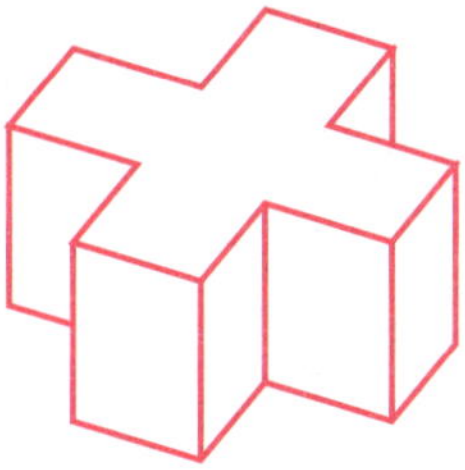

❑ A. 12 ❑ B. 24 ❑ C. 36 ❑ D. 48

QUESTIONS PLUS DIFFICILES

16 Si  est la face avant, quelle face ne peut pas être la face supérieure ?

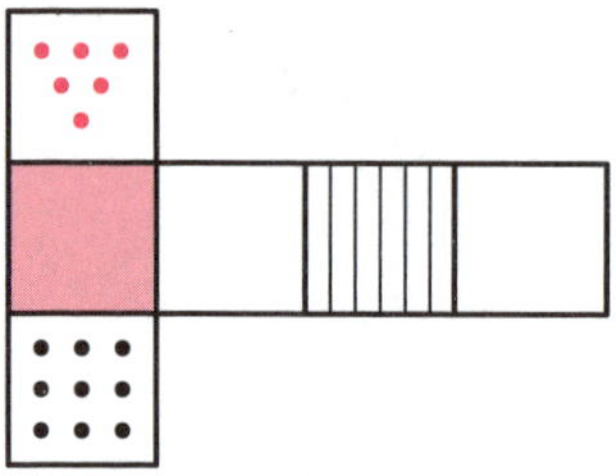

❑ A

❑ B

❑ C

❑ D

17 Si  est la face avant, quelle est la face arrière ?

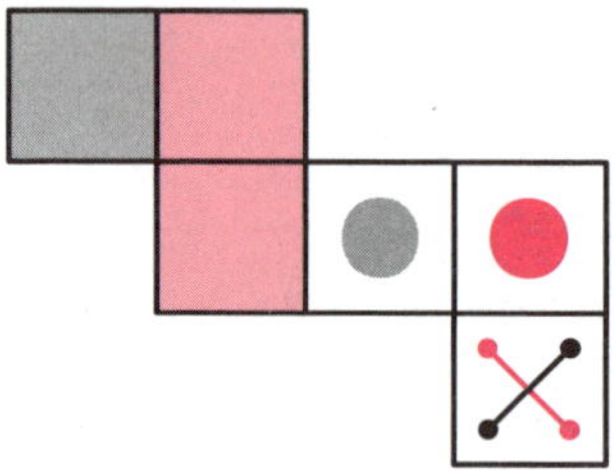

❑ A

❑ B

❑ C

❑ D

18 Quel parallélépipède ne correspond pas au patron ?

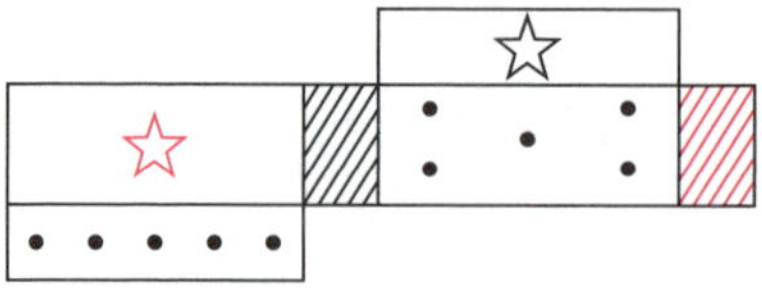

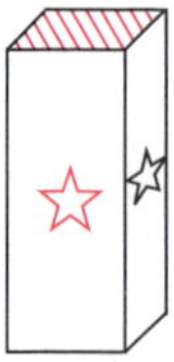
❑ A

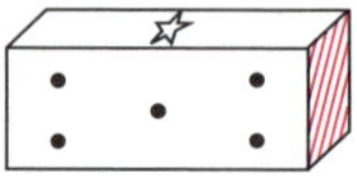
❑ B

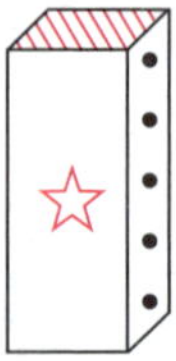
❑ C

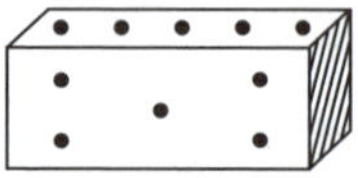
❑ D

19 **Quel parallélépipède ne correspond pas au patron ?**

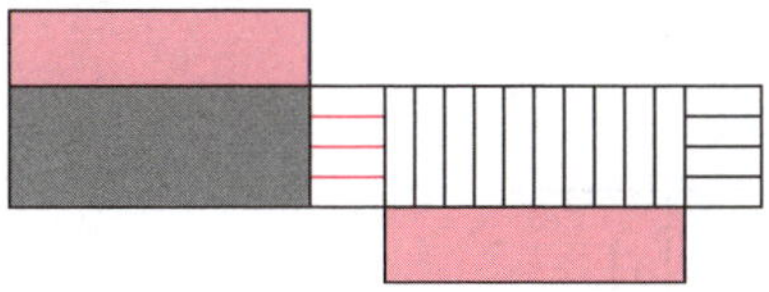

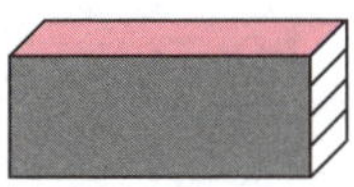

❑ A

❑ B

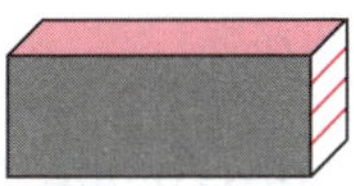

❑ C

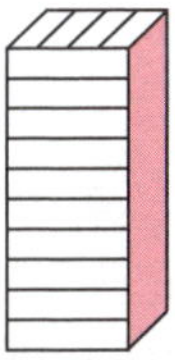

❑ D

20 **Voici un dé, quel peut être son patron ?**

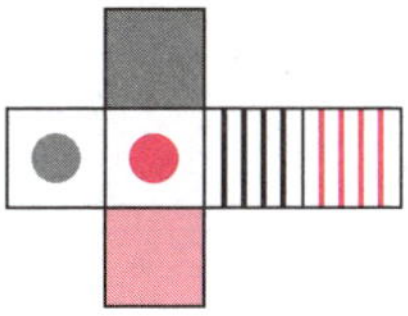

❑ A

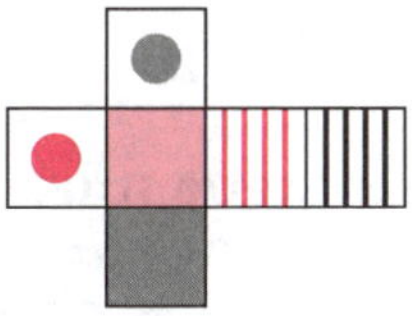

❑ B

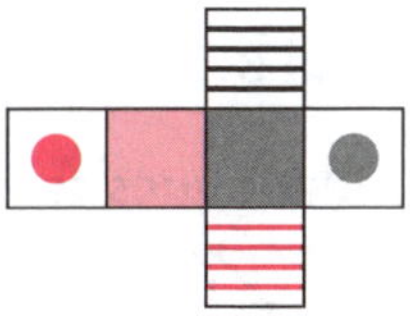

❑ C

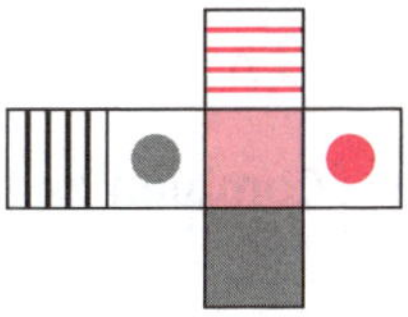

❑ D

21 **Combien de blocs identiques composent cette structure ?**

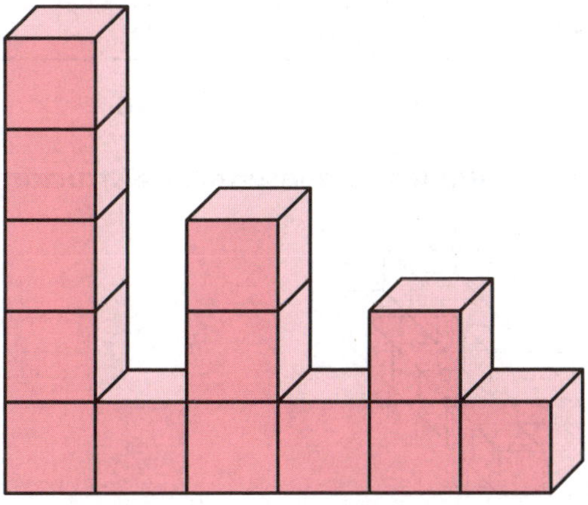

❑ A. 9 ❑ B. 10 ❑ C. 12 ❑ D. 13

22 **Combien de blocs identiques composent cette structure ?**

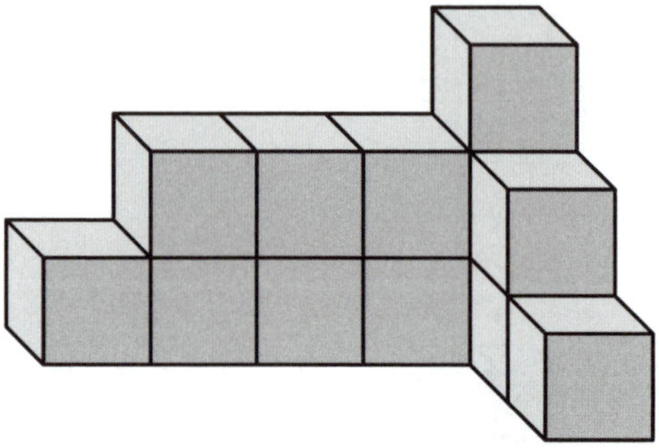

❑ A. 9 ❑ B. 10 ❑ C. 12 ❑ D. 13

23 **Combien de blocs identiques composent cette structure ?**

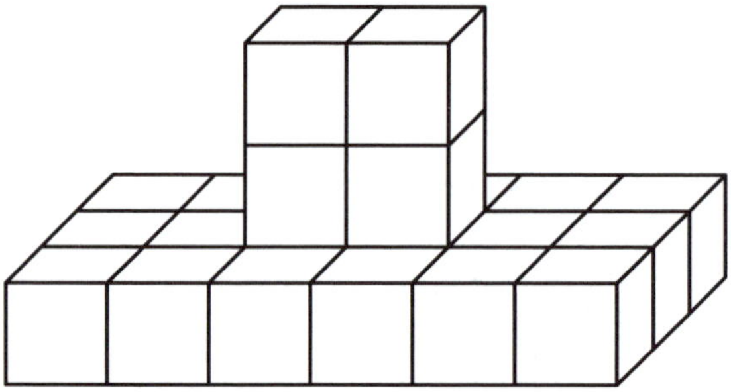

❑ A. 18 ❑ B. 22 ❑ C. 20 ❑ D. 24

24 **Combien de blocs identiques composent cette structure ?**

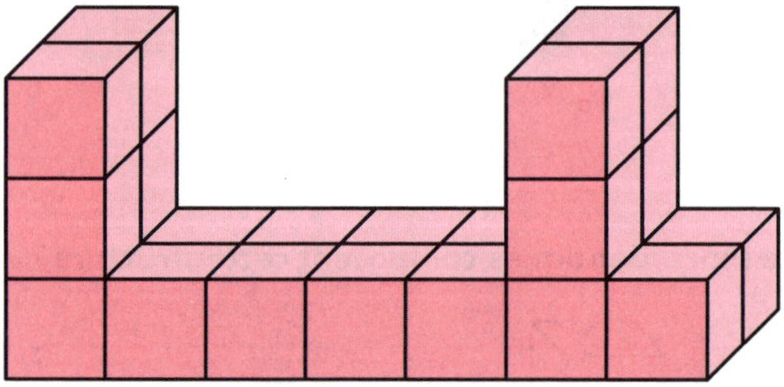

❑ A. 18 ❑ B. 22 ❑ C. 20 ❑ D. 24

25 **Combien de blocs identiques composent cette structure ?**

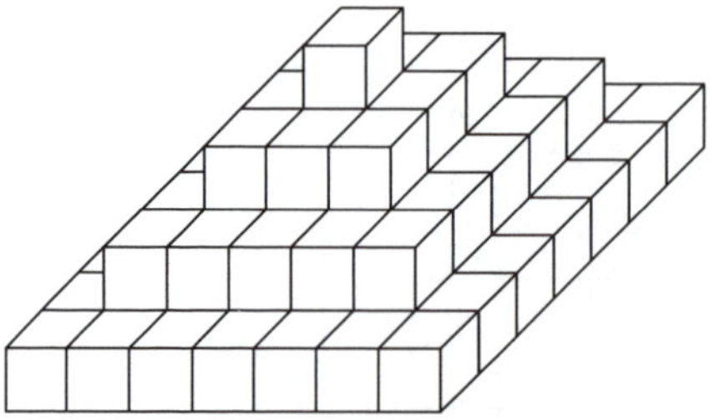

❑ A. 76 ❑ B. 69 ❑ C. 84 ❑ D. 55

26 **Quelle est l'empreinte de cet objet ?**

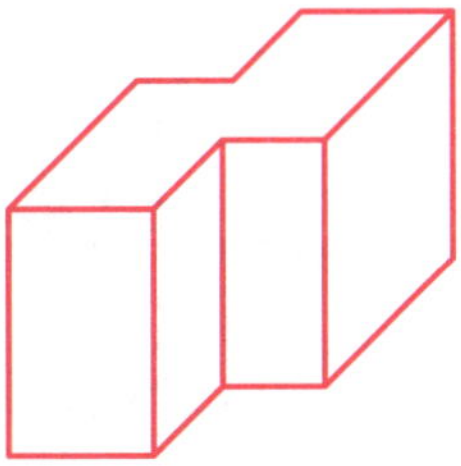

❑ A.

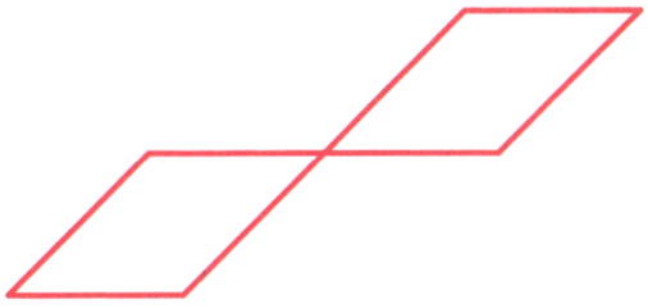

❑ B.

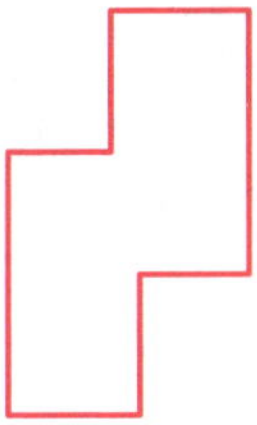

❑ C.

❑ D.

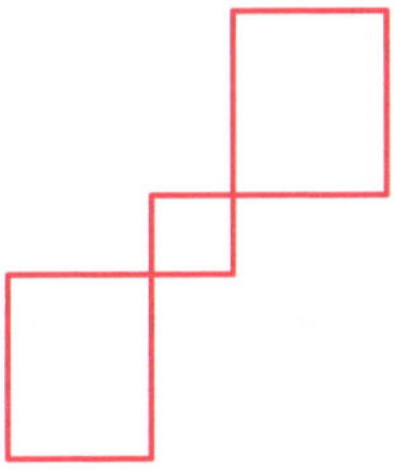

27 **Quelle est l'empreinte de cet objet ?**

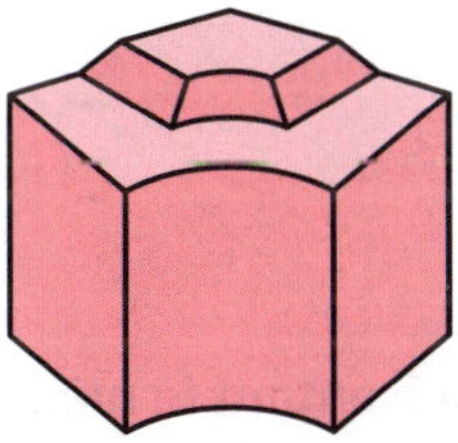

❑ A.

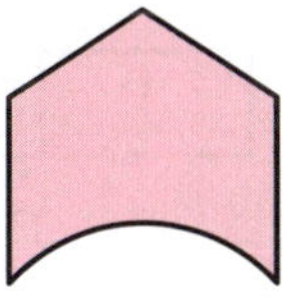

❑ B.

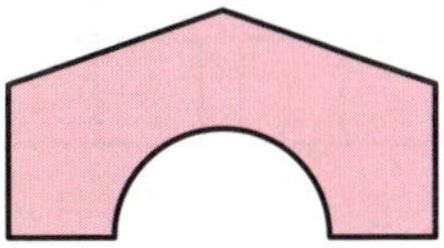

❑ C.

❑ D.

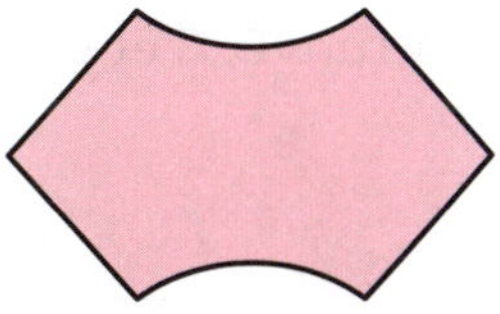

28 **Quelle est l'empreinte de cet objet ?**

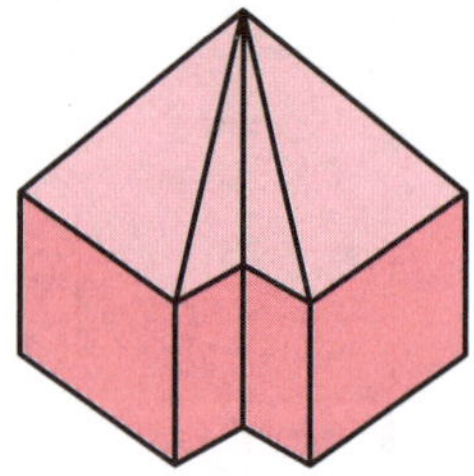

❑ A. 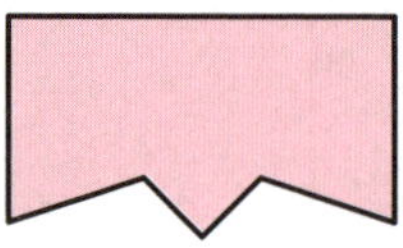

❑ B. 

❑ C. 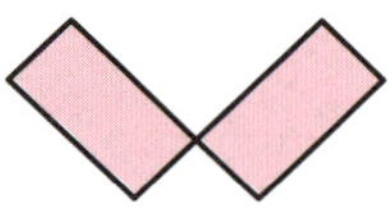

❑ D. 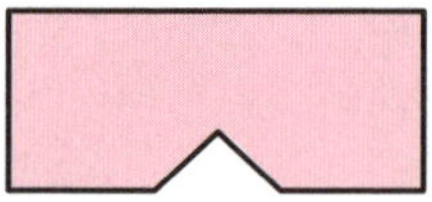

29 **Quels sont les patrons représentant le même cube ?**

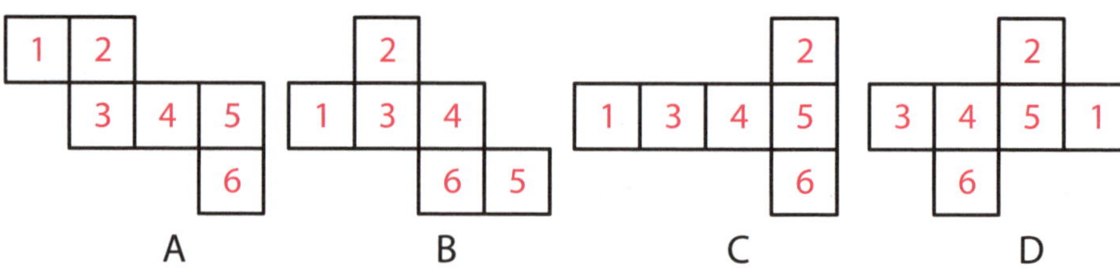

❑ A. les patrons A et B

❑ B. les patrons A et C

❑ C. les patrons B, C et D

❑ D. les patrons A, B, C et D

30 **Quels sont les patrons représentant le même cube ?**

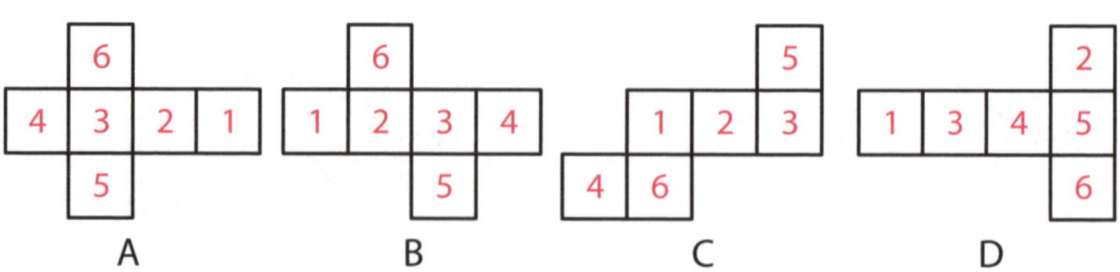

❑ A. les patrons A et B

❑ B. les patrons A et C

❑ C. les patrons B, C et D

❑ D. les patrons A, B, C et D

TEST EN TEMPS LIMITÉ *(10 minutes)*

31 **Quel est le nombre d'arêtes de ce volume ?**

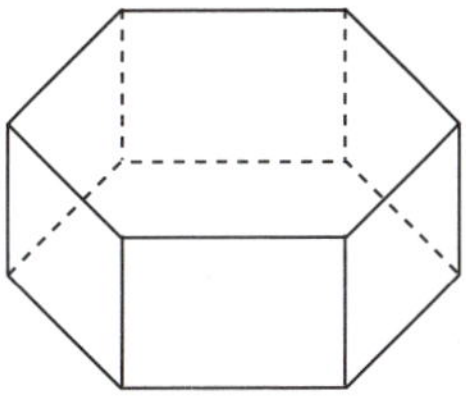

❑ A. 12 ❑ B. 24 ❑ C. 18 ❑ D. 8

32 **Combien d'éléments cubiques identiques composent cette structure ?**

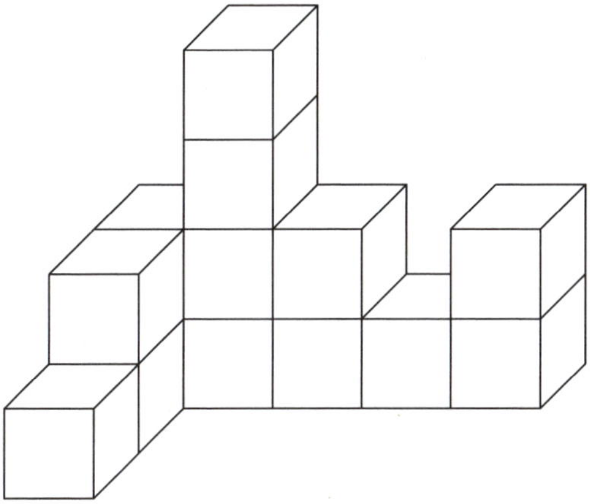

❑ A. 14 ❑ B. 13 ❑ C. 11 ❑ D. 15

33 **Parmi ces patrons, lequel est celui d'un parallélépipède rectangle ?**

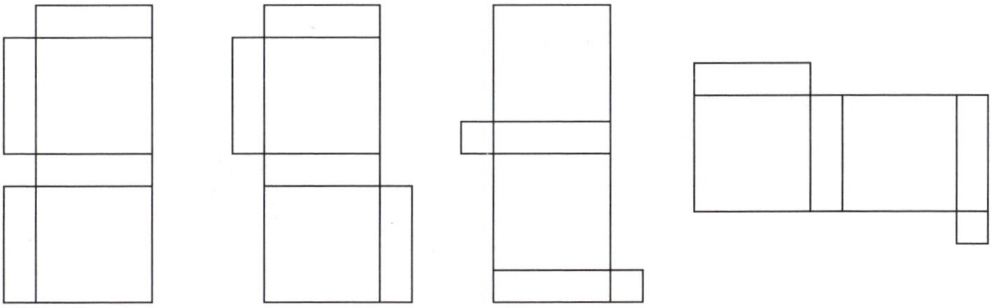

❑ A ❑ B ❑ C ❑ D

34 **Si**  **est la face avant, quelle est la face arrière ?**

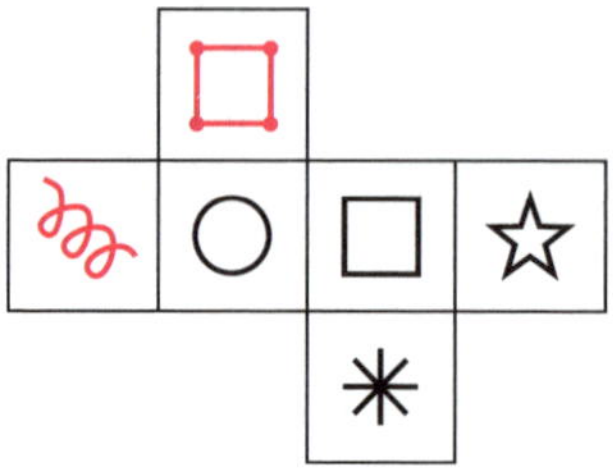

❑ A

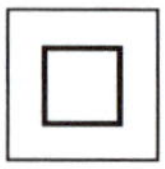

❑ B

❑ C

❑ D

35 **Quel cube ne correspond pas au patron ?**

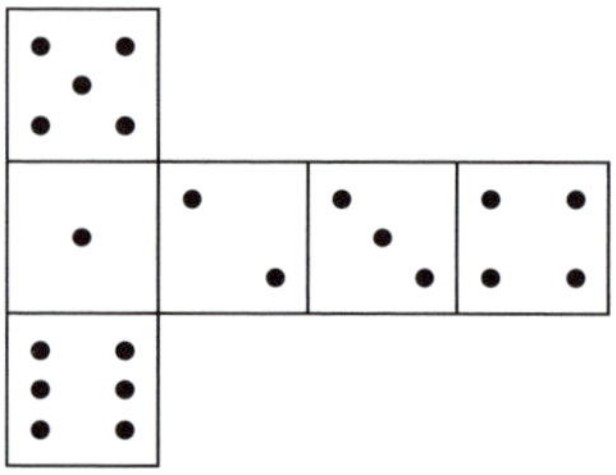

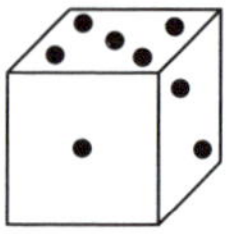

❑ A

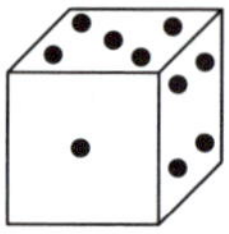

❑ B

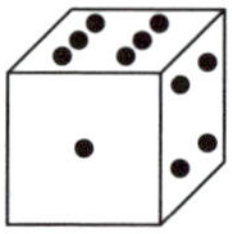

❑ C

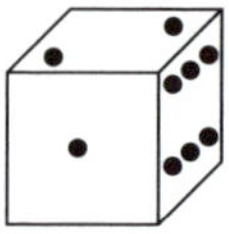

❑ D

36 Chacun des dessins suivants figure sur la face d'un cube :

Voici quatre positions d'un même cube :

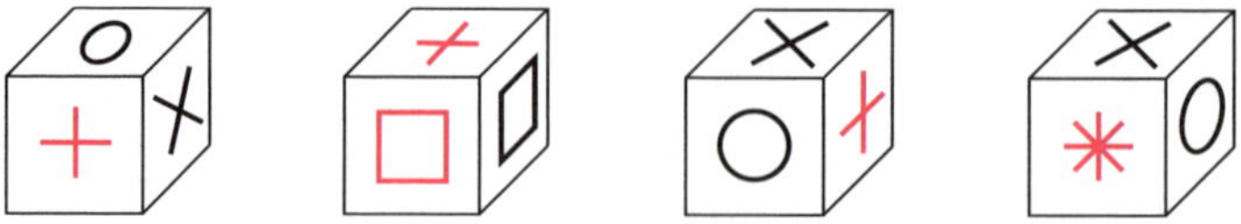

Quel est le dessin qui se trouve sur la face opposée à  **?**

❑ A

❑ B

❑ C

❑ D

❑ E

37 **Quelle est la vue du dessus de cet objet ?**

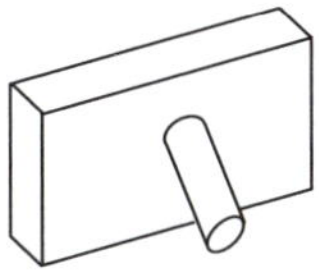

❑ A

❑ B

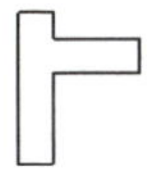
❑ C

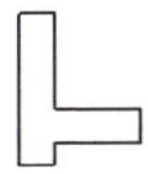
❑ D

38 **Quelle est la vue du dessus de la structure proposée ?**

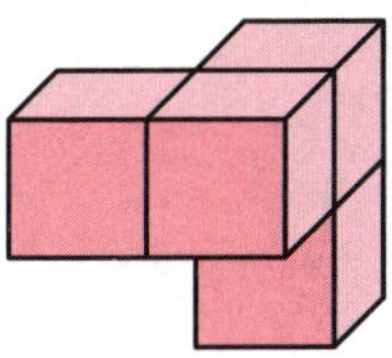

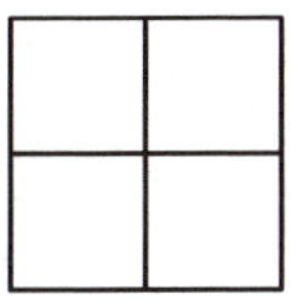
❑ A

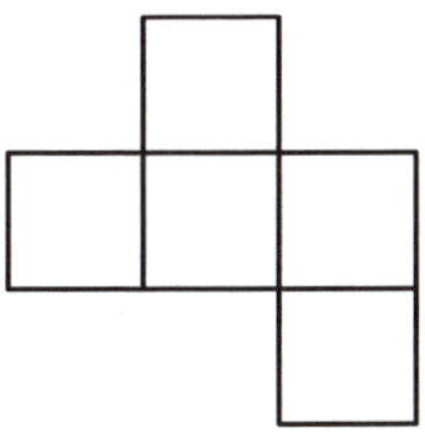
❑ B

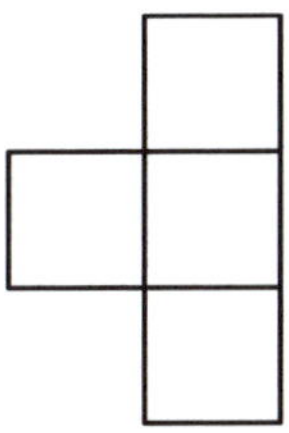
❑ C

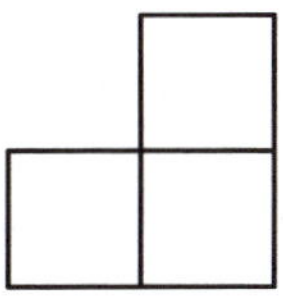
❑ D

39 **Quelle est l'empreinte de ce volume ?**

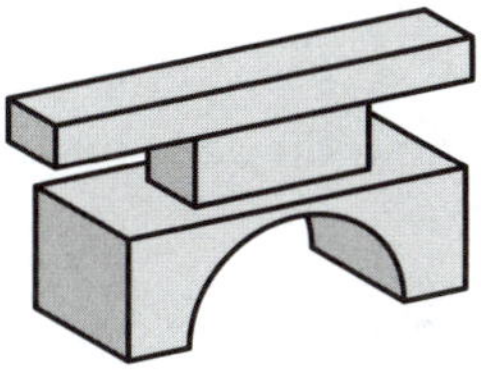

❑ A. 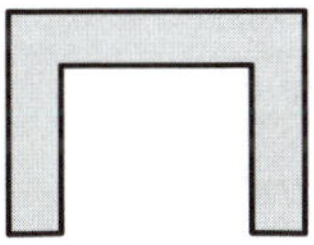

❑ B. 

❑ C. 

❑ D. 

40 **Si le 4 figure sur la face du dessus du cube, quel numéro figure sur la face de dessous ?**

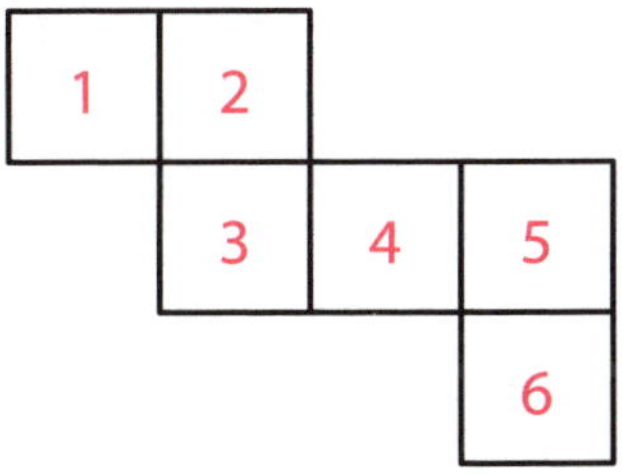

❑ A. 1 ❑ B. 2 ❑ C. 6 ❑ D. 5

Réponses

Questions faciles

1 **Réponse : C.**
Pour en être convaincu, rien ne vaut la réalisation en volume d'un cube.

2 **Réponse : D.**

3 **Réponse : A.**

4 **Réponse : C.**

5 **Réponse : D.**

6 **Réponse : B.**

7 **Réponse : C.**

8 **Réponse : C.**

9 **Réponse : D.**

10 **Réponse : D.**
C'est le seul qui ne forme pas un prisme droit.

11 **Réponse A : 7.**
Il y a deux faces en forme de pentagone et cinq faces latérales.

12 **Réponse B : 8.**
Il y a 6 faces latérales, plus une au-dessus et une autre en dessous, donc 8 en tout.

13 **Réponse C : 10.**
Il y a quatre faces pour chacun des deux blocs, une face au-dessus et une face en dessous.

14 **Réponse D : 12.**
Il y a quatre arêtes pour chacune des deux pyramides et quatre arêtes horizontales.

15 **Réponse C : 36.**
Il y a douze arêtes pour chacune des deux croix au-dessus et au-dessous et douze arêtes verticales.

Questions plus difficiles

16 **Réponse : D.**

17 **Réponse : A.**

18 **Réponse : C.**

19 **Réponse : A.**

20 **Réponse : B.**

21 **Réponse D : 13.**
On dénombre : 6 blocs sur la ligne inférieure, trois blocs sur la 2e ligne, 2 blocs sur la 3e ligne, 1 bloc sur la 4e ligne et 1 bloc sur la 5e ligne, soit un total de : $6 + 3 + 2 + 1 + 1 = 13$.

22 **Réponse D : 13.**
On dénombre : 7 blocs sur la ligne inférieure, 5 blocs sur la 2e ligne et 1 bloc sur la 3e ligne, soit un total de : $7 + 5 + 1 = 13$.
Remarque : il faut imaginer deux cubes invisibles qui permettent le positionnement du cube supérieur d'angle.

23 **Réponse B : 22.**
On dénombre 18 cubes sur le socle inférieur et 4 pour le bloc central, soit un total de : $18 + 4 = 22$.

24 **Réponse B : 22.**
On dénombre 14 blocs sur le socle inférieur, puis 4 blocs pour chacun des deux ensembles, soit un total de : $14 + 4 + 4 = 22$.

25 **Réponse C : 84.**
On décompte par étage :
$7 \times 7 + 5 \times 5 + 3 \times 3 + 1 = 49 + 25 + 9 + 1 = 84$ blocs.

26 **Réponse : B.**

27 **Réponse : C.**

28 **Réponse : B.**

29 **Réponse : D.**

30 **Réponse : B.**

■ Test en temps limité

31 **Réponse C : 18.**

32 **Réponse A : 14.**
On dénombre ligne par ligne en commençant par le bas :
$7 + 5 + 1 + 1 = 14$.

33 **Réponse : B.**

34 **Réponse : C.**

35 **Réponse : B.**

36 **Réponse : B.**

37 **Réponse : B.**

38 **Réponse : D.**

39 **Réponse : C.**

40 **Réponse : A.**

4. LES TESTS D'ORGANISATION

FICHE 1

Les plannings et les organigrammes

QUESTIONS FACILES

Dans le cadre des activités périscolaires, quatre activités sont proposées aux élèves de cette classe de CE1. Les élèves sont regroupés en quatre équipes : rouge, verte, bleue et jaune, et chaque équipe choisit deux activités qui seront pratiquées chacune sur deux jours successifs les lundi, mardi, jeudi et vendredi de la semaine.
L'équipe rouge choisit : modelage et hip-hop.
Les équipes verte et bleue choisissent couture et cuisine.
L'équipe jaune choisit cuisine et hip-hop.
L'enseignante souhaite que les équipes bleue et jaune ne soient pas ensemble, et ce, pour une meilleure écoute et participation.
L'animateur de hip-hop sera absent lundi et mardi, et celui de modelage sera absent jeudi et vendredi. Les lundi et mardi, il y aura donc un atelier de couture, un atelier de modelage et deux ateliers de cuisine. Les jeudi et vendredi, il y aura deux ateliers de hip-hop, un atelier de cuisine et un atelier de couture.

1 Quelle équipe fait de la couture le lundi ?

- ❑ A. l'équipe rouge
- ❑ B. l'équipe verte
- ❑ C. l'équipe bleue
- ❑ D. l'équipe jaune

2 Quelles équipes font du hip-hop ensemble ?

- ❑ A. les équipes rouge et bleue
- ❑ B. les équipes rouge et jaune
- ❑ C. les équipes verte et bleue
- ❑ D. les équipes jaune et verte

3 Quelle équipe fait de la couture le jeudi ?

- ❑ A. l'équipe bleue
- ❑ B. l'équipe verte
- ❑ C. l'équipe rouge
- ❑ D. l'équipe jaune

4 Quelle équipe fait de la cuisine le vendredi ?

- ❑ A. l'équipe rouge
- ❑ B. l'équipe verte
- ❑ C. l'équipe bleue
- ❑ D. l'équipe jaune

5 **Quelle équipe fait de la couture le jeudi et de la cuisine le mardi ?**

- ❑ A. l'équipe jaune
- ❑ B. l'équipe verte
- ❑ C. l'équipe bleue
- ❑ D. l'équipe rouge

Après avoir complété l'organigramme, vous répondrez aux questions posées. Mme Dirlaw dirige son entreprise avec rigueur, s'appuyant sur M. Compte pour la partie financière, Mme Prospect pour la recherche et M. Human pour les ressources humaines.
Ada, Sofia, Claire et Chérif sont des employés de M. Compte.
Oscar prend ses ordres de Mme Prospect et bénéficie de la collaboration des deux plus anciens employés, Martin et Gary.
Quant à David, Daniel et Déborah, ils forment une équipe soudée autour de M. Human.

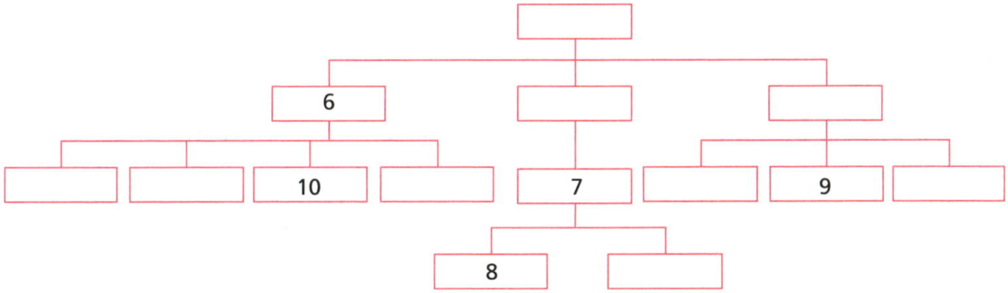

6 **Qui est en 6 ?**

- ❑ A. Mme Prospect
- ❑ B. M. Compte
- ❑ C. Oscar
- ❑ D. M. Human

7 **Qui est en 7 ?**

- ❑ A. Martin
- ❑ B. Chérif
- ❑ C. Oscar
- ❑ D. Gary

8 **Qui peut être en 8 ?**

- ❑ A. Ada
- ❑ B. Daniel
- ❑ C. Oscar
- ❑ D. Martin

9 **Qui peut être en 9 ?**

- ❑ A. M. Compte
- ❑ B. Chérif
- ❑ C. Gary
- ❑ D. Daniel

10 **Qui peut être en 10 ?**

- ❑ A. Martin
- ❑ B. Claire
- ❑ C. Déborah
- ❑ D. David

Charlotte, fille unique, a 4 cousines et 3 cousins, un père, une mère, deux grands-pères et deux grands-mères.
Parmi les cousines, Helen et Sofia sont les filles de Michel, le frère de son père.
Lydia est la fille unique de Claude, l'un des frères de sa mère.
Candice est, avec son frère Pierre, l'une des deux enfants de la sœur, Émily, de sa mère.
Les deux autres cousins sont Franck et Mathys, tous deux fils de Patrick, l'un des frères de sa mère.
Après avoir complété cet arbre généalogique, vous pourrez répondre aux questions.

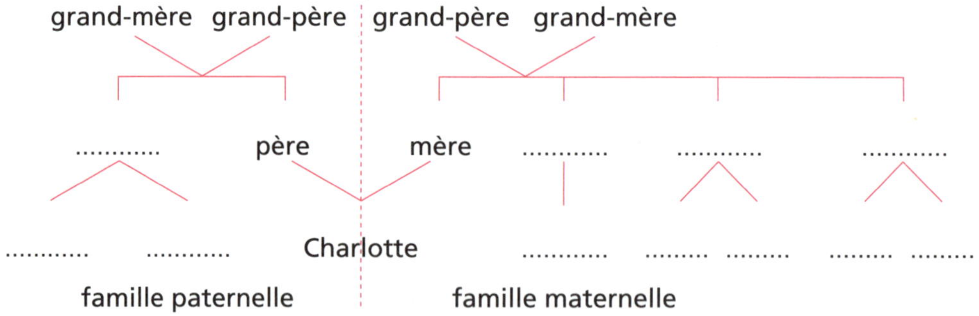

11 **Combien de frères a la mère de Charlotte ?**

❑ A. 0 ❑ B. 1 ❑ C. 2 ❑ D. 3

12 **Combien de cousins ou cousines a Lydia dans cette partie de l'arbre généalogique ?**

❑ A. 2 ❑ B. 3 ❑ C. 4 ❑ D. 5

13 Combien de petits-enfants ont les grands-parents maternels de Charlotte ?

❑ A. 2 ❑ B. 3 ❑ C. 5 ❑ D. 6

14 Combien de petits-enfants ont les grands-parents paternels de Charlotte ?

❑ A. 2 ❑ B. 3 ❑ C. 5 ❑ D. 6

15 Combien de garçons sont les cousins de Franck ?

❑ A. 1 ❑ B. 2 ❑ C. 3 ❑ D. 4

QUESTIONS PLUS DIFFICILES

Pour remplir l'arbre généalogique ci-dessous, on dispose des informations suivantes :

- Annie a 8 petits-enfants, dont seulement 2 petites-filles, Solenn et Jessica ;
- Pierre est un prénom qui se retrouve à chaque génération ;
- David a moins d'enfants que sa sœur Émilie, mais plus que sa sœur Céline, mère célibataire d'un garçon ;
- Chloé a plusieurs enfants, dont 2 garçons, Dylan et Anthony ;
- Frank n'a qu'une fille, Solenn, parmi ses enfants ;
- Marc a 2 frères, Hugo et Éric ;
- Pierre, le célibataire, a Chloé pour belle-sœur.

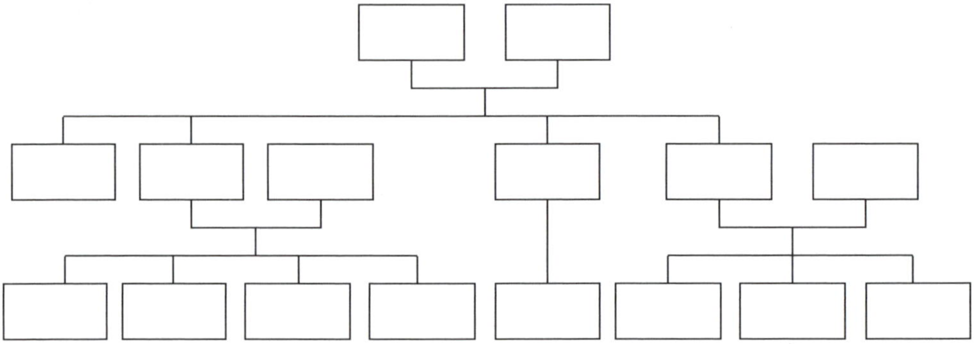

16 Qui est le cousin à la fois de Solenn et Jessica ?

- ❑ A. Dylan
- ❑ B. David
- ❑ C. Franck
- ❑ D. Pierre

17 Quel est le prénom de l'oncle célibataire de Pierre ?

- ❑ A. Dylan
- ❑ B. David
- ❑ C. Franck
- ❑ D. Pierre

18 Combien de frères a Céline ?

❑ A. 0 ❑ B. 1 ❑ C. 2 ❑ D. 3

19 Combien de nièces a Émilie ?

❑ A. 0 ❑ B. 1 ❑ C. 2 ❑ D. 3

20 Combien d'oncles a Solenn ?

❑ A. 0 ❑ B. 1 ❑ C. 2 ❑ D. 3

Dans cette structure petite enfance, le personnel doit accueillir les enfants de 7 h à 21 h, du lundi au vendredi. L'équipe compte six agents et une directrice, Mme Générali.
Les six agents se prénomment Quivrin, Rita, Saliha, Tatiana, Urbain et Valia, et leur planning pour la semaine répond aux exigences suivantes :

- Quivrin et Rita assurent ensemble l'ouverture les lundi et mardi, et la fermeture les mercredi, jeudi et vendredi. Ils sont présents 8 h en continu, mais avec une pause entre 10 h et 11 h les matins et entre 16 h et 17 h les après-midi. Ils travaillent donc effectivement 7 heures par jour.
- Saliha travaille aux 4/5, elle a son mercredi libre. Mme Générali l'a affectée de 13 h à 21 h les lundi et mardi, avec une pause entre 17 h et 18 h, et de 7 h à 15 h, avec une pause entre 9 h et 10 h les jeudi et vendredi. Elle travaille donc effectivement 7 heures par jour.
- Tatiana, compte tenu de ses problèmes de santé, a un horaire régulier de 9 h à 17 h chacun des 5 jours de la semaine, avec une pause entre 12 h et 13 h, soit une durée de travail de 7 heures par jour.
- Urbain travaille de 10 h à 18 h avec une pause de 13 h à 14 h, sauf le mercredi où il effectue son service de 7 h à 15 h, avec une pause entre 10 h et 11 h.
- Valia travaille de 9 h à 12 h, puis reprend de 17 h à 21 h les lundi et mardi, de 7 h à 10 h puis de 14 h à 18 h les mercredi et jeudi, et le vendredi, elle assure 5 heures d'affilée à partir de 7 h.

21 Combien d'agents sont présents ensemble entre 12 h et 13 h le lundi ?

❑ A. 2 ❑ B. 3 ❑ C. 4 ❑ D. 5

22 Combien d'heures hebdomadaires – hors pause – effectue Saliha ?

❑ A. 25 heures

❑ B. 28 heures

❑ C. 32 heures

❑ D. 35 heures

23 Quel jour et pendant quelle tranche horaire l'ensemble des six agents est-il présent ensemble ?

❑ A. lundi entre 14 h et 15 h

❑ B. mardi entre 13 h et 14 h

❑ C. jeudi entre 14 h et 15 h

❑ D. vendredi entre 14 h et 15 h

24 Parmi ces tranches horaires, quelle est celle où trois agents exactement sont présents ensemble ?

- ❑ A. lundi de 9 h à 10 h
- ❑ B. mardi de 13 h à 14 h
- ❑ C. mercredi de 14 h à 15 h
- ❑ D. vendredi de 17 h à 18 h

25 Quel est le total des heures hebdomadaires – hors pause – effectuées par les six agents ?

- ❑ A. 201 heures
- ❑ B. 210 heures
- ❑ C. 161 heures
- ❑ D. 200 heures

Dans un centre de santé ouvert du lundi au vendredi de 9 h à 12 h et de 14 h à 18 h, et le samedi matin de 9 h à 12 h, quatre dentistes se partagent deux cabinets A et B.

Ces cabinets sont fermés pour maintenance le mardi : le matin pour le cabinet A et l'après-midi pour le cabinet B.

Les rendez-vous sont pris pour chaque dentiste et on estime à 30 minutes la durée par patient.

Le docteur Abcès prend les rendez-vous en matinée, toujours dans le même cabinet, mais ne vient pas le samedi matin.

Le docteur Bouche prend des rendez-vous quatre après-midi, sauf le mercredi.

Le docteur Canine exerce le mercredi toute la journée et le samedi matin dans le même cabinet.

Le docteur Dentier exerce le lundi et le vendredi toute la journée.

26 Combien de patients potentiels ces deux cabinets de dentiste peuvent-ils recevoir tout au long d'une semaine ?

❑ A. 140 ❑ B. 138 ❑ C. 82 ❑ D. 80

27 Combien de patients au maximum le docteur Bouche peut-il prendre en une semaine ?

❑ A. 28 ❑ B. 30 ❑ C. 32 ❑ D. 64

28 Combien de patients au maximum le docteur Canine peut-il prendre en une semaine ?

❑ A. 28 ❑ B. 24 ❑ C. 22 ❑ D. 20

29 Un nouveau praticien, le docteur Elmolair, intègre ce dispositif.
Combien de patients potentiels peut-il recevoir s'il utilise tous les créneaux horaires encore disponibles dans chacun des deux cabinets ?

❑ A. 28 ❑ B. 34 ❑ C. 18 ❑ D. 22

30 **Quel docteur effectue alors le moins d'heures dans ce dispensaire ?**

❑ A. docteur Abcès

❑ B. docteur Bouche

❑ C. docteur Canine

❑ D. docteur Dentier

TEST EN TEMPS LIMITÉ *(10 minutes)*

Voici un arbre généalogique ainsi que des informations pour le compléter.

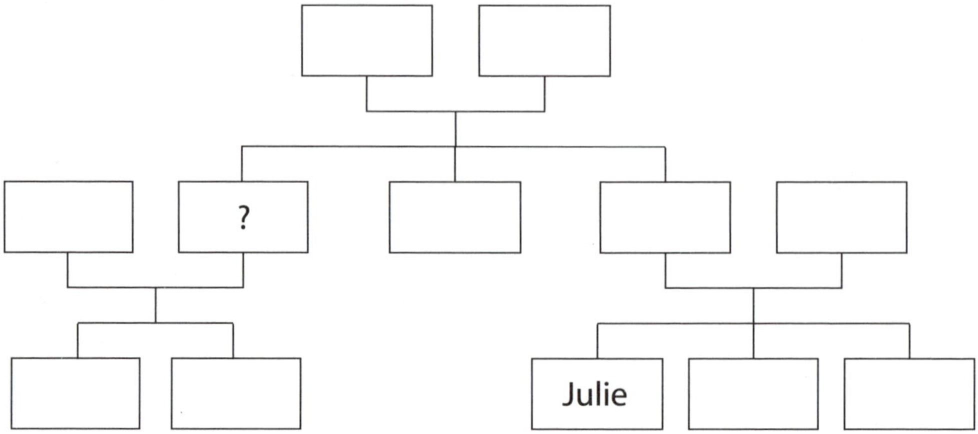

Julie a deux frères et deux cousines : Léa et Annie. Elle a aussi deux oncles dont l'un, Paul, est célibataire.

Ses grands-parents Annie et Paul ont eu deux fils et une fille Marie qui s'est mariée avec Alain. Pierre est l'un des deux fils de Marie.

Sa tante Émilie, l'épouse de Fabien, a eu deux enfants.

À chaque génération, le prénom du grand-père apparaît.

31 **Combien de tantes de Julie figurent sur cet arbre généalogique ?**

❑ A. 0 ❑ B. 1 ❑ C. 2 ❑ D. 3

32 **Combien de petits-enfants ont les grands-parents de Julie sur cet arbre généalogique ?**

❑ A. 2 ❑ B. 3 ❑ C. 4 ❑ D. 5

33 **Combien de personnages féminins occupent une place dans cet arbre généalogique ?**

❑ A. 4 ❑ B. 5 ❑ C. 6 ❑ D. 7

34 **Combien de neveux ou nièces a Fabien ?**

❑ A. 1 ❑ B. 2 ❑ C. 3 ❑ D. 4

35 **Combien de neveux ou nièces a Paul ?**

❑ A. 4 ❑ B. 5 ❑ C. 6 ❑ D. 7

Suite à une restructuration, les services d'oncologie et de radiothérapie anciennement dans la partie « Pasteur » se retrouvent installés dans le secteur « Vert » de cet hôpital.

Ce secteur se décompose en trois unités U1, U2 et U3, on y accède par six portes numérotées de 11 à 16 qui desservent onze services hospitaliers.

- L'unité U1 a trois portes qui permettent l'accès à un service hospitalier de moins que l'unité U2 mais à deux services de plus que l'unité U3.
- Seule la porte n° 11 permet d'accéder à l'unité U3.
- La porte 16 donne accès à deux services, tout comme la porte 12 du bâtiment U2.
- Les services d'hospitalisation en psychiatrie et les urgences sont les seuls à bénéficier d'une porte particulière, respectivement les portes 15 et 14.
- On a regroupé les services de chirurgie plastique, de rééducation et de dermatologie et leur entrée se fait par la porte n° 13.
- Les services de digestion et d'hépato-gastro-entérologie sont regroupés dans le bâtiment U1.
- Quant aux services de gériatrie et de soins palliatifs, on y accède par la porte n° 12.

Voici l'organigramme de cette répartition :

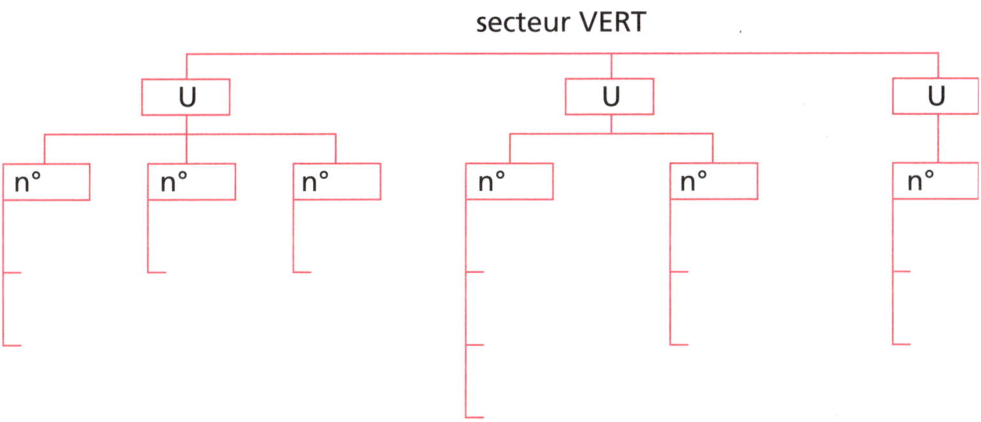

36 **Combien de portes donnent accès au bâtiment U2 ?**

❑ A. 1 ❑ B. 2 ❑ C. 3 ❑ D. 4

37 **Dans quel bâtiment se trouve la porte n° 15 ?**

❑ A. U1 ❑ B. U2 ❑ C. U3

38 **Dans quelle unité se trouve le service d'oncologie ?**

❑ A. U1 ❑ B. U2 ❑ C. U3

39 **Par quelle porte accède-t-on au service digestion ?**

❑ A. 11 ❑ B. 13 ❑ C. 14 ❑ D. 16

40 **Dans quelle unité se trouve le service de dermatologie ?**

❑ A. U1 ❑ B. U2 ❑ C. U3

Réponses

Questions faciles

L'équipe rouge ne peut pratiquer le hip-hop que jeudi et vendredi, donc fait du modelage lundi et mardi.
L'équipe jaune ne peut pratiquer le hip-hop que jeudi et vendredi, donc fait de la cuisine lundi et mardi.
Puisque l'équipe bleue ne participe pas au même atelier que l'équipe jaune, elle fera couture lundi et mardi et cuisine jeudi et vendredi.
L'équipe verte aura donc cuisine lundi et mardi et couture jeudi et vendredi.

La réalisation d'un tableau permet de visualiser toutes ces conclusions.

	lundi	mardi	jeudi	vendredi
modelage	rouge	rouge	X	X
hip-hop	X	X	rouge-jaune	rouge-jaune
couture	bleue	bleue	verte	verte
cuisine	jaune-verte	jaune-verte	bleue	bleue

1 **Réponse C : l'équipe bleue.**

2 **Réponse B : les équipes rouge et jaune.**

3 **Réponse B : l'équipe verte.**

4 **Réponse C : l'équipe bleue.**

5 **Réponse B : l'équipe verte.**

6 **Réponse B : M. Compte.**
M. Compte a quatre employés. D'après l'organigramme, c'est la seule position possible.

7 **Réponse C : Oscar.**
Oscar a un supérieur direct et deux employés, c'est donc la seule position possible.

8 **Réponse D : Martin.**
À cette position, on peut trouver Gary ou Martin, la liste des propositions donne pour réponse possible Martin.

9 **Réponse D : Daniel.**
À cette position, on peut trouver David, Déborah ou Daniel, la liste des propositions donne pour réponse Daniel.

10 **Réponse B : Claire.**
À cette position, on peut trouver Ada, Sofia, Claire ou Chérif, la liste des propositions donne pour réponse Claire.

On peut réaliser l'arbre généalogique suivant :

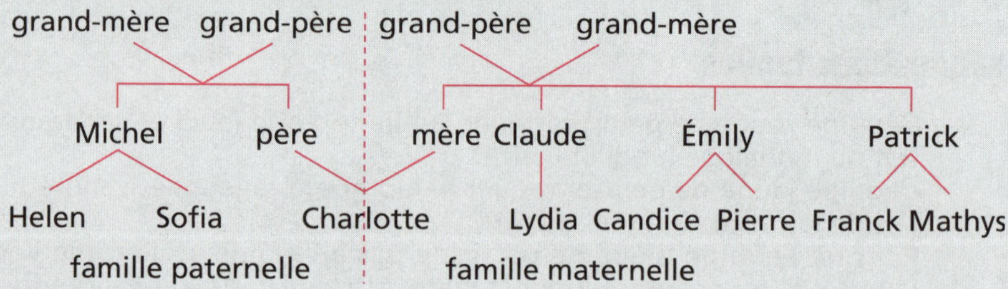

11 **Réponse C : 2.**
La mère de Charlotte fait partie d'une fratrie de deux garçons et deux filles. Elle a deux frères.

12 **Réponse D : 5.**
Lydia a cinq cousins ou cousines : Charlotte, Candice, Pierre, Franck, Mathys.

13 **Réponse D : 6.**
Les grands-parents maternels de Charlotte ont quatre enfants et six petits-enfants : Charlotte, Lydia, Candice, Pierre, Frank, Mathys.

14 **Réponse B : 3.**
Les grands-parents paternels de Charlotte ont deux enfants et trois petites-filles : Charlotte, Helen, Sofia.

15 **Réponse A : 1.**
Franck n'a qu'un cousin : Pierre.

■ Questions plus difficiles

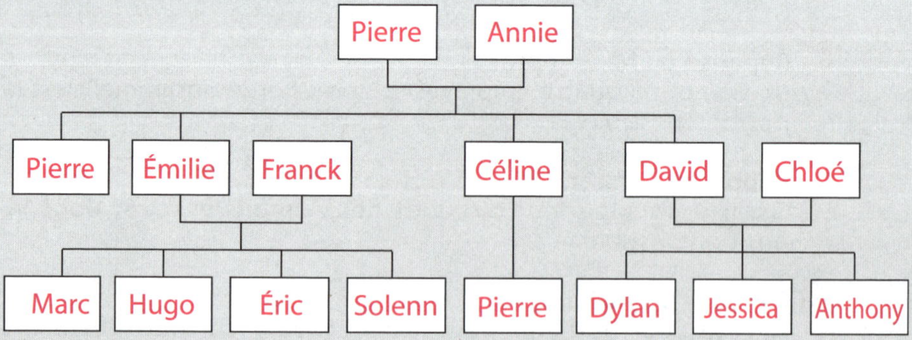

16 **Réponse D : Pierre.**
Il s'agit de Pierre, le fils unique de Céline.

17 **Réponse D : Pierre.**
L'oncle célibataire est prénommé également Pierre.

18 **Réponse C : 2.**
Céline a pour frères : Pierre et David.

19 **Réponse B : 1.**
Émilie n'a qu'une nièce : Jessica.

20 **Réponse C : 2.**
Solenn a deux oncles : Pierre et David.

On peut réaliser un planning : les agents sont repérés par leurs initiales, les croix matérialisent les heures effectives de travail.

	lundi						mardi						mercredi						jeudi						vendredi					
	q	r	s	t	u	v	q	r	s	t	u	v	q	r	s	t	u	v	q	r	s	t	u	v	q	r	s	t	u	v
7-8	×	×					×	×									×	×			×			×			×			×
8-9	×	×					×	×									×	×			×			×			×			×
9-10	×	×		×		×	×	×		×		×				×	×	×				×		×				×		×
10-11				×	×	×				×	×	×				×					×	×	×				×	×	×	×
11-12	×	×		×	×	×	×	×		×	×	×				×	×				×	×	×				×	×	×	×
12-13	×	×			×		×	×			×						×				×		×				×		×	
13-14	×	×	×	×			×	×	×	×			×	×		×	×		×	×	×	×			×	×	×	×		
14-15	×	×	×	×	×		×	×	×	×	×		×	×		×	×	×	×	×	×	×	×	×	×	×	×	×	×	
15-16			×	×	×				×	×	×		×	×		×		×	×	×		×	×	×	×	×		×	×	
16-17			×	×	×				×	×	×					×		×				×	×	×				×	×	
17-18					×	×					×	×	×	×				×	×	×			×	×	×	×			×	
18-19			×			×			×			×	×	×					×	×					×	×				
19-20			×			×			×			×	×	×					×	×					×	×				
20-21			×			×			×			×	×	×					×	×					×	×				

21 **Réponse B : 3.**
Les quatre agents présents : sont Quivrin, Rita, Saliha et Urbain.

22 **Réponse B : 28 heures.**
Saliha effectue 28 heures (soit les 4/5 de 35 heures).

23 **Réponse C : jeudi entre 14 h et 15 h.**
Le jeudi entre 14 h et 15 h, les six agents sont présents.

24 **Réponse D : vendredi de 17 h à 18 h.**
Les agents Quivrin, Rita et Urbain sont présents.

25 **Réponse A : 201 heures.**
Quivrin, Rita, Tatiana et Urbain effectuent 35 heures, Saliha seulement 28 heures et Valia 33 heures.

On peut représenter le planning de rendez-vous ainsi :

	lundi	**mardi**	**mercredi**	**jeudi**	**vendredi**	**samedi**
cabinet A **matin**	D	*fermeture*	C		D	C
après-midi	B	B	C	B	B	*fermeture*
cabinet B **matin**	A	A	A	A	A	
après-midi	D	*fermeture*			D	*fermeture*

A : Dr Abcès ; B : Dr Bouche ; C : Dr Canine ; D : Dr Dentier.

26 **Réponse B : 138.**
Compte tenu des fermetures, on dénombre 11 matinées avec six patients et 9 après-midi avec huit patients, soit un total de 66 + 72 = 138.

27 **Réponse C : 32.**
Le docteur Bouche peut recevoir 8 patients pendant quatre après-midi, soit 32 patients.

28 **Réponse D : 20.**
Le docteur Canine peut recevoir 14 patients le mercredi et 6 le samedi, soit un total de 20 patients.

29 **Réponse A : 28.**
Le docteur Elmolaire peut recevoir 8 patients le mercredi, 14 le jeudi et 6 le samedi, soit un total de 28.

30 **Réponse C : docteur Canine.**
Le docteur Canine effectue 10 heures de présence, les docteurs Abcès, Bouche, Dentier et Elmolaire respectivement 15 heures, 16 heures, 14 heures et 14 heures.

■ Test en temps limité

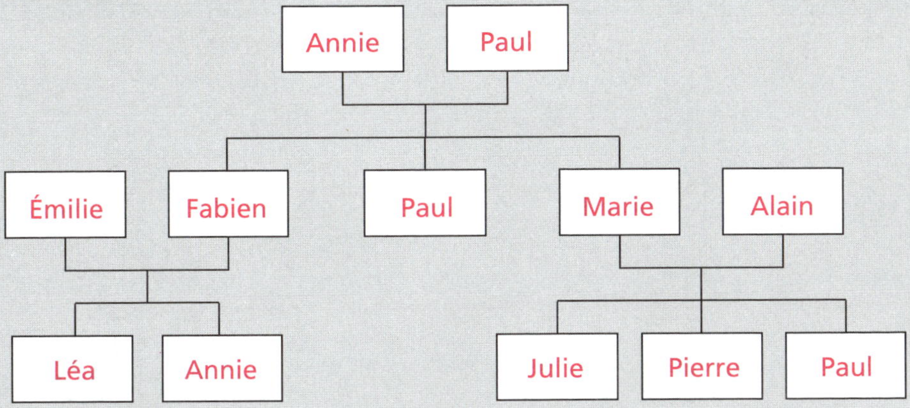

31 **Réponse B : 1.**
Julie a une tante, Émilie.

32 **Réponse D : 5.**
Ils ont cinq petits-enfants : Léa, Annie, Julie, Pierre et Paul.

33 **Réponse C : 6.**
Il y a six personnages féminins : Annie, Émilie, Marie, Léa, Annie, Julie.

34 **Réponse C : 3.**
Fabien a Julie, Pierre et Paul comme neveux et nièce.

35 **Réponse B : 5.**
Paul a Léa, Annie, Julie, Pierre et Paul comme neveux et nièces.

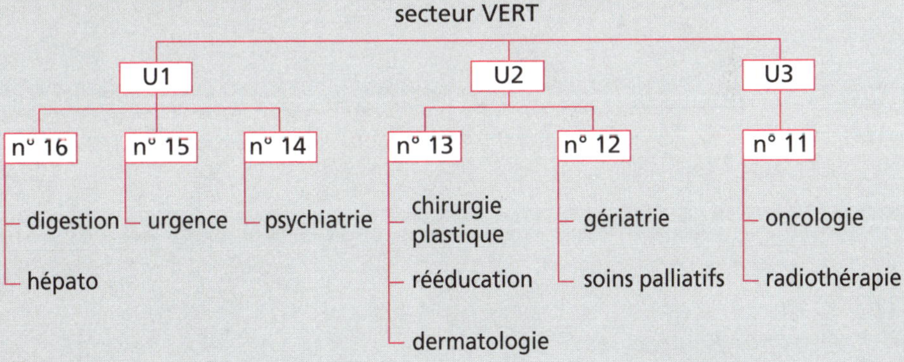

36 **Réponse B : 2.**

37 **Réponse A : U1.**

38 **Réponse C : U3.**

39 **Réponse D : 16.**

40 **Réponse B : U2.**

FICHE 2

Les logigrammes

QUESTIONS FACILES

Ben, Carol, Dylan et Erwann sont quatre gourmands qui doivent choisir chacun un macaron parmi les quatre parfums proposés : l'un des macarons est à la framboise, un autre à la noix de coco, un autre au café et un dernier à la fraise. Ben n'aime pas le café, Erwann n'aime ni les fruits rouges ni le café, et Carol préfère les macarons aux fruits rouges, sauf celui à la framboise.

1 Qui choisit le macaron à la noix de coco ?

❑ A. Ben ❑ B. Erwann ❑ C. Carol ❑ D. Dylan

2 Qui choisit le macaron au café ?

❑ A. Ben ❑ B. Erwann ❑ C. Carol ❑ D. Dylan

3 Qui choisit le macaron à la framboise ?

❑ A. Ben ❑ B. Erwann ❑ C. Carol ❑ D. Dylan

4 Qui choisit le macaron à la fraise ?

❑ A. Ben ❑ B. Erwann ❑ C. Carol ❑ D. Dylan

Ben, Chloé et David ont des forfaits téléphoniques tous différents de 1 h, 2 h et 3 h, et ont téléphoné soit 2 h, soit 30 min, soit 4 h.
On sait que :
- Ben a un forfait de 3 h et n'a pas téléphoné 2 h ;
- Chloé a un forfait de 2 h et a téléphoné 4 h.

5 Quelle est la durée du forfait de David ?

❑ A. 1 heure ❑ B. 2 heures ❑ C. 3 heures

6 Qui a téléphoné 30 minutes ?

❑ A. Ben ❑ B. Chloé ❑ C. David

7 Qui a téléphoné 2 heures ?

❑ A. Ben ❑ B. Chloé ❑ C. David

8 Qui a dépassé son forfait de 1 heure ?

❑ A. Ben ❑ B. Chloé ❑ C. David

9 **Qui a dépassé son forfait de 2 heures ?**

❑ A. Ben ❑ B. Chloé ❑ C. David

10 **Qui a encore 2 h 30 de communications possibles avec son forfait ?**

❑ A. Ben ❑ B. Chloé ❑ C. David

Pierre, Alice et Eddy sont aide-soignant, pharmacien et dentiste. Ils exercent dans un dispensaire, une clinique et un CHU.

Pierre est aide-soignant. Le pharmacien travaille dans un CHU. Eddy travaille dans un dispensaire.

11 **Dans quel établissement exerce Pierre ?**

❑ A. dispensaire ❑ B. clinique ❑ C. CHU

12 **Qui est pharmacien ?**

❑ A. Pierre ❑ B. Alice ❑ C. Eddy

13 **Qui est dentiste ?**

❑ A. Pierre ❑ B. Alice ❑ C. Eddy

14 **Qui exerce en CHU ?**

❑ A. Pierre ❑ B. Alice ❑ C. Eddy

15 **Dans quel établissement exerce le dentiste ?**

❑ A. dispensaire ❑ B. clinique ❑ C. CHU

QUESTIONS PLUS DIFFICILES

Aram, Boréal, Colas et Dhord sont les pseudonymes de quatre auteurs spécialisés dans un genre particulier : roman, science-fiction, biographie et ouvrage technique.

Bien qu'édités par la même maison, ils perçoivent selon leur contrat 16 %, 18 %, 10 % ou 12 % du prix de vente hors taxe de leurs ouvrages.

- Aram et celui qui perçoit 12 % n'écrivent ni biographie ni science-fiction.
- Boréal, Aram et celui qui écrit des livres techniques ne perçoivent pas 10 %.
- Ceux qui perçoivent 16 % et 18 %, ainsi que Colas, ont une autre activité professionnelle, alors que celui qui perçoit 10 % en écrivant des livres de science-fiction se consacre à l'écriture à temps plein.
- Boréal n'écrit pas de la science-fiction et perçoit 18 %.

16 Qui écrit des livres techniques ?

❑ A. Aram ❑ B. Boréal ❑ C. Colas ❑ D. Dhord

17 Quel pourcentage perçoit Dhord ?

❑ A. 16 % ❑ B. 18 % ❑ C. 10 % ❑ D. 12 %

18 Quel pourcentage perçoit celui qui écrit des romans ?

❑ A. 16 % ❑ B. 18 % ❑ C. 10 % ❑ D. 12 %

19 Qui perçoit 16 % ?

❑ A. Aram ❑ B. Boréal ❑ C. Colas ❑ D. Dhord

20 Qui écrit des biographies ?

❑ A. Aram ❑ B. Boréal ❑ C. Colas ❑ D. Dhor

Voici cinq praticiens, Ariane, Charles, Evelyne, Loïc et Vadim, qui exercent dans une spécialité différente : allergologie, endocrinologie, dermatologie, pneumologie et psychiatrie, et dans les villes de Amiens, Caen, Lille, Nancy et Paris depuis 5, 8, 11, 14 ou 20 ans.

- Loïc a 6 ans de pratique de moins que l'allergologue d'Amiens, mais 3 ans de pratique de plus que le praticien de Lille.
- Le pneumologue n'est ni Ariane ni Charles, il ne vient pas du CHU de Nancy et n'exerce pas depuis 8 ans.
- Evelyne, dermatologue à Lille, exerce depuis 3 ans de moins que Loïc le psychiatre de Nancy, mais 3 ans de plus que Charles le parisien.
- Vadim exerce depuis 5 ans, mais ce n'est pas à Amiens.

21 Qui est allergologue ?

- ❑ A. Ariane
- ❑ B. Charles
- ❑ C. Evelyne
- ❑ D. Loïc
- ❑ E. Vadim

22 Qui exerce à Caen ?

- ❑ A. Ariane
- ❑ B. Charles
- ❑ C. Evelyne
- ❑ D. Loïc
- ❑ E. Vadim

23 Qui est pneumologue ?

- ❑ A. Ariane
- ❑ B. Charles
- ❑ C. Evelyne
- ❑ D. Loïc
- ❑ E. Vadim

24 Qui exerce depuis 20 ans ?

- ❑ A. Ariane
- ❑ B. Charles
- ❑ C. Evelyne
- ❑ D. Loïc
- ❑ E. Vadim

25 Qui exerce depuis 8 ans ?

- ❑ A. Ariane
- ❑ B. Charles
- ❑ C. Evelyne
- ❑ D. Loïc
- ❑ E. Vadim

26 **Quelle est la spécialité de Charles ?**

- ❑ A. allergologie
- ❑ B. endocrinologie
- ❑ C. dermatologie
- ❑ D. pneumologie
- ❑ E. psychiatrie

27 **Quelle est la spécialité d'Ariane ?**

- ❑ A. allergologie
- ❑ B. endocrinologie
- ❑ C. dermatologie
- ❑ D. pneumologie
- ❑ E. psychiatrie

28 **Qui a 11 ans d'ancienneté ?**

- ❑ A. Ariane
- ❑ B. Charles
- ❑ C. Evelyne
- ❑ D. Loïc
- ❑ E. Vadim

29 **Depuis combien d'années l'endocrinologue exerce-t-il ?**

- ❑ A. 5 ans
- ❑ B. 8 ans
- ❑ C. 11 ans
- ❑ D. 14 ans
- ❑ E. 20 ans

30 **Qui exerce depuis le moins d'années ?**

- ❑ A. Ariane
- ❑ B. Charles
- ❑ C. Evelyne
- ❑ D. Loïc
- ❑ E. Vadim

TEST EN TEMPS LIMITÉ *(10 minutes)*

Valérie n'a pas retrouvé ses parents et amis (Josée, Paul, Amélie, Sophie) sur la plage. Pourtant, ils sont arrivés à 10 h, puis à 13 h, puis à 15 h, puis à 16 h, et ils y sont restés 1 h, 1 h 30, 2 h ou 2 h 30, chacun sur une serviette bleue, jaune, rouge ou verte !

Josée, la mère de Valérie, n'est pas allée sur la plage à 10 h, n'est pas restée pendant 1 h et n'était pas sur une serviette verte.

Sophie, une amie de Valérie, est restée 2 h 30 sur la plage, mais ce n'était ni à partir de 10 h, ni à partir de 16 h, ni sur une serviette verte, ni sur une serviette rouge.

Arrivé à 15 h à la plage, Paul est resté plus de 1 h 30 sur une serviette jaune.

31 À quelle heure Amélie a-t-elle été sur la plage ?

❑ A. 10 h ❑ B. 13 h ❑ C. 15 h ❑ D. 16 h

32 À quelle heure Josée a-t-elle été sur la plage ?

❑ A. 10 h ❑ B. 13 h ❑ C. 15 h ❑ D. 16 h

33 Qui est descendu sur la plage à 13 h ?

❑ A. Josée ❑ B. Paul ❑ C. Amélie ❑ D. Sophie

34 Combien de temps Paul est-il resté sur la plage ?

❑ A. 1 heure ❑ B. 1 h 30 ❑ C. 2 heures ❑ D. 2 h 30

35 Qui était sur la serviette bleue ?

❑ A. Josée ❑ B. Paul ❑ C. Amélie ❑ D. Sophie

Trois maîtres-nageurs, Corinne, Claude et Christophe, sont intervenus pour aider un enfant, un surfeur et une personne âgée à trois moments de la journée (le matin, le midi et le soir).

Corinne n'est intervenue ni le matin ni pour la personne âgée.

L'enfant n'a pas été aidé par Claude, et ce n'était pas le soir.

À midi, Corinne n'était pas de service, et l'enfant n'était pas sur la plage.

36 Quand Corinne est-elle intervenue ?

❑ A. le matin ❑ B. le midi ❑ C. le soir

37 **À quel moment de la journée le surfeur a-t-il été secouru ?**

- ❑ A. le matin
- ❑ B. le midi
- ❑ C. le soir

38 **Par qui l'enfant a-t-il été secouru ?**

- ❑ A. Corinne
- ❑ B. Claude
- ❑ C. Christophe

39 **Qui a été secouru à midi ?**

- ❑ A. l'enfant
- ❑ B. le surfeur
- ❑ C. la personne âgée

40 **Qui a secouru la personne âgée ?**

- ❑ A. Corinne
- ❑ B. Claude
- ❑ C. Christophe

Réponses

Questions faciles

On peut concevoir une grille pour récapituler les informations et effectuer les déductions.

	framboise	noix de coco	café	fraise
Ben	O	N	N	N
Carol	N	N	N	O
Dylan	N	N	O	N
Erwann	N	O	N	N

1 **Réponse B : Erwann.**

2 **Réponse D : Dylan.**

3 **Réponse A : Ben.**

4 **Réponse C : Carol.**

	1 h (forfait)	2 h (forfait)	3 h (forfait)	30 min	2 h	4 h
Ben	N	N	**O**	O	**N**	N
Chloé	N	**O**	N	N	N	**O**
David	O	N	N	N	O	N

5 **Réponse A : 1 heure.**

6 **Réponse A : Ben.**

7 **Réponse C : David.**

8 **Réponse C : David.**

9 **Réponse B : Chloé.**

10 **Réponse A : Ben.**

	aide-soignant	pharmacien	dentiste	dispensaire	clinique	CH
Alice	N	O	N	N	N	C
Pierre	**O**	N	N	N	O	N
Eddy	N	N	O	**O**	N	N
dispensaire	N	N	O			
clinique	O	N	N			
CHU	N	**O**	N			

11 **Réponse B : clinique.**

12 **Réponse B : Alice.**

13 **Réponse C : Eddy.**

14 **Réponse B : Alice.**

15 **Réponse A : dispensaire.**

■ Questions plus difficiles

On peut établir le logigramme suivant :

	roman	SF	biographie	technique	16 %	18 %	10 %	12 %
Aram	O	N	N	N	O	N	N	N
Boréal	N	N	O	N	N	O	N	N
Colas	N	N	N	O	N	N	N	O
Dhord	N	O	N	N	N	N	O	N
16 %	O	N	N	N				
18 %	N	N	O	N				
10 %	N	O	N	N				
12 %	N	N	N	O				

Et on obtient la grille suivante :

prénom	style	droits
Aram	roman	16 %
Boréal	biographie	18 %
Colas	technique	12 %
Dhord	science-fiction	10 %

16 **Réponse C : Colas.**

17 **Réponse C : 10 %.**

18 **Réponse A : 16 %.**

19 **Réponse A : Aram.**

20 **Réponse B : Boréal.**

On peut établir le logigramme suivant :

	allergologie	endocrinologie	dermatologie	pneumologie	psychiatrie	Amiens	Caen	Lille	Nancy	Paris	5	8	11	14	20
Ariane	O	N	N	N	N	O	N	N	N	N	N	N	N	N	O
Charles	N	O	N	N	N	N	N	N	N	O	N	O	N	N	N
Evelyne	N	N	O	N	N	N	N	O	N	N	N	N	O	N	N
Loïc	N	N	N	N	O	N	N	N	O	N	N	N	N	O	N
Vadim	N	N	N	O	N	N	O	N	N	N	O	N	N	N	N
5	N	N	N	O	N	N	O	N	N	N					
8	N	O	N	N	N	N	N	N	N	O					
11	N	N	O	N	N	N	N	O	N	N					
14	N	N	N	N	O	N	N	N	O	N					
20	O	N	N	N	N	O	N	N	N	N					
Amiens	O	N	N	N	N										
Caen	N	N	N	O	N										
Lille	N	N	O	N	N										
Nancy	N	N	N	N	O										
Paris	N	O	N	N	N										

Et on obtient la grille suivante :

prénom	spécialité	ville	ancienneté
Ariane	allergologie	Amiens	20 ans
Charles	endocrinologie	Paris	8 ans
Evelyne	dermatologie	Lille	11 ans
Loïc	psychiatrie	Nancy	14 ans
Vadim	pneumologie	Caen	5 ans

21 **Réponse A : Ariane.**

22 **Réponse E : Vadim.**

23 **Réponse E : Vadim.**

24 **Réponse A : Ariane.**

25 **Réponse B : Charles.**

26 **Réponse B : endocrinologie.**

27 **Réponse A : allergologie.**

28 **Réponse C : Evelyne.**

29 **Réponse B : 8 ans.**

30 **Réponse E : Vadim.**

■ Test en temps limité

	10 h	13 h	15 h	16 h	1 h	1 h 30	2 h	2 h 30	bleue	jaune	verte	rouge
Amélie	O	N	N	N	O	N	N	N	N	N	O	N
Paul	N	N	**O**	N	**N**	**N**	O	N	N	**O**	N	N
Sophie	**N**	O	N	**N**	N	N	N	**O**	O	N	**N**	**N**
Josée	**N**	N	N	O	**N**	O	N	N	N	N	**N**	O

31 **Réponse A : 10 h.**

32 **Réponse D : 16 h.**

33 **Réponse D : Sophie.**

34 **Réponse C : 2 heures.**

35 **Réponse : D : Sophie.**

	enfant	surfeur	personne âgée	matin	midi	soir
Corinne	N	O	**N**	**N**	**N**	O
Claude	**N**	N	O	N	O	N
Christophe	O	N	N	O	N	N
matin	O	N	N			
midi	**N**	N	O			
soir	**N**	O	N			

36 **Réponse C : le soir.**

37 **Réponse C : le soir.**

38 **Réponse C : Christophe.**

39 **Réponse C : la personne âgée.**

40 **Réponse B : Claude.**

FICHE 3

Le Mastermind®

QUESTIONS FACILES

1 Trouvez la bonne combinaison sachant que :

🔴 ⚫ a 1 élément bien placé commun avec la solution ;

🔴 ☺ a 1 élément mal placé commun avec la solution.

❑ A. ☺ ⚫ ❑ B. ⚫ 🔴 ❑ C. 😊 ☺ ❑ D. 🔴 ☺

2 Trouvez la bonne combinaison sachant que :

🔴 ⚫
⚫ ☺ } ont chacun 1 élément bien placé commun avec la solution.

❑ A. ⚫ ☺ ❑ B. 🔴 ☺ ❑ C. ☺ 🔴 ❑ D. ⚫ 🔴

3 Trouvez la bonne combinaison sachant que :

🔴 □
☺ 🟥
☺ 🔴 } ont chacun 1 élément bien placé commun avec la solution.

❑ A. 🔴 ☺ ❑ B. ☺ 🔴 ❑ C. ☺ □ ❑ D. 🟥 ☺

4 Trouvez la bonne combinaison sachant que :

⚫ 🟥 ☺
☺ ⚫ 🔴
🔴 ☺ 🟥 } ont chacun 2 éléments mal placés communs avec la solution.

❑ A. 🟥 🔴 ⚫ ❑ B. ☺ 🟥 ⚫ ❑ C. 🟥 ☺ 🔴 ❑ D. ⚫ 🔴 □

5 Trouvez la bonne combinaison sachant que :

⚫ 🔴 ☺ 🟥
☺ 🔴 😊 🟥 } ont chacun 3 éléments bien placés communs avec la solution.

❑ A. ☺ 🟥 🔴 ☺ ❑ B. □ 😊 🔴 ⚫ ❑ C. 🔴 ⚫ 🟥 ☺ ❑ D. ⚫ 🔴 😊 🟥

6 Trouvez la bonne combinaison sachant que :

E F
G H
G E } ont chacun 1 lettre mal placée commune avec la solution.

❑ A. H G ❑ B. F G ❑ C. E H ❑ D. E G

7 **Trouvez la bonne combinaison sachant que :**

H G F
G E H } ont chacun 2 lettres mal placées communes avec la solution.
E F G

❑ A. F H E ❑ B. H E G ❑ C. F E H ❑ D. G H F

8 **Trouvez la bonne combinaison sachant que :**

F E H
E G H } ont chacun 1 lettre bien placée et 1 lettre mal placée communes avec la solution.
H F E

❑ A. E G F ❑ B. H G F ❑ C. G F H ❑ D. E F H

9 **Trouvez la bonne combinaison sachant que :**

do – ré
mi – fa } ont chacun une note mal placée commune avec la solution.
mi – do

❑ A. ré – mi ❑ B. mi – ré ❑ C. fa – do ❑ D. do – ré

10 **Trouvez la bonne combinaison sachant que :**

mi – ré – sol – fa
do – ré – sol – fa } ont chacun 3 notes bien placées communes avec la solution.

❑ A. ré – sol – fa – do ❑ B. do – sol – ré – fa
❑ C. si – ré – sol – fa ❑ D. ré – fa – do – sol

11 **Trouvez un nom commun de trois lettres sachant que :**

I L E a 2 lettres bien placées communes avec la solution ;
C A R a 1 lettre bien placée commune avec la solution.

❑ A. CRI ❑ B. LAC ❑ C. CLE ❑ D. CIL

12 **Trouvez un nom commun de quatre lettres sachant que :**

M U R E a 1 lettre bien placée commune avec la solution ;
M A R E a 1 lettre mal placée commune avec la solution ;
T R O U a 3 lettres mal placées communes avec la solution.

❑ A. RACE ❑ B. RHUM ❑ C. RAME ❑ D. AUTO

13 **Trouvez un nom commun de quatre lettres sachant que :**

R I E N
P O N T } ont chacun 1 lettre mal placée et 1 lettre bien placée communes avec la solution ;

T A R E a 1 lettre bien placée commune avec la solution.

❑ A. RACE ❑ B. PAIN ❑ C. PORT ❑ D. TROP

14 **Trouvez un nom commun de quatre lettres sachant que :**

P R I X a 1 lettre bien placée et 1 lettre mal placée communes avec la solution ;

T A X E a 1 lettre bien placée commune avec la solution ;

B R O C a 2 lettres bien placées communes avec la solution.

❑ A. TROP ❑ B. AXER ❑ C. PART ❑ D. CROIX

15 **Trouvez un nom commun de cinq lettres sachant que :**

L O N G E a 4 lettres mal placées communes avec la solution ;

M I L A N a 3 lettres bien placées communes avec la solution.

❑ A. MALIN ❑ B. GLAND ❑ C. MELON ❑ D. GLACE

QUESTIONS PLUS DIFFICILES

16 **Trouvez la bonne combinaison sachant que :**

🔴 □ ☺ a 1 élément bien placé et 1 élément mal placé communs avec la solution ;

🔴 □ ○
□ ♠ ♣ } ont chacun 1 élément bien placé commun avec la solution.

❑ A. 🔴 ☺ ♣ ❑ B. ♣ ☺ □ ❑ C. 🔴 ♣ ☺ ❑ D. ☺ ♣ 🔴

17 **Trouvez la bonne combinaison sachant que :**

🔴 ☺ □ a 1 élément bien placé commun avec la solution ;

□ ☺ ♤
🟥 ☺ □ } ont chacun 1 élément mal placé commun avec la solution.

❑ A. 🟥 ♠ ● ❑ B. 🔴 ♤ 🟥 ❑ C. ☺ ♤ 🔴 ❑ D. 🔴 □ ♠

18 **Trouvez la bonne combinaison sachant que :**

☺ 🔴 ●
♣ 🔴 ☺ } ont chacun 1 élément mal placé commun avec la solution ;

☺ 🔴 ♠ a 1 élément bien placé commun avec la solution.

❑ A. ♠ ♣ 🔴 ❑ B. ● 🔴 ♠ ❑ C. ● ♣ ♠ ❑ D. ♠ ♣ 🔴

19 **Trouvez la bonne combinaison sachant que :**

🔴 □ ● a 1 élément mal placé commun avec la solution ;

🔴 ♠ ♣
♣ □ 🟥 } ont chacun 1 élément bien placé commun avec la solution.

❑ A. ● ♠ 🟥 ❑ B. □ ♣ ♠ ❑ C. ♠ 🟥 ♣ ❑ D. 🟥 ● ♣

20 **Trouvez la bonne combinaison sachant que :**

● 🟥 ☺ □
● ♠ ☺ 🟥 } ont chacun 2 éléments bien placés communs avec la solution ;

● ♠ □ 🟥
♠ □ 🟥 ● } ont chacun 1 élément bien placé et 1 élément mal placé communs avec la solution.

❑ A. ☺ ♠ □ 🟥 ❑ B. ☺ 🟥 ♠ ●

❑ C. ● ♤ ☺ □ ❑ D. ♠ ♠ ☺ □

21 **Trouvez la bonne combinaison sachant que :**

do – ré – mi – fa
fa – mi – ré – do
sol – fa – do – la
fa – do – sol – mi

} ont chacun 2 notes mal placées communes avec la solution.

❑ A. mi – sol – la – ré ❑ B. sol – la – mi – ré
❑ C. fa – mi – sol – ré ❑ D. ré – la – sol – mi

22 **Trouvez la bonne combinaison sachant que :**

do – ré – mi – fa a 2 notes bien placées communes avec la solution ;

mi – ré – la – fa
sol – la – ré – mi
la – ré – sol – mi

} ont chacun 1 note bien placée et 1 note mal placée communes avec la solution.

❑ A. la – sol – fa – do ❑ B. la – ré – mi – do
❑ C. do – la – sol – fa ❑ D. fa – do – la – sol

23 **Trouvez la bonne combinaison sachant que :**

1 – 2 – 3 – 4
3 – 4 – 2 – 1

} ont 4 chiffres mal placés communs avec la solution ;

2 – 1 – 5 – 6 a 2 chiffres mal placés communs avec la solution.

❑ A. 3 – 2 – 1 – 4 ❑ B. 4 – 3 – 1 – 2
❑ C. 3 – 1 – 4 – 2 ❑ D. 1 – 3 – 4 – 2

24 **Trouvez la bonne combinaison sachant que :**

1 – 4 – 6
4 – 5 – 3

} ont chacun 1 chiffre mal placé commun avec la solution ;

1 – 2 – 3 a 1 chiffre bien placé commun avec la solution.

❑ A. 5 – 2 – 6 ❑ B. 2 – 5 – 6
❑ C. 6 – 2 – 5 ❑ D. 1 – 6 – 2

25 **Trouvez la bonne combinaison sachant que :**

U – V – W – Z – Y
X – V – W – Z – U
X – U – W – Z – Y

} ont chacun 4 lettres bien placées communes avec la solution.

❑ A. V – W – Y – X – Z ❑ B. X – V – W – Z – Y
❑ C. Y – W – X – V – U ❑ D. U – V –W –X – Y

26 **Trouvez la bonne combinaison sachant que :**

3 – 4 – 7 – 6 a 3 chiffres bien placés communs avec la solution ;

3 – 5 – 6 – 8 a 1 chiffre bien placé et 1 chiffre mal placé communs avec la solution ;

3 – 5 – 7 – 8 a 2 chiffres bien placés communs avec la solution ;

9 – 6 – 4 – 3 a 3 chiffres mal placés communs avec la solution.

❑ A. 3 – 8 – 9 – 2 ❑ B. 7 – 6 – 9 – 3

❑ C. 3 – 9 – 7 – 8 ❑ D. 3 – 9 – 7 – 6

27 **Trouvez la bonne combinaison sachant que :**

U – X – Z – Y
W – Y – U – V
Y – X – Z – U
W – U – Y – V
} ont chacun 2 lettres bien placées communes avec la solution.

❑ A. V – Z – X – W ❑ B. Z – X – W – V

❑ C. W – X – Z – V ❑ D. Z – X – Y – U

28 **Trouvez la bonne combinaison sachant que :**

E – F – G – H
H – G – F – E
} ont chacun 2 lettres mal placées communes avec la solution.

I – H – E – J
H – F – I – E
} ont chacun 1 lettre mal placée et 1 lettre bien placée communes avec la solution.

❑ A. G – I – H – E ❑ B. R – H – I – G

❑ C. E – I – F – G ❑ D. E – F – H – G

29 **Trouvez un nom commun de cinq lettres tel que :**

PLOMB a 2 lettres bien placées communes avec la solution ;

LANCE a 2 lettres mal placées et 2 lettres bien placées communes avec la solution ;

PILON a 1 lettre bien placée et 1 lettre mal placée communes avec la solution ;

CLAIE a 3 lettres bien placées et 1 lettre mal placée communes avec la solution.

❑ A. EPATE ❑ B. BOLET

❑ C. PLIER ❑ D. PLACE

30 Trouvez un nom commun de cinq lettres tel que :

GRAND a 3 lettres mal placées communes avec la solution ;

NAGER
LONGE } ont chacun 1 lettre bien placée et 3 lettres mal placées communes avec la solution ;

ALISE a 2 lettres bien placées et 1 lettre mal placée communes avec la solution.

- ❑ A. LANGE
- ❑ B. GLANE
- ❑ C. DELCO
- ❑ D. ANGLE

TEST EN TEMPS LIMITÉ *(12 minutes)*

31 **Trouvez un nom commun de quatre lettres sachant que :**

COUP a 3 lettres bien placées communes avec la solution ;

POLE a 2 lettres mal placées et 1 lettre bien placée communes avec la solution ;

LYNX a 1 lettre bien placée commune avec la solution.

❑ A. LINO ❑ B. POIL ❑ C. LOUP ❑ D. CLOU

32 **Trouvez un nom commun de cinq lettres sachant que :**

TROIS a 4 lettres mal placées communes avec la solution ;

PORTE a 4 lettres bien placées communes avec la solution ;

SOCLE a 3 lettres bien placées communes avec la solution.

❑ A. TAROT ❑ B. SORTE ❑ C. SUITE ❑ D. SERIE

33 **Trouvez la bonne combinaison sachant que :**

do – ré – mi
fa – ré – do } ont chacun 1 note mal placée commune avec la solutions ;

do – ré – sol a 1 note bien placée commune avec la solution.

❑ A. sol – fa – ré ❑ B. mi – fa – sol

❑ C. sol – ré – mi ❑ D. mi – do – ré

34 **Trouvez la bonne combinaison sachant que :**

mi – do – sol
do – ré – mi
sol – mi – ré } ont chacun 2 notes mal placées communes avec la solution.

❑ A. sol – do – mi ❑ B. ré – mi – do

❑ C. ré – sol – do ❑ D. mi – ré – do

35 **Trouvez la bonne combinaison sachant que :**

🔴 ☺ □
🔴 □ ⚫
⚫ ☺ 🔴 } ont chacun 1 élément bien placé et 1 élément mal placé communs avec la solution.

❑ A. □ ☺ ⚫ ❑ B. 🔴 □ ☺ ❑ C. ☺ □ ⚫ ❑ D. ⚫ 🔴 □

36 **Trouvez la bonne combinaison sachant que :**

♠ □ ☺ a 1 élément bien placé commun avec la solution ;

♠ □ ● } ont chacun 1 élément mal placé commun avec la solution.
□ ♣ ☺

❑ A. ♣ ♠ ●   ❑ B. ● □ ♣

❑ C. ♠ ☺ □   ❑ D. ☺ ♣ ♠

37 **Trouvez la bonne combinaison sachant que :**

5 – 1 – 4 – 6
4 – 2 – 3 – 1
5 – 4 – 1 – 6
1 – 2 – 3 – 4 } ont chacun 2 chiffres bien placés communs avec la solution.

❑ A. 6 – 3 – 2 – 5   ❑ B. 5 – 6 – 3 – 2

❑ C. 5 – 2 – 3 – 6   ❑ D. 4 – 6 – 3 – 2

38 **Trouvez la bonne combinaison sachant que :**

2 – 3 – 1 a 1 chiffre mal placé commun avec la solution ;

2 – 5 – 4
4 – 3 – 6 } ont chacun 1 chiffre bien placé commun avec la solution.

❑ A. 3 – 1 – 2   ❑ B. 5 – 3 – 6

❑ C. 1 – 6 – 5   ❑ D. 1 – 5 – 6

39 **Trouvez la bonne combinaison sachant que :**

E – F – G a 1 lettre mal placée commune avec la solution ;

E – H – I
I – F – J } ont chacun 1 lettre bien placée commune avec la solution.

❑ A. I – J – G   ❑ B. G – H – J

❑ C. G – H – I   ❑ D. J – I – G

40 **Trouvez la bonne combinaison sachant que :**

E – I – H a 1 lettre bien placée commune avec la solution ;

E – F – J
F – G – H } ont chacun 1 lettre mal placée commune avec la solution.

❑ A. G – H – I   ❑ B. G – I – J

❑ C. J – I – G   ❑ D. E – I – J

Réponses

REMARQUE

Il y a deux stratégies pour répondre rapidement à ces tests :
• soit on essaie chacune des solutions proposées ;
• soit on analyse les informations pour déterminer la bonne combinaison.
Lorsqu'il y a relativement peu de solutions proposées, il est plus rapide de les tester.

Questions faciles

ASTUCE **Si les symboles sont peu discernables, remplacez-les par des nombres.**

1 **Réponse A : ☺ ●.**
On élimine ● de la solution, car cet élément est commun aux deux lignes et ne peut pas être à la fois bien et mal placé. Il reste ●, bien placé dans la 1re ligne et ☺, mal placé dans la 2e.

2 **Réponse B : ● ☺.**
● ne peut être bien placé à deux endroits différents, il n'appartient donc pas à la solution. Il reste alors ● et ☺, tous les deux bien placés dans les lignes.

3 **Réponse C : ☺ □.**
On élimine ● de la solution, car il ne peut être bien placé dans deux positions différentes. □ est donc bien placé dans la 1re ligne et ☺ est bien placé dans les deux dernières lignes.

4 **Réponse A : □ ● ●.**
☺ n'appartient pas à la solution, car il serait mal placé dans toutes les positions. Chacun des éléments restants étant mal placé dans deux positions, on en déduit sa position dans la solution : □ est donc à la première place, ● à la deuxième et ● à la troisième.

5 **Réponse D : ● ● ☺ □.**
● et □ sont communs aux deux lignes, on peut supposer qu'ils sont bien placés. On étudie alors la réponse D qui est la seule à comporter ces éléments aux bonnes places : elle vérifie par ailleurs l'ensemble des lignes.

6 **Réponse B : F G.**
On élimine la lettre « E » qui ne peut pas être mal placée aux deux endroits possibles. La lettre « G » est donc la lettre mal placée dans la 3e ligne et par conséquent dans la 2e. « H » n'appartient donc pas à la solution.

7 **Réponse A : F H E.**
Le « G » ne peut pas appartenir à la solution, car il occupe successivement les trois places dans les lignes. La seule place non occupée par le « H » est celle du milieu ; pour le « F », c'est la première ; pour le « E », c'est la dernière : on retrouve donc « FHE ».

8 **Réponse C : G F H.**
La lettre « E » ne peut pas appartenir à la solution, car elle occupe successivement les trois places dans les lignes : on élimine donc les réponses A et D. La réponse B n'est pas cohérente avec la 1re ligne.

9 **Réponse A : ré – mi.**
La note do ne peut pas appartenir à la solution, car elle ne peut pas être mal placée dans les deux positions possibles. Par conséquent, la note mi est mal placée dans la 3e ligne, donc mi est en 2e position.

10 **Réponse C : si – ré – sol – fa.**
Les trois notes communes aux deux lignes sont bien placées, seule la réponse C correspond.

11 **Réponse C : CLE.**
La 1re ligne n'est vérifiée que par la réponse C.

12 **Réponse D : AUTO.**
Les lettres « M », « R » et « E » ne peuvent pas appartenir à la solution, car elles ne peuvent pas être à la fois à la bonne et à la mauvaise place. Dans la 1re ligne, il ne reste que le « U » à la bonne place : seule la réponse D correspond.

13 **Réponse B : PAIN.**
La dernière ligne nous fait éliminer la réponse A, car RACE et TARE ont 2 lettres bien placées en commun et non 1. La deuxième ligne nous fait éliminer la réponse C, car PORT et PONT ont 3 lettres bien placées en commun. On teste ensuite les deux autres réponses : seule la réponse B est cohérente.

14 **Réponse A : TROP.**
La dernière ligne nous fait éliminer les réponses B et C qui ne comportent pas de lettres en commun avec BROC. La réponse D comprenant 5 lettres, la réponse A est la solution.

15 **Réponse C : MELON.**
La 2e ligne nous fait éliminer les réponses B et D. Parmi les réponses restantes, seule la C correspond à la 1re ligne.

■ Questions plus difficiles

16 **Réponse A : ● ☺ ♣.**
La dernière ligne élimine directement toutes les réponses sauf la A.

17 **Réponse B : ● ♠ □.**
Étudions chaque symbole : □ ne peut pas appartenir à la solution, car il ne peut être à la fois à la bonne et à la mauvaise place. Il en est de même pour ☺. ● est donc le symbole bien placé dans la 1re ligne : seule la réponse B correspond.

18 **Réponse C : ● ♣ ♠.**
Partons de la dernière ligne : ☺ ne peut être l'élément bien placé, car il ne peut être à la fois bien et mal placé. Il en est de même pour ●.

♠ est donc le symbole bien placé de la dernière ligne : on élimine les solutions A et D. ♣ est donc le symbole mal placé de la 2e ligne, il est à placer à la 2e position : seule la réponse C correspond.

19 **Réponse A : ● ♠ □.**
Étudions les deux dernières lignes : ♣ ne peut être l'élément bien placé puisqu'il est dans deux positions différentes. ● ne peut pas appartenir à la solution, car il ne peut être à la fois à la bonne et à la mauvaise place, donc ♠ est l'élément bien placé dans la 2e ligne. Seule la réponse A propose ♠ en 2e position.

20 **Réponse D : ♠ ♠ ☺ □.**
La 1re ligne élimine directement les réponses A et B.
La 4e ligne élimine la réponse C.

21 **Réponse A : mi – sol – la – ré.**
La 1re ligne élimine directement les réponses B et C.
La 4e ligne élimine la réponse D.

22 **Réponse C : do – la – sol – fa.**
Les notes ré et mi ne peuvent pas être bien placées dans la 1re ligne et mal placées dans les suivantes, elles n'appartiennent donc pas à la solution. Les deux notes bien placées dans la 1re ligne sont donc le do et le fa, ce qui ne correspond qu'à la réponse C.

23 **Réponse B : 4 – 3 – 1 – 2.**
La 1re ligne élimine directement les réponses A et D. La 2e ligne n'est vérifiée que par la réponse B.

24 **Réponse C : 6 – 2 – 5.**
La 1re ligne élimine directement les réponses A, B et D.

25 **Réponse B : X – V – W – Z – Y.**
La lettre U ne peut appartenir à la solution, car elle ne peut être bien placée dans 3 positions différentes. La 1re place ne peut donc être occupée que par un X, la 2e par un V, la 3e par un W, la 4e par un Z et la dernière par un Y. On retrouve ainsi la réponse B.

26 **Réponse D : 3 – 9 – 7 – 6.**
La 1re ligne élimine directement les réponses A, B et C.

27 **Réponse C : W – X – Z – V.**
La 1re ligne élimine directement toutes les réponses sauf la C.

28 **Réponse B : R – H – I – G.**
La 1re ligne élimine directement toutes les réponses sauf la B.

29 **Réponse D : PLACE.**
La dernière ligne élimine directement toutes les réponses sauf la D.

30 **Réponse D : ANGLE.**
La dernière ligne élimine directement les réponses A et C. La 1re ligne élimine la réponse B.

■ Test en temps limité

31 **Réponse C : LOUP.**
La 1re ligne élimine directement les réponses A, B et D.

32 **Réponse B : SORTE.**
La 2e ligne élimine directement les réponses A, C et D.

33 **Réponse B : mi – fa – sol.**
Le do et le ré n'appartiennent pas à la solution, car ils ne peuvent être à la fois à la bonne place dans la dernière ligne et à la mauvaise dans les autres. Le sol est donc la note bien placée dans la dernière ligne, seule la réponse B correspond.

34 **Réponse C : ré – sol – do.**
Le mi prend toutes les places successives, donc il ne peut pas appartenir à la solution (il ne peut pas être mal placé partout). Seule la réponse C ne comporte pas de mi.

35 **Réponse A : □ ☺ ●.**
On teste les réponses systématiquement : la réponse A correspond.

36 **Réponse B : ● □ ♣.**
Les symboles ♠ et ☺ n'appartiennent pas à la solution, car ils ne peuvent à la fois être bien placés dans la 1re ligne et mal placés dans les suivantes. □ est donc l'élément bien placé de la 1re ligne : seule la réponse B correspond.

37 **Réponse C : 5 – 2 – 3 – 6.**
Le 1 et le 4 n'appartiennent pas à la solution, car ils prennent successivement toutes les positions. En occultant le 1 et le 4 dans les quatre lignes, on lit directement la solution : 5 – 2 – 3 – 6.

38 **Réponse D : 1 – 5 – 6.**
Le 2 n'appartient pas à la solution, car il ne peut à la fois être bien placé dans la 2e ligne et mal placé dans la 1re. De même, le 4 n'appartient pas à la solution, car il ne peut être bien placé dans deux positions différentes dans les dernières lignes. Le 5 est donc l'élément bien placé de la 2e ligne : seule la réponse D correspond.

39 **Réponse B : G – H – J.**
Ni le E, ni le F ne peuvent appartenir à la solution, car ces lettres ne peuvent à la fois être mal placées dans la 1re ligne et bien placée dans l'une des deux autres. Dans les deuxième et troisième lignes, le I ne peut être bien placé dans deux positions différentes, il est donc à éliminer de la solution. H est donc la lettre bien placée dans la 2e ligne, et J celle de la 3e. Le G se positionne alors en 1re position.

40 **Réponse C : J – I – G.**
Le E et le H n'appartiennent pas à la solution, car ils ne peuvent être à la fois bien et mal placés. On élimine donc les solutions A et D. La deuxième ligne nous fait éliminer la B.

FICHE 4

Les positions spatiales

QUESTIONS FACILES

Voici cinq phares. On sait que :

• le phare du Dauphin a des fenêtres et qu'il n'est pas rayé ;

• le phare de la Pointe est moins haut que celui de l'Orque, mais plus haut que celui du Dauphin ;

• le phare de l'Ouest et celui des Sardines sont rayés et le phare de l'Ouest est le plus haut des deux.

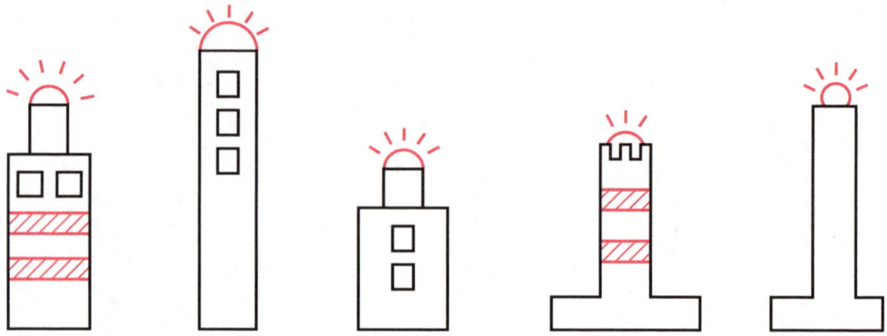

❑ A ❑ B ❑ C ❑ D ❑ E

1 Quel est le phare du Dauphin ?

❑ A. le phare A

❑ B. le phare B

❑ C. le phare C

❑ D. le phare D

❑ E. le phare E

2 Quel est le phare de l'Ouest ?

❑ A. le phare A

❑ B. le phare B

❑ C. le phare C

❑ D. le phare D

❑ E. le phare E

3 Quel est le phare des Sardines ?

- ❑ A. le phare A
- ❑ B. le phare B
- ❑ C. le phare C
- ❑ D. le phare D
- ❑ E. le phare E

4 Quel est le phare de l'Orque ?

- ❑ A. le phare A
- ❑ B. le phare B
- ❑ C. le phare C
- ❑ D. le phare D
- ❑ E. le phare E

Voici 4 boîtes :

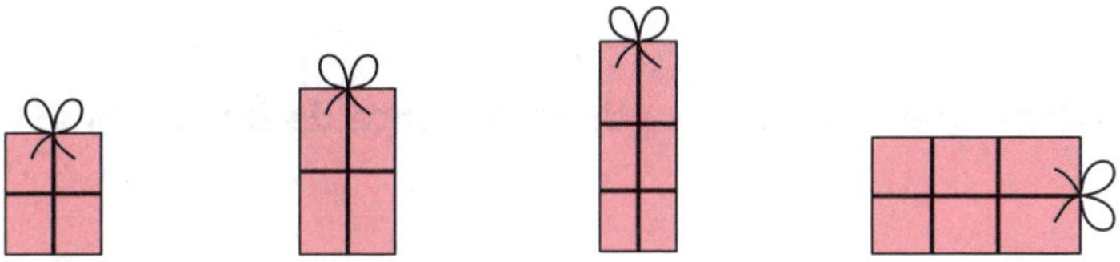

❑ A ❑ B ❑ C ❑ D

On sait que :

- la boîte bleue ne côtoie ni la jaune ni la rouge ;
- la boîte rouge est la plus large ;
- la boîte verte est moins haute que la jaune.

Répondez aux questions suivantes.

5 De quelle couleur est la boîte A ?

- ❑ A. bleue
- ❑ B. verte
- ❑ C. jaune
- ❑ D. rouge

6 De quelle couleur est la boîte B ?

- ❑ A. bleue
- ❑ B. verte
- ❑ C. jaune
- ❑ D. rouge

7 **De quelle couleur est la boîte C ?**

- ❑ A. bleue
- ❑ B. verte
- ❑ C. jaune
- ❑ D. rouge

Autour de cette table, il y a 4 personnes : Ali, Ben, Carl et Dany.

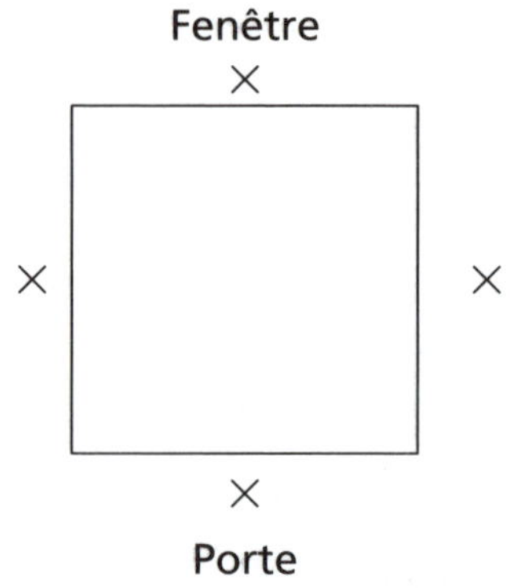

8 **Si Ali est face à la fenêtre, que Ben est à sa droite en face de Dany, qui est face à la porte ?**

- ❑ A. Ali
- ❑ B. Ben
- ❑ C. Carl
- ❑ D. Dany

9 **Si Carl et Dany sont face à face, si Ben est à gauche de Carl, à droite de Dany et le dos à la porte, qui est à gauche de Dany ?**

- ❑ A. Ali
- ❑ B. Ben
- ❑ C. Carl
- ❑ D. Dany

10 **Si Ben est à droite d'Ali, lui-même à droite de Carl, lui-même à droite de Dany, qui est à gauche de Ben ?**

- ❑ A. Ali
- ❑ B. Ben
- ❑ C. Carl
- ❑ D. Dany

11 Si Carl est face à la fenêtre, Ben à droite de la porte face à Ali, qui est le dos à la fenêtre ?

- ❑ A. Ali
- ❑ B. Ben
- ❑ C. Carl
- ❑ D. Dany

12 Si Ben et Ali sont face à face, que Dany a le dos à la porte et si Carl est à droite d'Ali, qui est à gauche de Ben ?

- ❑ A. Ali
- ❑ B. Ben
- ❑ C. Carl
- ❑ D. Dany

Voici 5 sachets empilés renfermant chacun des fruits : prunes, abricots, poires, pommes et oranges.

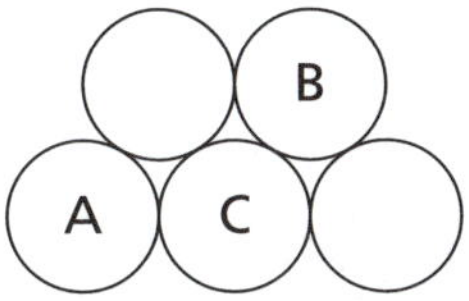

Le sac d'abricots est au-dessus à la fois de celui des prunes et de celui des pommes, et je vois le sac d'oranges juste à la droite de celui des pommes.

13 Que contient le sac en A ?

- ❑ A. des prunes
- ❑ B. des abricots
- ❑ C. des poires
- ❑ D. des pommes
- ❑ E. des oranges

14 Que contient le sac en B ?

- ❑ A. des prunes
- ❑ B. des abricots
- ❑ C. des poires
- ❑ D. des pommes
- ❑ E. des oranges

15 Que contient le sac en C ?

- ❑ A. des prunes
- ❑ B. des abricots
- ❑ C. des poires
- ❑ D. des pommes
- ❑ E. des oranges

QUESTIONS PLUS DIFFICILES

J'observe quatre instruments chirurgicaux posés sur un plateau face à moi. Il y a une pince Kocher bleue, un scalpel, une paire de ciseaux pointus et une pince anatomique verte.

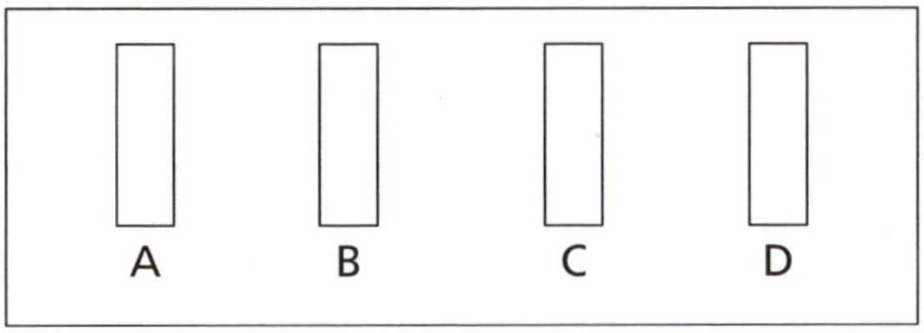

Si la pince bleue n'est pas à une extrémité, si les ciseaux ne sont pas à côté du scalpel, si la pince bleue et les ciseaux ne sont pas voisins mais que je vois la pince verte à droite des ciseaux, alors :

16 quel instrument est en A ?

- ❑ A. la pince bleue
- ❑ B. les ciseaux
- ❑ C. le scalpel
- ❑ D. la pince verte

17 quel instrument est en B ?

- ❑ A. la pince bleue
- ❑ B. les ciseaux
- ❑ C. le scalpel
- ❑ D. la pince verte

18 quel instrument est en D ?

- ❑ A. la pince bleue
- ❑ B. les ciseaux
- ❑ C. le scalpel
- ❑ D. la pince verte

Si le scalpel n'a qu'un objet voisin, la pince bleue, si les deux pinces d'une part, le scalpel et les ciseaux d'autre part ne sont pas côte à côte, et si je vois la pince verte à droite des ciseaux, alors :

19 quel instrument est en A ?

❑ A. la pince bleue

❑ B. les ciseaux

❑ C. le scalpel

❑ D. la pince verte

20 quel instrument est en B ?

❑ A. la pince bleue

❑ B. les ciseaux

❑ C. le scalpel

❑ D. la pince verte

21 quel instrument est en C ?

❑ A. la pince bleue

❑ B. les ciseaux

❑ C. le scalpel

❑ D. la pince verte

Si le scalpel ne côtoie aucune des deux pinces, si les ciseaux sont plus proches de la pince bleue que de la pince verte, et si je vois les ciseaux à droite du scalpel, alors :

22 quel instrument est en B ?

❑ A. la pince bleue

❑ B. les ciseaux

❑ C. le scalpel

❑ D. la pince verte

23 quel instrument est en C ?

❑ A. la pince bleue

❑ B. les ciseaux

❑ C. le scalpel

❑ D. la pince verte

24 quel instrument est en D ?

- ❑ A. la pince bleue
- ❑ B. les ciseaux
- ❑ C. le scalpel
- ❑ D. la pince verte

Trois couples se réunissent autour d'une table : André et Anna, Brice et Béa, Carlos et Carla.

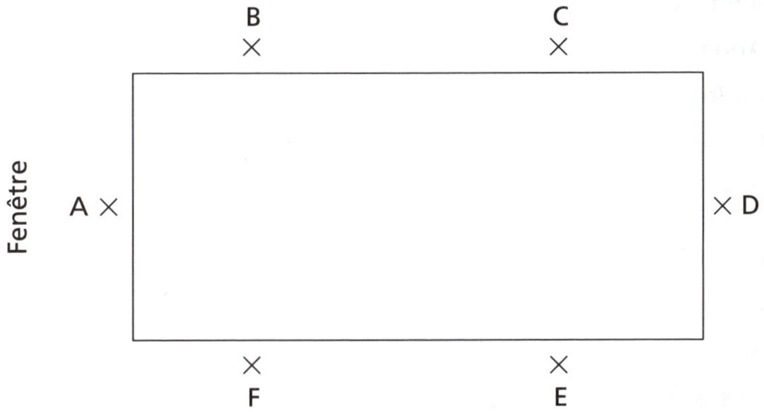

Si les couples ne sont pas face à face, si Brice est dos à la fenêtre face à Carla, si Carlos est à la droite de sa compagne et si Anna est à la droite de Brice, alors :

25 qui est en B ?

- ❑ A. Anna
- ❑ B. André
- ❑ C. Carlos
- ❑ D. Béa

26 qui est en C ?

- ❑ A. Anna
- ❑ B. André
- ❑ C. Carlos
- ❑ D. Béa

27 qui est en E ?

- ❑ A. Anna
- ❑ B. André
- ❑ C. Carlos
- ❑ D. Béa

Si Carlos est face à Brice, qui est lui-même face à la fenêtre, si Carla est face à Béa et à la droite de Brice, si Anna est entre Carlos et Carla et face à André, alors :

28 qui est en B ?

- ❑ A. Anna
- ❑ B. André
- ❑ C. Carlos
- ❑ D. Béa

29 qui est en E ?

- ❑ A. Anna
- ❑ B. André
- ❑ C. Carlos
- ❑ D. Béa

30 qui est en F ?

- ❑ A. Anna
- ❑ B. André
- ❑ C. Carlos
- ❑ D. Béa

TEST EN TEMPS LIMITÉ *(6 minutes)*

Face à moi, quatre voitures sont garées côte à côte sur le parking : une Renault verte, une Citroën noire, une Peugeot verte et une Honda rouge. Elles occupent les places A, B, C ou D.

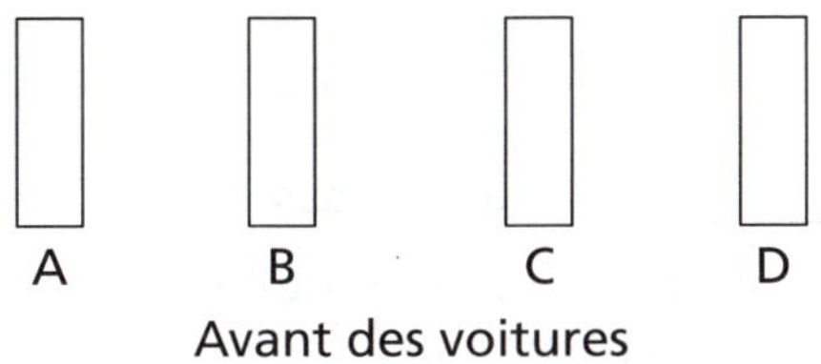

• Si la Peugot verte n'a qu'une voisine, la Citroën noire ;
• si la Honda rouge est à la gauche de la Renault verte et si deux voitures séparent les deux véhicules verts, alors :

31 **qui est en A ?**

❑ A. la Renault verte

❑ B. la Citroën noire

❑ C. la Peugeot verte

❑ D. la Honda rouge

32 **qui est en C ?**

❑ A. la Renault verte

❑ B. la Citroën noire

❑ C. la Peugeot verte

❑ D. la Honda rouge

33 **qui est en D ?**

❑ A. la Renault verte

❑ B. la Citroën noire

❑ C. la Peugeot verte

❑ D. la Honda rouge

Face à moi, quatre voitures sont garées côte à côte sur le parking : une Renault verte, une Citroën noire, une Peugeot verte et une Honda rouge. Elles occupent les places A, B, C ou D.

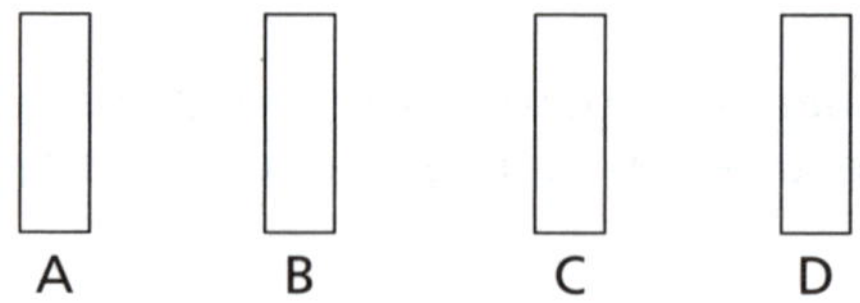

Avant des voitures

Si deux voitures de même couleur ne sont pas voisines ;

• si la Citroën noire est plus proche de la Peugeot verte que de la Renault verte, mais qu'elle n'est pas à une extrémité ;
• si la Honda rouge est à la droite de la Citroën et à la gauche de la Renault, alors :

34 **qui est en A ?**

❑ A. la Renault verte

❑ B. la Citroën noire

❑ C. la Peugeot verte

❑ D. la Honda rouge

35 **qui est en B ?**

❑ A. la Renault verte

❑ B. la Citroën noire

❑ C. la Peugeot verte

❑ D. la Honda rouge

36 **qui est en D ?**

❑ A. la Renault verte

❑ B. la Citroën noire

❑ C. la Peugeot verte

❑ D. la Honda rouge

Dans ce carré d'aromates, on installe quatre plants : sauge, origan, thym et menthe.

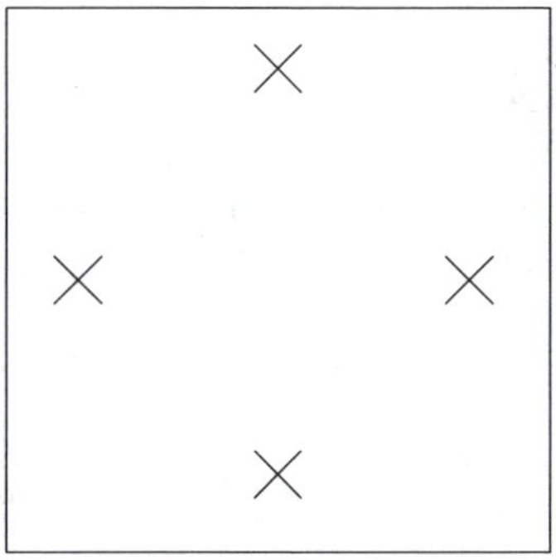

Si la sauge est face à l'origan et le thym à la droite de l'origan, alors :

37 **qu'est-ce qui est à gauche de la menthe ?**

❑ A. la sauge

❑ B. l'origan

❑ C. le thym

38 **qu'est-ce qui est à la droite de la menthe ?**

❑ A. la sauge

❑ B. l'origan

❑ C. le thym

Si la menthe est à gauche de l'origan, lui-même à gauche de la sauge, alors :

39 **qu'est-ce qui est face à la sauge ?**

❑ A. l'origan

❑ B. le thym

❑ C. la menthe

40 **qu'est-ce qui est à gauche de la menthe ?**

❑ A. la sauge

❑ B. l'origan

❑ C. le thym

Réponses

■ Questions faciles

1 **Réponse C : le phare C.**
Avec la phrase 1, on en déduit que le phare du Dauphin est en B ou C.
Avec la phrase 2, on ordonne selon la hauteur : Dauphin < Pointe < Orque.
Le phare du Dauphin n'est pas le plus grand, donc il est en C.

2 **Réponse A : le phare A.**
Avec la phrase 3, on trouve en A le phare de l'Ouest et en D celui des Sardines.

3 **Réponse D : le phare D.**

4 **Réponse B : le phare B.**
Le phare de l'Orque est le plus grand.

5 **Réponse A : bleue.**
Avec la 2e phrase, on sait que D est rouge, donc C ne peut être bleue d'après la 1re phrase.
C étant la plus haute, elle ne peut être verte, C est donc jaune. La suite des déductions implique que B, qui ne peut être bleue (car elle ne peut avoisiner une jaune) est verte et A est bleue.

6 **Réponse B : verte.**

7 **Réponse C : jaune.**

8 **Réponse C : Carl.**

9 **Réponse A : Ali.**

10 **Réponse A : Ali.**

11 **Réponse D : Dany.**

12 **Réponse C : Carl.**

13 **Réponse A : des prunes.**
La seule possibilité d'organisation des sacs est :

	abricots	poires
prunes	pommes	oranges

14 **Réponse C : des poires.**

15 **Réponse D : des pommes.**

■ Questions plus difficiles

16 **Réponse B : les ciseaux.**
Après avoir éliminé la pince bleue en A et D, la pince verte en A et les ciseaux en D, il faut tester les possibilités.
La solution est : ciseaux – pince verte – pince bleue – scalpel.

17 **Réponse D : la pince verte.**

18 **Réponse C : le scalpel.**

19 **Réponse C : le scalpel.**
Le scalpel ne peut être qu'en A ou D, et la pince bleue qu'en B ou C.
La pince verte ne peut être en A et les ciseaux ne peuvent être en D.
La solution est : scalpel – pince bleue – ciseaux – pince verte.

20 **Réponse A : la pince bleue.**

21 **Réponse B : les ciseaux.**

22 **Réponse B : les ciseaux.**
Le scalpel ne peut être en D et les ciseaux en A. Ensuite, il faut tester toutes les possibilités de position des pinces dès lors que l'on se fixe une position pour les ciseaux, et vérifier que le scalpel n'est pas à côté d'une pince.
La solution est : scalpel – ciseaux – pince bleue – pince verte.

23 **Réponse A : la pince bleue.**

24 **Réponse D : la pince verte.**

25 **Réponse D : Béa.**
On place Brice en A, Carla en D, puis Carlos en C et Anna en F. Pour que les couples ne soient pas face à face, on a Béa en B et André en E.

26 **Réponse C : Carlos.**

27 **Réponse B : André.**

28 **Réponse A : Anna.**
On place Brice en D et Carlos en A, puis Carla en C et Béa en E, puis Anna en B et André en F.

29 **Réponse D : Béa.**

30 **Réponse B : André.**

■ Test en temps limité

31 **Réponse A : la Renault verte.**
La Peugeot verte ne peut être qu'en A ou D, et la Citroën noire qu'en B ou C. La Honda rouge étant à la gauche de la Renault verte, elle ne peut pas être en A et la Renault verte ne peut pas être en D.
Attention, si la Honda rouge est à la gauche de la Renault verte, je la vois à sa droite !
La solution est : Renault verte – Honda rouge – Citroën noire – Peugeot verte.

32 **Réponse B : la Citroën noire.**

33 **Réponse C : la Peugeot verte.**

34 **Réponse A : la Renault verte.**
La Citroën noire est en B ou C, on teste ensuite les possibilités de positionnement.
Attention, si la Honda rouge est à la droite de la Citroën noire, je la vois sur sa gauche !
La solution est : Renault verte – Honda rouge – Citroën noire – Peugeot verte.

35 **Réponse D : la Honda rouge.**

36 **Réponse C : la Peugeot verte.**

37 **Réponse A : la sauge.**
Face à face, on trouve : thym/menthe et sauge/origan.
Dans le sens des aiguilles d'une montre, on a : sauge-thym-origan-menthe.

38 **Réponse B : l'origan.**

39 **Réponse C : la menthe.**
Face à face, on trouve : thym/origan et menthe/sauge.
Dans le sens des aiguilles d'une montre, on a : origan-menthe-thym-sauge.

40 **Réponse C : le thym.**

FICHE 5

Les dénombrements

QUESTIONS FACILES

1 **Combien de nombres différents peut-on écrire à l'aide uniquement des trois mots : « sept », « trente » et « mille » ?**

❑ A. 4 ❑ B. 3 ❑ C. 6 ❑ D. 9

2 **Combien de nombres différents peut-on écrire à l'aide uniquement des trois mots : « million », « mille » et « seize » ?**

❑ A. 2 ❑ B. 3 ❑ C. 4 ❑ D. 6

3 On lance 2 dés (un rouge et un noir) dont les 6 faces sont numérotées de 1 à 6. On note la somme obtenue.

De combien de manières peut-on obtenir un total de 7 points ?

❑ A. 3 ❑ B. 6 ❑ C. 4 ❑ D.2

4 Six personnes se rencontrent et chacune embrasse une fois toutes les autres.

Combien d'embrassades sont ainsi échangées ?

❑ A. 6 ❑ B. 12 ❑ C. 20 ❑ D. 15

5 **De combien de manières peut-on élire un délégué et un suppléant parmi 20 personnes ?**

❑ A. 20 ❑ B. 40 ❑ C. 80 ❑ D. 380

6 Un coffre-fort est muni de 3 compteurs numérotés de 0 à 4.

Combien existe-t-il de combinaisons possibles pour ouvrir ce coffre ?

❑ A. 180 ❑ B. 216 ❑ C. 125 ❑ D. 150

7 Tous les élèves d'une classe ont choisi une activité parmi les options suivantes : informatique et théâtre. 15 font de l'informatique, 18 font du théâtre et 7 font à la fois du théâtre et de l'informatique.

Quel est le nombre d'élèves de cette classe ?

❑ A. 26 ❑ B. 40 ❑ C. 17 ❑ D. 19

8 Pour partager une baguette de pain, on donne 3 coups de couteau.

Combien de morceaux obtient-on ?

❑ A. 2 ❑ B. 3 ❑ C. 4 ❑ D. 5

9 Dans un tiroir, on a en vrac 7 chaussettes : 5 noires et 2 rouges.
Si on pioche sans regarder, combien doit-on prendre de chaussettes au minimum pour être certain d'obtenir une paire de même couleur ?

❑ A. 7 ❑ B. 5 ❑ C. 4 ❑ D. 3

10 Dans un sachet opaque, on a mis 8 bonbons à la fraise, 7 bonbons au citron et 10 bonbons au caramel. Marc veut absolument obtenir 2 bonbons au caramel.
Combien doit-il au minimum tirer de bonbons du sachet pour être certain de les obtenir ?

❑ A. 25 ❑ B. 17 ❑ C. 15 ❑ D. 10

11 Dans cette contrée, un nouveau système d'échange est instauré. Ainsi : 10 pommes = 4 mandarines et 8 mandarines = 2 mangues.
Avec combien de mangues échange-t-on 30 pommes ?

❑ A. 3 ❑ B. 4 ❑ C. 5 ❑ D. 6

12 Dans cette contrée, un nouveau système d'échange est instauré. Ainsi, 2 h d'informatique = 8 h de nettoyage et 2 h de cours de guitare = 4 h d'informatique.
À combien d'heures de nettoyage équivalent 6 h de cours de guitare ?

❑ A. 24 h ❑ B. 32 h ❑ C. 36 h ❑ D. 48 h

13 Dans cette contrée, un nouveau système d'échange est instauré. Ainsi, 4 h de décolleuse à papier = 10 h de nettoyeur haute pression et 6 h de nettoyeur haute pression = 1 h d'utilisation d'échafaudage.
À combien d'heures de décolleuse à papier équivalent 5 h d'utilisation d'échafaudage ?

❑ A. 8 h ❑ B. 12 h ❑ C. 18 h ❑ D. 24 h

14 Dans un échantillon de 120 bactéries, 1/3 ont moins de 18 jours et il y a autant de bactéries entre 18 et 25 jours que de bactéries de plus de 25 jours.
Combien d'échantillons identiques devez-vous observer pour avoir une population de 80 bactéries de plus de 25 jours ?

❑ A. 2 ❑ B. 3 ❑ C. 240 ❑ D. 60

15 Cette moisissure double sa surface chaque jour. Les 100 cm^2 de cette boîte sont recouverts en 5 jours.
Quelle surface était recouverte au bout de 3 jours ?

❑ A. 50 cm^2 ❑ B. 25 cm^2 ❑ C. 12,5 cm^2 ❑ D. 33,33 cm^2

QUESTIONS PLUS DIFFICILES

16 On gratte 3 cases placées côte à côte. Sur chaque case, 3 symboles (♥ ♠ ♣) peuvent apparaître.

Combien de combinaisons possibles de ces 3 symboles existe-t-il ?

❑ A. 6 ❑ B. 9 ❑ C. 12 ❑ D. 27

Voici les résultats d'une enquête sur la lecture de 3 journaux A, B et C réalisée auprès de 100 personnes :

- 6 personnes lisent A, B et C ;
- 35 lisent A, 50 lisent B, 39 lisent C ;
- 16 lisent A et B, 10 lisent B et C, 15 lisent A et C.

17 **Combien ne lisent aucun journal ?**

❑ A. 0 ❑ B. 5 ❑ C. 7 ❑ D. 11

18 **Combien ne lisent que A ?**

❑ A. 11 ❑ B. 10 ❑ C. 9 ❑ D. 8

19 **Combien ne lisent que B ?**

❑ A. 11 ❑ B. 30 ❑ C. 9 ❑ D. 10

20 **Combien peut-on former de nombres d'au plus trois chiffres, chaque chiffre étant choisi parmi 1, 2 et 3 ?**

❑ A. 12 ❑ B. 39 ❑ C. 9 ❑ D. 18

21 Dans ce groupe de 30 amis, tous pratiquent au moins une activité sportive parmi la marche, la natation et la gymnastique.

10 pratiquent seulement la natation et 1 ne fait que de la gymnastique.

12 pratiquent la marche et 6 pratiquent à la fois marche et natation.

Sachant que ceux qui marchent ne font pas de gymnastique, combien pratiquent à la fois natation et gymnastique ?

❑ A. 0 ❑ B. 5 ❑ C. 7 ❑ D. 9

22 **Combien d'années bissextiles sont comprises entre les années 1900 et 2006 incluses ?**

❑ A. 24 ❑ B. 25 ❑ C. 26 ❑ D. 27.

23 Un livre a 200 pages.

Combien de pages ont un numéro à 2 chiffres ?

❑ A. 89 ❑ B. 90 ❑ C. 91 ❑ D. 99

24 Un groupe de 6 personnes comportant 3 femmes et 3 hommes se réunit autour d'une table ronde.

Combien de dispositions permettent d'alterner homme et femme ?

❑ A. 12 ❑ B. 36 ❑ C. 72 ❑ D. 48

25 **Avec les lettres du mot REPAS, combien de « mots » ayant un sens ou non, utilisant toutes les lettres et commençant par une voyelle peut-on composer ?**

❑ A. 48 ❑ B. 24 ❑ C. 12 ❑ D. 36

26 Le digicode de cet immeuble est composé de 3 chiffres (éventuellement identiques) choisis parmi les chiffres : 0, 1, 2, 3, 4 et 5.
Combien de codes différents peut-on créer ?

❑ A. 36 ❑ B. 216 ❑ C. 72 ❑ D. 20

27 Dans le couloir de cette unité hospitalière, on dénombre 24 chambres et il y a 3 fois plus de chambres à un lit que de chambres à deux lits.
Combien de lits a-t-on dans cette unité ?

❑ A. 24 ❑ B. 28 ❑ C. 30 ❑ D. 36

28 Ces 25 collègues se racontent leur week-end. Profitant des journées à tarif réduit, certains ont été au cinéma et ont vu un ou même deux films, alors que d'autres sont allés se promener. Ainsi, 19 ont vu le dernier film d'action, 11 le dernier dessin animé et 5 sont allés se promener.
Combien d'entre eux n'ont vu que le seul film d'action ?

❑ A. 11 ❑ B. 10 ❑ C. 9 ❑ D. 8

On a demandé à 36 patients de choisir leur repas et tous ont coché au moins un produit de la liste « 1 » - E1 - entrée, P1 - plat, D1 - dessert.

- 21 au total ont coché l'entrée E1 ;
- 20 au total ont coché le plat P1 ;
- 7 ont coché les 2 produits : E1 et D1 ;
- 4 ont coché les 2 produits : P1 et D1 ;
- 1 a coché les 2 produits : E1 et P1 ;
- 5 n'ont coché que E1.

29 **Combien ont coché à la fois E1, P1 et D1 ?**

❑ A. 0 ❑ B. 2 ❑ C. 6 ❑ D. 8

30 **Combien n'ont coché que P1 ?**

❑ A. 7 ❑ B. 6 ❑ C. 5 ❑ D. 4

TEST EN TEMPS LIMITÉ *(12 minutes)*

Un sac contient 5 jetons : 1 bleu qui vaut 3 points, 2 rouges qui valent 2 points chacun, 2 verts qui valent 1 point chacun. On tire un jeton, puis un second, sans remettre le premier dans le sac. Les jetons de même couleur sont différenciés.

31 **De combien de manières différentes peut-on obtenir 4 points avec 2 jetons de couleurs différentes ?**

❑ A. 1 ❑ B. 2 ❑ C. 3 ❑ D. 4

32 **De combien de manières différentes peut-on obtenir 4 points ?**

❑ A. 5 ❑ B. 2 ❑ C. 3 ❑ D. 4

33 **De combien de manières différentes peut-on obtenir au moins 4 points ?**

❑ A. 4 ❑ B. 5 ❑ C. 6 ❑ D. 7

34 Un coffre-fort est muni de 3 compteurs numérotés de 0 à 5.
Combien existe-t-il de combinaisons composées de chiffres tous différents ?

❑ A. 216 ❑ B. 180 ❑ C. 150 ❑ D. 120

35 Dans une soirée, il y 6 garçons et 6 filles.
De combien de façons peut-on constituer des couples ?

❑ A. 12 ❑ B. 18 ❑ C. 24 ❑ D. 36

36 Dans une réunion internationale de 200 personnes, 150 parlent anglais, 80 parlent français et 32 parlent à la fois anglais et français.
Quel est le nombre de personnes qui ne parlent ni anglais, ni français ?

❑ A. 0 ❑ B. 2 ❑ C. 4 ❑ D. 6

37 **Pour numéroter un livre de 150 pages, combien de chiffres 0 utilise-t-on ?**

❑ A. 24 ❑ B. 50 ❑ C. 32 ❑ D. 25

38 Dans ce restaurant d'entreprise, on propose chaque jour 4 entrées, 3 plats et 4 desserts. Chaque usager compose son menu avec un élément de chaque sorte.
Combien dénombre-t-on de menus possibles ?

❑ A. 11 ❑ B. 24 ❑ C. 28 ❑ D. 48

39 On interroge 100 personnes. Parmi elles, 75 regardent le foot à la télé, 40 pratiquent le foot et 25 font les deux activités.
Combien ne s'intéressent pas au football ?

❑ A. 0 ❑ B. 10 ❑ C. 5 ❑ D. 20

40 Parmi les 20 élèves d'une classe, 14 ont 16 ans ou plus, 8 ont 16 ans ou moins et certains ont juste 16 ans.
Combien ont juste 16 ans ?

❑ A. 0 ❑ B. 1 ❑ C. 2 ❑ D. 4

Réponses

Questions faciles

1 **Réponse A : 4.**
On obtient : 30 007 – 7 030 – 37 000 – 1 037.

2 **Réponse C : 4.**
On obtient : 16 mille millions (16 000 000 000) – 16 millions mille (16 000 001 000) – mille millions 16 (1 000 000 016) – mille 16 millions 1 016 000 000).

3 **Réponse B : 6.**
On a les couples : (1, 6) (2, 5) (3, 4) (4, 3) (5, 2) (6, 1).

4 **Réponse D : 15.**
On décrit les échanges ainsi : A embrasse B, C, D, E et F, puis B embrasse C, D, E et F, puis C embrasse D, E et F, puis D embrasse E et F, et enfin E embrasse F.

5 **Réponse D : 380.**
Il y a 20 manières de choisir un délégué, puis 19 manières de choisir le suppléant. Le nombre de manières de choisir le délégué et le suppléant est donc de : $20 \times 19 = 380$.

6 **Réponse C : 125.**
De 0 à 4, il y a 5 chiffres, donc 5 possibilités pour chacun des 3 compteurs. Le nombre de possibilités est de $5 \times 5 \times 5 = 125$.

7 **Réponse A : 26.**
Le dénombrement peut s'effectuer en utilisant un diagramme :

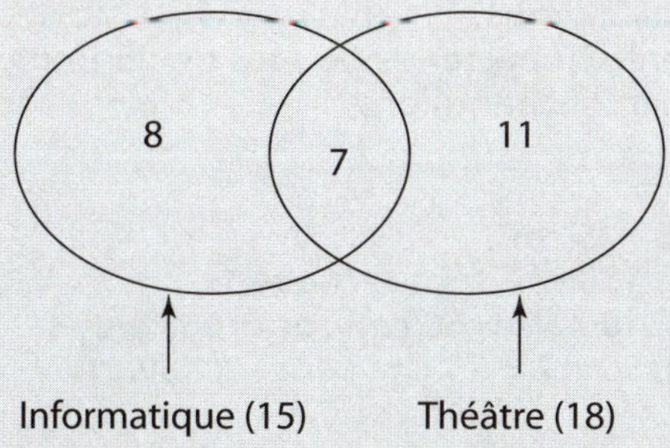

$8 + 7 + 11 = 26$ élèves au total.

8 **Réponse C : 4.**
Il suffit de faire le schéma :

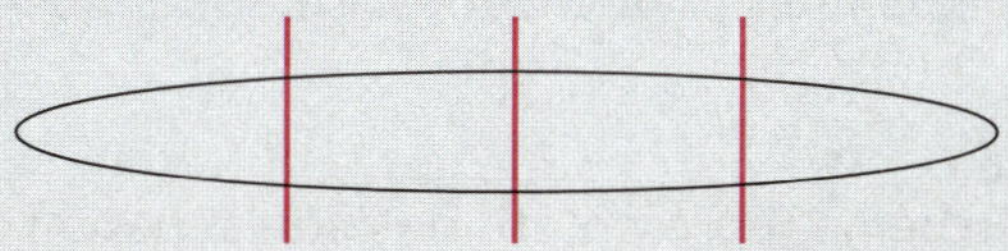

9 **Réponse D : 3.**
En effet, en prenant 3 chaussettes, on obtient les tirages suivants : N–N–N, N–N–R, N–R–N, N–R–R, R–N–N, R–N–R, R–R–N.

10 **Réponse B : 17.**
Si Marc n'a pas de chance, il tirera tous les bonbons à la fraise et tous les bonbons au citron, soit 15 bonbons avant d'obtenir les bonbons au caramel. Avec 17 bonbons tirés, il est certain d'en avoir 2 au caramel.

11 **Réponse A : 3.**
30 pommes = 3 × 4 mandarines, soit 12 mandarines.
12 mandarines = 8 mandarines (soit 2 mangues) + 4 mandarines (soit 1 mangue).
Les 30 pommes équivalent donc à la valeur de 3 mangues.

12 **Réponse D : 48 h.**
6 h de cours de guitare, c'est 3 × 4 h d'informatique, soit 12 h d'informatique.
12 h d'informatique, c'est 6 × 2 h d'informatique (soit 8 h de nettoyage), donc 6 × 8 h de nettoyage.
Les 6 h de guitare équivalent à 48 h de nettoyage.

13 **Réponse B : 12 h.**
5 h d'utilisation d'échafaudage, c'est 5 × 6 h = 30 h de nettoyeur haute pression. 30 h de nettoyeur haute pression, c'est 3 × 10 h, soit 3 × 4 h de décolleuse à papier.

14 **Réponse A : 2.**
Il y a 120 ÷ 3 = 40 bactéries de moins de 18 jours.
Il reste 120 – 40 = 80 bactéries, dont 40 ont entre 18 et 25 jours et 40 ont plus de 25 jours.
Pour obtenir 80 bactéries de plus de 25 jours (soit le double de 40), il faut étudier 2 échantillons.

15 **Réponse B : 25 cm².**
En 5 jours, 100 cm² sont recouverts.
En 4 jours, 100 ÷ 2 = 50 cm² sont recouverts.
En 3 jours, 50 ÷ 2 = 25 cm² sont recouverts.

■ Questions plus difficiles

16 **Réponse D : 27.**
Il y a 3 possibilités pour chaque case, soit 3 × 3 × 3 = 27.

17 **Réponse D : 11.**
Voici le schéma représentatif de cette situation :

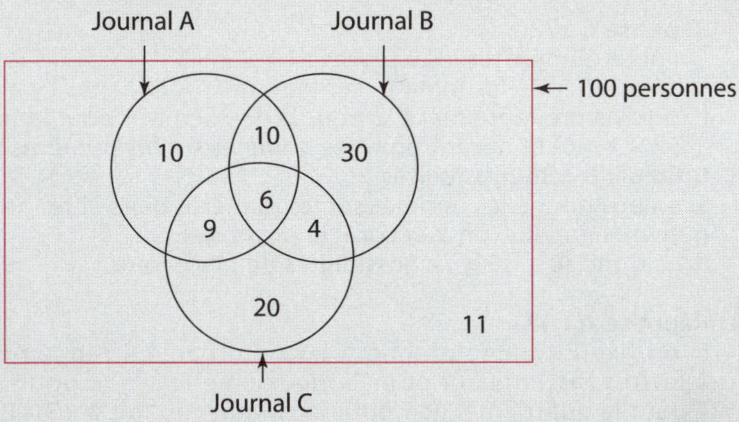

18 **Réponse B : 10.**

19 **Réponse B : 30.**

20 **Réponse B : 39.**
Il y a 3 nombres à 1 chiffre, 9 nombres à 2 chiffres (3 choix pour le chiffre des dizaines et 3 choix pour celui des unités, soit 3×3) et 27 nombres à 3 chiffres ($3 \times 3 \times 3 = 27$).

21 **Réponse C : 7.**
Attention à différencier dans les informations les précisions « pratiquent seulement » et « ne fait que ». On obtient le schéma suivant, sachant que le groupe est constitué de 30 personnes :

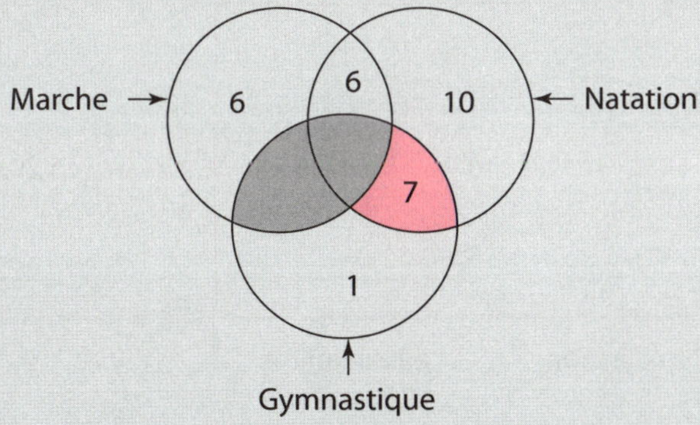

22 **Réponse C : 26.**
On établit la liste entre 1900 et 2004, sachant qu'une année bissextile est divisible par 4, mais pas par 100 ou est divisible par 400. Les années bissextiles sont : 1904, 1908, 1912, 1916, 1920, 1924, 1928, 1932, 1936, 1940, 1944, 1948, 1952, 1956, 1960, 1964, 1968, 1972, 1976, 1980, 1984, 1988, 1992, 1996, 2000 et 2004.

23 **Réponse B : 90.**
On compte entre 10 et 99, ces deux nombres étant compris.

24 **Réponse C : 72.**
On peut numéroter les 6 places : 1 2 3 4 5 6.
Si on positionne les femmes sur les numéros impairs, il y a 6 possibilités (3 pour la première place, 2 pour la deuxième, 1 pour la troisième, soit $3 \times 2 \times 1 = 6$) et autant pour les hommes sur les numéros pairs, soit au total $6 \times 6 = 36$ possibilités.
Si on positionne les femmes sur les numéros pairs et les hommes sur les numéros impairs, on a encore 36 possibilités.
Il y a donc 36 + 36 = 72 possibilités de placement.

25 **Réponse A : 48.**
Si on fixe E comme première lettre, on a 24 arrangements pour les 4 lettres restantes (4 pour la deuxième lettre, 3 pour la troisième, 2 pour la quatrième, et 1 pour la cinquième, soit $4 \times 3 \times 2 \times 1 = 24$).
Si on fixe A comme première lettre, on a aussi 24 arrangements.
Il y a donc 24 + 24 = 48 possibilités au total.

26 **Réponse B : 216.**
Chaque chiffre est indépendant, donc le nombre de codes est :
$6 \times 6 \times 6 = 216$.

27 **Réponse C : 30.**
Sur les 24 chambres, il y a 6 chambres avec deux lits et 18 chambres avec un lit.
Le total des lits est de $2 \times 6 + 18 = 30$ lits.

28 **Réponse C : 9.**
Il y a 11 + 19 = 30 réponses pour les films et seulement 20 personnes qui sont allées au cinéma puisque 5 sont parties en promenade.
Il y a 10 personnes qui ont vu à la fois le film d'action et le dessin animé, soit 9 qui n'ont vu que le film d'action.

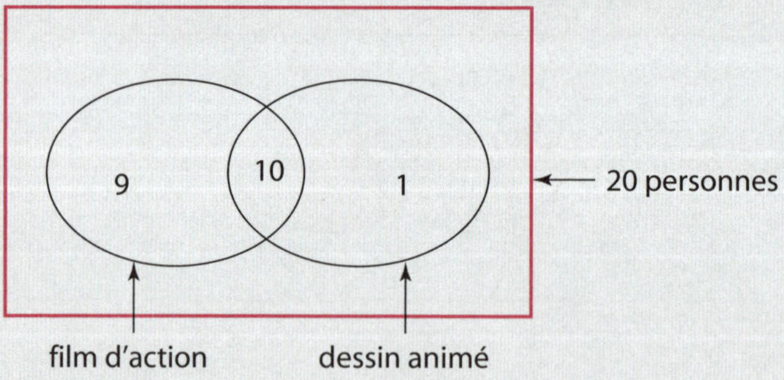

29 **Réponse D : 8.**
Si 5 ont coché E1 seul, si 7 ont coché E1 et D1, et si 1 a coché E1 et P1, on a 5 + 7 + 1 = 13 personnes qui ont choisi E1. Or elles sont au total 21 à avoir coché E1.
21 – 13 = 8 ont donc choisi de cocher à la fois E1, P1, D1.

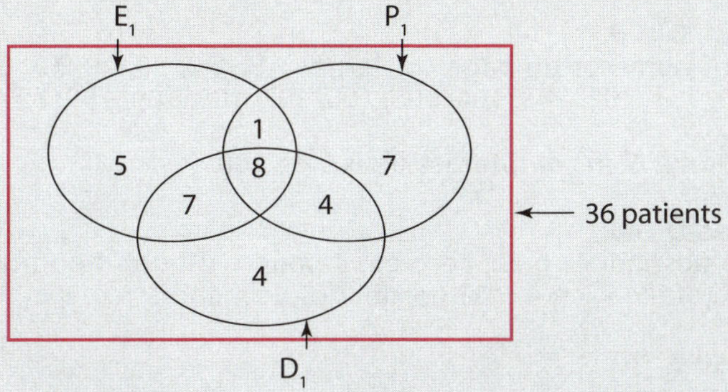

30 **Réponse A : 7.**
Si 8 ont coché E1, P1 et D1, si 1 a coché E1 et P1, et si 4 ont coché P1 et D1, on a 8 + 1 + 4 = 13 personnes qui ont coché P1. Or elles sont au total 20 à avoir coché P1.
20 – 13 = 7 ont donc choisi de ne cocher que P1.

■ Test en temps limité

31 **Réponse B : 2.**
On doit tirer un bleu (3 points), et un vert (1 point) parmi les deux jetons verts. On a donc BV_1 ou BV_2.

32 **Réponse D : 4.**
Pour obtenir 4 points, soit on tire un bleu et un vert (parmi les 2 jetons verts), soit on tire les deux rouges. On a donc : BV_1, BV_2, R_1R_2 et R_2R_1.

33 **Réponse C : 6.**
Il y a 4 manières d'obtenir 4 points, et 2 manières d'obtenir 5 points (on peut tirer un bleu et un rouge parmi les 2 jetons rouges), soit finalement 6 possibilités : BV_1, BV_2, R_1R_2, R_2R_1, BR_1 et BR_2.

34 **Réponse D : 120.**
Il y a 6 chiffres différents, soit 6 possibilités pour le 1er compteur, 5 pour le 2e et 4 pour le 3e, soit au total : $6 \times 5 \times 4 = 120$ possibilités.

35 **Réponse D : 36.**
Chacun des 6 garçons peut constituer un couple avec chacune des 6 filles. Le total des couples possibles est $6 \times 6 = 36$.

36 **Réponse B : 2.**
Voir le schéma :

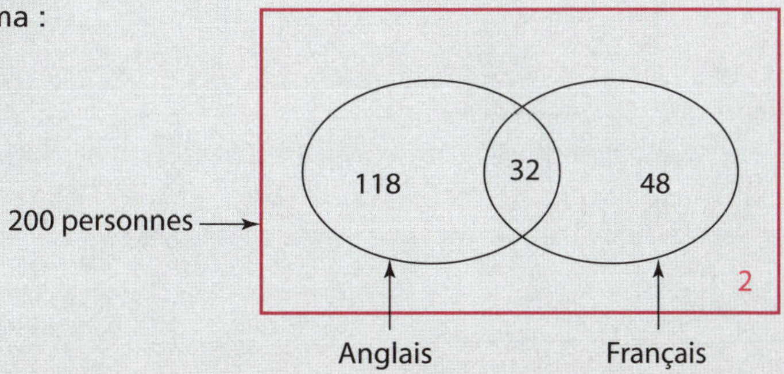

37 **Réponse D : 25.**
Voici les numéros de page concernés : 10, 20, 30, 40, 50, 60, 70, 80, 90, 100, 101, 102, 103, 104, 105, 106, 107, 108, 109, 110, 120, 130, 140 et 150.
Attention à bien compter les deux 0 de 100.

38 **Réponse D : 48.**
Il y a 4 possibilités pour l'entrée, 3 pour le plat et 4 pour le dessert, soit au total $4 \times 3 \times 4 = 48$ possibilités de menu.

39 **Réponse B : 10.**
Voir le schéma :

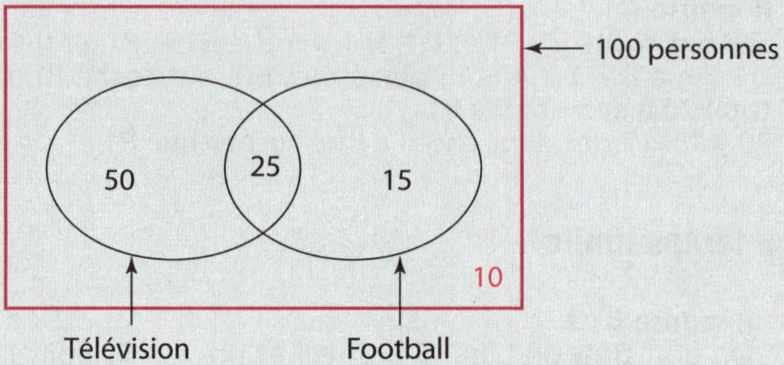

40 **Réponse C : 2.**

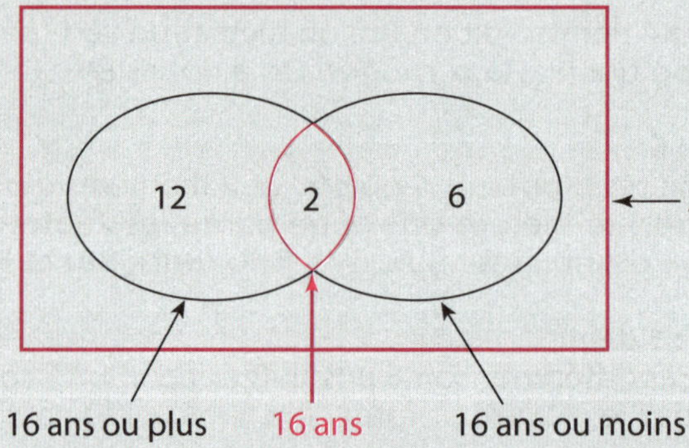

5. LES TESTS DE RAISONNEMENT LOGIQUE

FICHE 1

Les suites utilisant des nombres

QUESTIONS FACILES

1 **Complétez la série suivante :** 38 – 34 – 30 – 26 – 22 – ?

❑ A. 18 ❑ B. 20 ❑ C. 24 ❑ D. 14

2 **Complétez la série suivante :** 7 – 14 – 28 – 56 – 112 – ?

❑ A. 119 ❑ B. 168 ❑ C. 224 ❑ D. 448

3 **Complétez la série suivante :** 23 – 34 – 45 – 56 – 67 – ?

❑ A. 75 ❑ B. 77 ❑ C. 76 ❑ D. 78

4 **Complétez la série suivante :** 1 215 – 405 – 135 – 45 – 15 – ?

❑ A. 3 ❑ B. 10 ❑ C. 5 ❑ D. 1

5 **Complétez la série suivante :** 19 – 1 – 15 – 5 – 11 – 9 – 7 – ?

❑ A. 9 ❑ B. 3 ❑ C. 11 ❑ D. 13

6 **Complétez la série suivante :** 7 – 14 – 42 – 168 – 840 – ?

❑ A. 1 680 ❑ B. 2 520 ❑ C. 4 200 ❑ D. 5 040

7 **Complétez la série suivante :** 4 – 16 – 3 – 9 – 5 – 25 – 7 – ?

❑ A. 35 ❑ B. 49 ❑ C. 50 ❑ D. 9

8 **Complétez la série suivante :** 37 – 31 – 26 – 22 – 19 – ?

❑ A. 18 ❑ B. 21 ❑ C. 19 ❑ D. 17

9 **Complétez la série suivante :** 7 – 14 – 19 – 38 – 43 – ?

❑ A. 84 ❑ B. 86 ❑ C. 58 ❑ D. 69

10 **Complétez la série suivante :** 19 – 28 – 37 – 46 – 55 – ?

❑ A. 64 ❑ B. 100 ❑ C. 10 ❑ D. 56

11 **Complétez la série suivante :** 14 – 15 – 24 – 25 – 34 – ?

❑ A. 25 ❑ B. 35 ❑ C. 44 ❑ D. 30

12 **Complétez la série suivante :** 7 – 5 – 10 – 10 – 13 – 20 – 16 – ?

❑ A. 19 ❑ B. 25 ❑ C. 40 ❑ D. 30

13 **Complétez la série suivante :** 3 275 – 5 723 – 2 357 – 3 572 – ?

❑ A. 4 573 ❑ B. 3 557 ❑ C. 2 875 ❑ D. 2 753

14 **Complétez la série suivante :** 30 – 7 – 25 – 9 – 20 – 11 – 15 – 13 – ?

❑ A. 15 ❑ B. 10 ❑ C. 10 ❑ D. 8

15 **Complétez la série suivante :** 2 – 12 – 10 – 15 – 5 – 13 – ?

❑ A. 20 ❑ B. 6 ❑ C. 9 ❑ D. 8

QUESTIONS PLUS DIFFICILES

16 Complétez la série suivante : 25 – 10 – 38 – 24 – 54 – ?

❑ A. 36 ❑ B. 20 ❑ C. 45 ❑ D. 73

17 Complétez la série suivante : 102,7 – 99,6 – 96,5 – 93,4 – ?

❑ A. 92,3 ❑ B. 91,3 ❑ C. 90,8 ❑ D. 90,3

18 Complétez la série suivante : 7 – 13 – 25 – 49 – 97 – ?

❑ A. 193 ❑ B. 101 ❑ C. 105 ❑ D. 195

19 Complétez la série suivante : 4 – 5 – 7 – 12 – 10 – 26 – 13 – 54 – ?

❑ A. 48 ❑ B. 16 ❑ C. 15 ❑ D. 38

20 Complétez la série suivante : 1 580 – 780 – 380 – 180 – 80 – ?

❑ A. 8 ❑ B. 10 ❑ C. 30 ❑ D. 20

21 Complétez la série suivante : 800 – 600 – 160 – 120 – 32 – ?

❑ A. 8 ❑ B. 4 ❑ C. 24 ❑ D. 20

22 Complétez la série suivante : 143 – 352 – 473 – 693 – 231 – ?

❑ A. 456 ❑ B. 572 ❑ C. 345 ❑ D. 153

23 Complétez la série suivante : 132 – 253 – 484 – 572 – ?

❑ A. 356 ❑ B. 693 ❑ C. 404 ❑ D. 787

24 Complétez la série suivante : 33,5 – 35,10 – 37,20 – 39,40 – ?

❑ A. 39,80 ❑ B. 40,50 ❑ C. 34,80 ❑ D. 41,80

25 Complétez la série suivante : 93 – 88 – 83 – 79 – 75 – 72 – ?

❑ A. 68 ❑ B. 69 ❑ C. 70 ❑ D. 71

26 Complétez la série suivante : 1 – 4 – 8 – 32 – 36 – 144 – ?

❑ A. 148 ❑ B. 576 ❑ C. 144 ❑ D. 152

27 Complétez la série suivante : 6 – 18 – 42 – 90 – 186 – ?

❑ A. 378 ❑ B. 558 ❑ C. 372 ❑ D. 744

28 **Complétez la série suivante :** 104,5 – 99,18 – 23,5 – 83,11 – ?

- ❑ A. 73,10
- ❑ B. 56,12
- ❑ C. 100,02
- ❑ D. 55,9

29 **Complétez la série suivante :** 1 100 – 540 – 260 – 120 – ?

- ❑ A. 60
- ❑ B. 50
- ❑ C. 40
- ❑ D. 30

30 **Complétez la série suivante :** 70 – 25 – 34 41 – 32 – 23 90 – 54 – ?

- ❑ A. 35
- ❑ B. 18
- ❑ C. 91
- ❑ D. 43

TEST EN TEMPS LIMITÉ *(18 minutes)*

31 **Complétez la série suivante :** 65 – 60 – 62 – 57 – 59 – ?

❑ A. 61 ❑ B. 55 ❑ C. 53 ❑ D. 54

32 **Complétez la série suivante :** 25 – 20 – 27 – 22 – 29 – 24 – 31 – ?

❑ A. 33 ❑ B. 26 ❑ C. 27 ❑ D. 29

33 **Complétez la série suivante :** 9,72 – 3,24 – 1,08 – 0,36 – 0,12 – ?

❑ A. 0,24 ❑ B. 0,04 ❑ C. 0,5 ❑ D. 0,54

34 **Complétez la série suivante :** 4 – 9 – 5   3 – 5 – 2   6 – 7 – 1   7 – 9 – ?

❑ A. 0 ❑ B. 3 ❑ C. 1 ❑ D. 2

35 **Complétez la série suivante :** 45 – 41 – 37 – 33 – 29 – ?

❑ A. 25 ❑ B. 24 ❑ C. 23 ❑ D. 22

36 **Complétez la série suivante :** 0,25 – 12 – 0,5 – 6 – 1 – 3 – 2 – ?

❑ A. 1 ❑ B. 1,5 ❑ C. 0,75 ❑ D. 2

37 **Complétez la série suivante :** 953 – 17 – 538 – 16 – 910 – ?

❑ A. 564 ❑ B. 328 ❑ C. 10 ❑ D. 25

38 **Complétez la série suivante :** 3 – 9 – 4 – 16 – 5 – 25 – ?

❑ A. 34 ❑ B. 36 ❑ C. 6 ❑ D. 64

39 **Complétez la série suivante :** 222 – 110 – 54 – 26 – 12 – ?

❑ A. 5 ❑ B. 6 ❑ C. 8 ❑ D. 9

40 **Complétez la série suivante :** 25 – 7 – 24 – 8 – 23 – 9 – 22 – 10 – ?

❑ A. 11 ❑ B. 20 ❑ C. 8 ❑ D. 21

Réponses

■ Questions faciles

1 **Réponse A : 18.**
Il s'agit d'une suite arithmétique de raison – 4.

38 – 34 – 30 – 26 – 22 – 18

– 4 – 4 – 4 – 4 – 4

2 **Réponse C : 224.**
Il s'agit d'une suite géométrique de raison 2.

7 – 14 – 28 – 56 – 112 – 224

× 2 × 2 × 2 × 2 × 2

3 **Réponse D : 78.**
Les chiffres des dizaines et des unités augmentent tous les deux de 1.

+ 1 + 1 + 1 + 1 + 1

23 – 34 – 45 – 56 – 67 – 78

+ 1 + 1 + 1 + 1 + 1

4 **Réponse C : 5.**
Il s'agit d'une suite géométrique de raison $\frac{1}{3}$.

1 215 – 405 – 135 – 45 – 15 – 5

$\times \frac{1}{3}$ $\times \frac{1}{3}$ $\times \frac{1}{3}$ $\times \frac{1}{3}$ $\times \frac{1}{3}$

ASTUCE **Effectuer une multiplication par $\frac{1}{3}$, c'est effectuer une division par 3.**

5 **Réponse D : 13.**
Il y a alternance de deux suites arithmétiques : une suite de raison + 4, une autre de raison – 4.

– 4 – 4 – 4

19 – 1 – 15 – 5 – 11 – 9 – 7 – 13

+ 4 + 4 + 4

6 **Réponse D : 5 040.**
Les nombres sont successivement multipliés par 2, 3, 4, 5 et 6.

7 – 14 – 42 – 168 – 840 – 5 040

× 2 × 3 × 4 × 5 × 6

7 **Réponse B : 49.**

Un nombre est suivi de son carré.

4 – 16 – 3 – 9 – 5 – 25 – 7 – 49

4^2 3^2 5^2 7^2

ASTUCE **Apprenez par cœur les carrés de 1 à 20 :**

$1^2 = 1$	$5^2 = 25$	$9^2 = 81$	$13^2 = 169$	$17^2 = 289$
$2^2 = 4$	$6^2 = 36$	$10^2 = 100$	$14^2 = 196$	$18^2 = 324$
$3^2 = 9$	$7^2 = 49$	$11^2 = 121$	$15^2 = 225$	$19^2 = 361$
$4^2 = 16$	$8^2 = 64$	$12^2 = 144$	$16^2 = 256$	$20^2 = 400$

8 **Réponse D : 17.**

On soustrait successivement 6, 5, 4, 3 et 2.

37 – 31 – 26 – 22 – 19 – 17

– 6 – 5 – 4 – 3 – 2

9 **Réponse B : 86.**

Il y a une multiplication par 2 suivie d'une addition de 5.

× 2 × 2 × 2

7 – 14 – 19 – 38 – 43 – 86

+ 5 + 5

10 **Réponse A : 64.**

Les dizaines augmentent de 1, les unités diminuent de 1.

+ 1 + 1 + 1 + 1 + 1

19 – 28 – 37 – 46 – 55 – 64

– 1 – 1 – 1 – 1 – 1

11 **Réponse B : 35.**

Les dizaines sont les mêmes deux fois de suite, les unités alternent entre 4 et 5.

12 **Réponse C : 40.**

Il y a alternance de deux suites : une suite arithmétique de raison + 3 pour les « rouges », et une suite géométrique de raison 2 pour les « noirs ».

+ 3 + 3 + 3

7 – 5 – 10 – 10 – 13 – 20 – 16 – 40

× 2 × 2 × 2

13 **Réponse D : 2 753.**

Ce sont des nombres composés des mêmes chiffres.

14 **Réponse B : 10.**
Il y a alternance de deux suites arithmétiques : une suite de raison – 5 pour les chiffres rouges, une autre de raison + 2 pour les chiffres noirs.

– 5   – 5   – 5   – 5

30 – 7 – 25 – 9 – 20 – 11 – 15 – 13 – 10

+ 2   + 2   + 2

15 **Réponse D : 8.**
Le nombre rouge est la somme des deux nombres qui l'entourent.
Ainsi 12 = 2 + 10 ; 15 = 10 + 5 ; 13 = 5 + 8.

■ Questions plus difficiles

16 **Réponse B : 20.**
Un nombre est suivi par le produit des chiffres qui le composent.
$2 \times 5 = 10$; $3 \times 8 = 24$; $5 \times 4 = 20$.

17 **Réponse D : 90,3.**
La partie entière diminue de 3 ; la partie décimale diminue de 1.

– 3   – 3   – 3   – 3

102,7 – 99,6 – 96,5 – 93,4 – 90,3

– 1   – 1   – 1   – 1

18 **Réponse A : 193.**
Il y a une multiplication par 2 suivie d'une soustraction de 1.

7 – 13 – 25 – 49 – 97 – 193

× 2 – 1   × 2 – 1   × 2 – 1   × 2 – 1   × 2 – 1

19 **Réponse B : 16.**
Il y a alternance de deux suites : une suite arithmétique de raison 3 (à partir de 4), et une suite dans laquelle on obtient chaque nombre en multipliant par 2 le précédent et en ajoutant 2 (à partir de 5).

+ 3   + 3   + 3   + 3

4 – 5 – 7 – 12 – 10 – 26 – 13 – 54 – 16

× 2 + 2   × 2 + 2   × 2 + 2

20 **Réponse C : 30.**
On enlève successivement 800 puis $800 \div 2 = 400$ puis $400 \div 2 = 200$ puis $200 \div 2 = 100$ puis $100 \div 2 = 50$.

1 580 – 780 – 380 – 180 – 80 – 30

– 800   – 400   – 200   – 100   – 50

21 **Réponse C : 24.**

Il y a alternance de deux suites géométriques de raison $\frac{1}{5}$.

$\times \frac{1}{5}$ $\times \frac{1}{5}$

800 – 600 – 160 – 120 – 32 – 24

$\times \frac{1}{5}$ $\times \frac{1}{5}$

22 **Réponse B : 572.**
Ce sont des multiples de 11.

23 **Réponse B : 693.**
Pour chaque nombre, le chiffre central est la somme des deux chiffres extrêmes.
3 = 2 + 1 ; 5 = 2 + 3 ; 8 = 4 + 4 ; 7 = 5 + 2.

24 **Réponse D : 41,80.**
Les unités augmentent de 2 et les décimales sont multipliées par 2.

+ 2 + 2 + 2 + 2

33,5 – 35,10 – 37,20 – 39,40 – 41,80

× 2 × 2 × 2 × 2

25 **Réponse B : 69.**
On enlève successivement 5, 5, 4, 4, 3 puis donc encore 3.
93 – 88 – 83 – 79 – 75 – 72 – 69

– 5 – 5 – 4 – 4 – 3 – 3

26 **Réponse A : 148.**
Il y a une multiplication par 4 suivie d'une addition de 4.

× 4 × 4 × 4

1 – 4 – 8 – 32 – 36 – 144 – 148

+ 4 + 4 + 4

27 **Réponse A : 378.**
On obtient chaque nombre en ajoutant 3 au précédent et en multipliant le tout par 2.
6 – 18 – 42 – 90 – 186 – 378

+ 3 × 2 + 3 × 2 + 3 × 2 + 3 × 2 + 3 × 2

28 **Réponse A : 73,10.**
La partie décimale est la somme des chiffres de la partie entière.
1 + 0 + 4 = 5 ; 9 + 9 = 18 ; 2 + 3 = 5 ; 8 + 3 = 11.

29 **Réponse B : 50.**
On obtient chaque nombre en divisant par 2 le précédent et en soustrayant 10 au tout.
1 100 – 540 – 260 – 120 – 50
÷ 2 – 10 ÷ 2 – 10 ÷ 2 – 10 ÷ 2 – 10

30 **Réponse B : 18.**
Par groupe de trois, la somme des chiffres de chaque nombre est identique.
7 + 0 = 2 + 5 = 3 + 4 = 7 ; 4 + 1 = 3 + 2 = 2 + 3 = 5 ;
9 + 0 = 5 + 4 = 1 + 8 = 9.
Ainsi pour le dernier groupe, la somme est 9 et 1 + 8 = 9.

■ Test en temps limité

31 **Réponse D : 54.**
Il y a une soustraction de 5 puis une addition de 2.
+ 2 + 2
65 – 60 – 62 – 57 – 59 – 54
– 5 – 5 – 5

32 **Réponse B : 26.**
Il y a alternance de deux suites arithmétiques de raison 2.
+ 2 + 2 + 2
25 – 20 – 27 – 22 – 29 – 24 – 31 – 26
+ 2 + 2 + 2

33 **Réponse B : 0,04.**
C'est une suite géométrique de raison $\frac{1}{3}$.
9,72 – 3,24 – 1,08 – 0,36 – 0,12 – 0,04
$\times\frac{1}{3}$ $\times\frac{1}{3}$ $\times\frac{1}{3}$ $\times\frac{1}{3}$ $\times\frac{1}{3}$

34 **Réponse D : 2.**
Par groupe de trois nombres, celui du centre est la somme des extrêmes.
9 = 4 + 5 ; 5 = 3 + 2 ; 7 = 6 + 1 ; 9 = 7 + 2.

35 **Réponse A : 25.**
C'est une suite arithmétique de raison – 4.
45 – 41 – 37 – 33 – 29 – 25
– 4 – 4 – 4 – 4 – 4

36 **Réponse B : 1,5.**

Il y a alternance de deux suites géométriques : une suite de raison 2, et une suite de raison $\frac{1}{2}$.

$\times 2$ $\times 2$ $\times 2$

0,25 – 12 – 0,5 – 6 – 1 – 3 – 2 – 1,5

$\times \frac{1}{2}$ $\times \frac{1}{2}$ $\times \frac{1}{2}$

37 **Réponse C : 10.**

Un nombre est suivi par la somme des chiffres qui le composent.
$9 + 5 + 3 = 17$; $5 + 3 + 8 = 16$; $9 + 1 + 0 = 10$.

38 **Réponse C : 6.**

Chaque nombre est suivi par son carré.
$3^2 = 9$; $4^2 = 16$; $5^2 = 25$, on a donc ensuite le 6.

39 **Réponse A : 5.**

On obtient chaque nombre en soustrayant 2 au précédent et en divisant ce résultat par 2.

222 – 110 – 54 – 26 – 12 – 5

$-2 \div 2$ $-2 \div 2$ $-2 \div 2$ $-2 \div 2$ $-2 \div 2$

40 **Réponse D : 21.**

Il y a alternance de deux suites arithmétiques : une suite de raison –1 et une suite de raison 1.

+ 1   + 1   + 1

25 – 7 – 24 – 8 – 23 – 9 – 22 – 10 – 21

– 1   – 1   – 1   – 1

FICHE 2

Les suites utilisant des lettres, des mots, des symboles

QUESTIONS FACILES

1 Quel mot complète la série suivante : domino – répit – milieu – facile – solstice – ?

- ❑ A. similitude
- ❑ B. lassitude
- ❑ C. régulier
- ❑ D. factice
- ❑ E. dorer

2 Quel mot complète la série suivante : wagon – volcan – unité – troupeau – suspense – ?

- ❑ A. zèbre
- ❑ B. rougir
- ❑ C. chanter
- ❑ D. fleur
- ❑ E. fête

3 Quel mot complète la série suivante : chant – enchanter – chanteur – enchantement – chantage – ?

- ❑ A. enchère
- ❑ B. chantonner
- ❑ C. chantre
- ❑ D. enchanteur
- ❑ E. chanterelle

4 Quel mot complète la série suivante : ardemment – vivement – lentement – forcément – nettement – ?

- ❑ A. habilement
- ❑ B. aliment
- ❑ C. condiment
- ❑ D. complément
- ❑ E. ciment

5 Quel mot complète la série suivante : chapeau – noyau – jeu – cheveu – aveu – ?

- ❑ A. landau
- ❑ B. bleu
- ❑ C. pneu
- ❑ D. sarrau
- ❑ E. agneau

Voici une liste ordonnée de 4 symboles : ▼ ► ▲ ◄.

6 Complétez la série suivante : ▼ ◄ ▲ ► ▼ ?

❑ A. ▲ ❑ B. ◄ ❑ C. ► ❑ D. ▼

7 Complétez la série suivante : ► ▼ ◄ ▲ ► ?

❑ A. ◄ ❑ B. ▼ ❑ C. ▼ ❑ D. ▲

8 Complétez la série suivante : ▼ ◄ ▲ ► ▼ ?

❑ A. ◄ ❑ B. ▲ ❑ C. ▼ ❑ D. ►

Voici une liste ordonnée de 5 symboles : ● ◙ ● ✹ ◙.

9 Complétez la série suivante : ● ◙ ✹ ◙ ◙ ● ◙ ● ?

❑ A. ◙ ❑ B. ● ❑ C. ✹ ❑ D. ●

10 Complétez la série suivante : ✹ ● ● ◙ ◙ ?

❑ A. ✹ ❑ B. ◙ ❑ C. ◙ ❑ D. ●

11 Complétez la série suivante : ● ✹ ◙ ◙ ?

❑ A. ◙ ❑ B. ● ❑ C. ● ❑ D. ✹

En utilisant la liste des lettres de l'alphabet :

12 complétez la série suivante : ABC – EFG – IJK – MN?

❑ A. P ❑ B. Q ❑ C. R ❑ D. O

13 complétez la série suivante : YB XC WD VE U?

❑ A. F ❑ B. G ❑ C. Z ❑ D. S

14 complétez la série suivante : A – Y – C – W – E – U – G – S – ?

❑ A. F ❑ B. K ❑ C. I ❑ D. J

15 complétez la série suivante : HGF KJI NM?

❑ A. O ❑ B. P ❑ C. L ❑ D. S

QUESTIONS PLUS DIFFICILES

16 Quel mot complète la série suivante : tour – fou – pion – reine – ?

- ❑ A. échec
- ❑ B. dame
- ❑ C. cavalier
- ❑ D. dé
- ❑ E. plateau

17 Quel mot complète la série suivante : cinq – quintal – lourd – devoir – rajout – ?

- ❑ A. tertre
- ❑ B. poids
- ❑ C. kilo
- ❑ D. lettre
- ❑ E. quatre

18 Quel mot complète la série suivante : lama – rêve – mini – coq – plus – ?

- ❑ A. zen
- ❑ B. lys
- ❑ C. tabac
- ❑ D. rat
- ❑ E. mil

19 Quel mot complète la série suivante : fil – rebut – domino – ambidextre – vocabulaire – ?

- ❑ A. justement
- ❑ B. moustache
- ❑ C. premièrement
- ❑ D. gouvernementale
- ❑ E. lexical

20 Quel « mot » complète la série suivante : XLVI – XLVII – XLVIII – IL – L – ?

- ❑ A. LX
- ❑ B. LI
- ❑ C. XIL
- ❑ D. LXI
- ❑ E. VLI

Voici une liste ordonnée de 5 symboles : 🔴 ◙ ⚫ ✴ 🟥.

21 Complétez la série suivante : 🟥 ✴ ◙ 🔴 ✴ ?

❑ A. ◙ ❑ B. ✴ ❑ C. 🔴 ❑ D. ⚫

22 Complétez la série suivante : 🔴 ◙ ✴ ◙ 🔴 🔴 ?

❑ A. ⚫ ❑ B. ✴ ❑ C. ◙ ❑ D. 🔴

23 Complétez la série suivante : 🟥 🔴 ✴ ◙ ⚫ ⚫ ◙ ?

❑ A. ⚫ ❑ B. ✴ ❑ C. ◙ ❑ D. 🟥

Voici la suite des notes : do ré mi fa sol la si.

24 Complétez la série suivante : sol – fa – ré – la – ré – ?

❑ A. mi ❑ B. fa ❑ C. sol ❑ D. ré

25 Complétez la série suivante : si – mi – la – ré – sol – ?

❑ A. fa ❑ B. ré ❑ C. si ❑ D. do

26 Complétez la série suivante : mi – do – ré   la – fa – sol   ré – si – ?

❑ A. ré ❑ B. mi ❑ C. fa ❑ D. do

En utilisant la liste des lettres de l'alphabet :

27 complétez la série suivante : D – E – G – J – N – S – ?

❑ A. W ❑ B. X ❑ C. Y ❑ D. Z

28 complétez la série suivante : 1 B   6 G   11 L   16 Q   21 ?

❑ A. S ❑ B. V ❑ C. T ❑ D. W

29 complétez la série suivante : O – G – M – I – K – K – I – M – G – ?

❑ A. N ❑ B. O ❑ C. M ❑ D. P

30 complétez la série suivante : Q – P – R – O – S – N – T – M – ?

❑ A. T ❑ B. U ❑ C. V ❑ D. X

TEST EN TEMPS LIMITÉ *(8 minutes)*

31 **Quel mot complète la série suivante : y – ni – des – pour – avant – ?**

- ❑ A. après
- ❑ B. les
- ❑ C. oiseau
- ❑ D. chien
- ❑ E. vin

32 **Quel mot complète la série suivante : magie – maharajah – maire – majorette – maki – ?**

- ❑ A. maman
- ❑ B. manger
- ❑ C. malade
- ❑ D. majuscule
- ❑ E. manier

33 **Quel mot complète la série suivante : inamical – inapte – inexcusable – inoubliable – inconnu – ?**

- ❑ A. inoccupé
- ❑ B. intermédiaire
- ❑ C. interrogatif
- ❑ D. insigne
- ❑ E. individu

34 **Quel mot complète la série suivante : rubéole – rougeole – varicelle – scarlatine – oreillons – ?**

- ❑ A. cancer
- ❑ B. leucémie
- ❑ C. coqueluche
- ❑ D. arthrose
- ❑ E. rhumatisme

Voici une liste ordonnée de 7 symboles : ▶ ▷ ▲ △ ◀ ◁ ▼.

35 **Complétez la série suivante : ▲ △   ▼ ▶   △ ◀   ▶ ?**

❑ A. ◁   ❑ B. ◀   ❑ C. ▲   ❑ D. ▷

36 **Complétez la série suivante : ▶ ▼ ◁ ◀ ▷ ▼ ?**

❑ A. △   ❑ B. ◀   ❑ C. ▷   ❑ D. ◁

37 **Complétez la série suivante : ◁ ▼ ▶   ◀ ◁ ▼   △ ◀ ◁   ?**

❑ A. ▼   ❑ B. ◁   ❑ C. ▲   ❑ D. △

En utilisant la liste des lettres de l'alphabet :

38 **Complétez la série suivante :** B Z D X F V H T ?

❑ A. H   ❑ B. J   ❑ C. Q   ❑ D. J

39 **Complétez la série suivante :** W V   S R   O N   K ?

❑ A. J   ❑ B. L   ❑ C. H   ❑ D. I

40 **Complétez la série suivante :** Q R   U V   Y Z   ?

❑ A. D   ❑ B. X   ❑ C. W   ❑ D. C

Réponses

■ Questions faciles

1 **Réponse B : lassitude.**
Les mots de la série débutent successivement par : do, ré, mi, fa, sol.

2 **Réponse B : rougir.**
Les initiales des mots de la série suivent l'ordre alphabétique inverse.

3 **Réponse D : enchanteur.**
Ce sont des mots de la famille de « chant » débutant alternativement par « en » ou « chant ».

4 **Réponse A : habilement.**
C'est un adverbe, comme les mots de la série.

5 **Réponse E : agneau.**
C'est le seul mot dont le pluriel est en « x » comme ceux des mots de la série.

Voici la liste des symboles : ▼ ► ▲ ◄ ▼ ► ▲ ◄ ▼ ► ▲ ◄...

6 **Réponse B : ◄.**
L'écart entre deux symboles est de 1 élément selon l'inverse du sens proposé.

7 **Réponse C : ▼.**
L'écart entre deux symboles est de 2 éléments selon le sens proposé.

8 **Réponse A : ◄.**
Les symboles se suivent régulièrement dans le sens inverse.

Voici la liste des 5 symboles : ● ◙ ● ✹ ◙ ● ◙ ● ✹ ◙ ● ◙ ● ✹ ◙ ●...

9 **Réponse B : ●.**
La progression est régulière : on a deux symboles successifs séparés par un élément.

10 **Réponse A : ✹.**
À partir du ✹, les éléments se suivent en sautant 1 élément.

11 **Réponse B : ●.**
Il y a un saut de 2 éléments à partir du ●.

Voici la liste alphabétique en sens direct, en sens inverse et le n° d'ordre de chaque lettre.

1	2	3	4	5	6	7	8	9	10	11	12	13	14	15	16	17	18	19	20	21	22	23	24	25	26
A	B	C	D	E	F	G	H	I	J	K	L	M	N	O	P	Q	R	S	T	U	V	W	X	Y	Z
Z	Y	X	W	V	U	T	S	R	Q	P	O	N	M	L	K	J	I	H	G	F	E	D	C	B	A

12 **Réponse D : O.**
Entre chaque triplet composé de lettres successives, il y a 1 lettre d'écart.

13 **Réponse A : F.**
Par paire, il y a une lettre et sa correspondante selon l'ordre alphabétique inverse.

14 **Réponse C : I.**
Il y a deux suites en alternance.
L'une commence par A et les lettres se suivent espacées d'une lettre.
La seconde débute à Y et les lettres se suivent en ordre inverse espacées d'une lettre.

15 **Réponse C : L.**
Les triplets sont formés de lettres successives rangées en sens inverse.

■ Questions plus difficiles

16 **Réponse C : cavalier.**
Ce sont les pièces du jeu d'échecs.

17 **Réponse A : tertre.**
La dernière lettre d'un mot est la première du mot suivant.

18 **Réponse B : lys.**
Chaque mot contient une voyelle employée une ou deux fois selon l'ordre a, e, i, o, u, y.

19 **Réponse D : gouvernementale.**
Les mots se composent successivement de 1, 2, 3, 4, 5 et 6 syllabes.

20 **Réponse B : LI.**
C'est la suite des nombres 46 – 47 – 48 – 49 – 50 – 51 en chiffres romains.

Voici la liste des symboles :

21 **Réponse D : ●.**
En sens inverse, les symboles se suivent ou sont séparés par un élément, en alternance.

22 **Réponse C : ◙.**
Il y a une progression qui augmente régulièrement : + 1, + 2, + 3, + 4, + 5, + 6.

23 **Réponse B : ✱.**
La première paire est composée de deux éléments successifs ; à la deuxième, les éléments sont séparés par la paire précédente ; à la troisième, les éléments sont séparés par les deux paires précédentes.

Voici la liste des notes :
do ré mi fa sol la si do ré mi fa sol la si do ...

24 **Réponse B : fa.**
Il y a une progression de + 1, + 2, + 3, + 4, notes selon le sens inverse.

25 **Réponse D : do.**
Il y a une progression régulière en sautant deux notes.

26 **Réponse D : do.**
Par groupe de trois notes, il y a une organisation régulière : 2e place, 3e place et 1re place.

27 **Réponse C : Y.**
Les lettres suivent une progression de + 1, + 2, + 3, + 4, + 5 lettres.

28 **Réponse B : V.**
Si à chaque lettre on associe son numéro d'ordre, à la suite d'un numéro, il y a la lettre correspondant au numéro suivant.

29 **Réponse B : O.**
Il y a deux séries de lettres : l'une à partir de O progresse de 2 lettres en sens inverse, l'autre à partir de G progresse de 2 lettres selon l'ordre alphabétique (on peut aussi observer une symétrie centrée sur le tiret situé entre les K).

30 **Réponse B : U.**
Après la lettre Q, on trouve les paires de lettres entourant la lettre Q en s'éloignant de 1 rang, de 2 rangs...

■ Test en temps limité

31 **Réponse C : oiseau.**
Les mots de la suite ont successivement une, deux, trois, quatre, cinq et six lettres.

32 **Réponse C : malade.**
Les mots de la suite sont rangés dans l'ordre alphabétique.

33 **Réponse A : inoccupé.**
Les mots de la suite sont composés du préfixe « in- » exprimant l'idée de négation.

34 **Réponse C : coqueluche.**
Il s'agit d'une suite de maladies infantiles infectieuses.

Voici la liste des symboles :
▶ ▶ ▲ ▲ ◀ ◀ ▼ ▶ ▶ ▲ ▲ ◀ ◀ ▼ ▶ ▶ ▲ ▲ ◀ ◀ ▼...

35 **Réponse D : ▶.**
Ce sont des paires d'éléments successifs.

36 **Réponse B : ◄.**
Il y a une symétrie par rapport au symbole ◄ de l'énoncé (on ne considère pas ce symbole).

37 **Réponse C : ▲.**
Les triplets sont espacés de 3 éléments.

38 **Réponse B : J.**
On saute une lettre en alternance selon le sens alphabétique à partir de B et selon le sens inverse à partir de Z.

39 **Réponse A : J.**
Par paire, les lettres se suivent selon l'ordre alphabétique inverse.

40 **Réponse D : C.**
Une paire composée de deux lettres successives est séparée de la suivante par 2 lettres.

FICHE 3

Les suites et les analogies graphiques

QUESTIONS FACILES

1 **Parmi les réponses proposées, laquelle complète la série suivante ?**

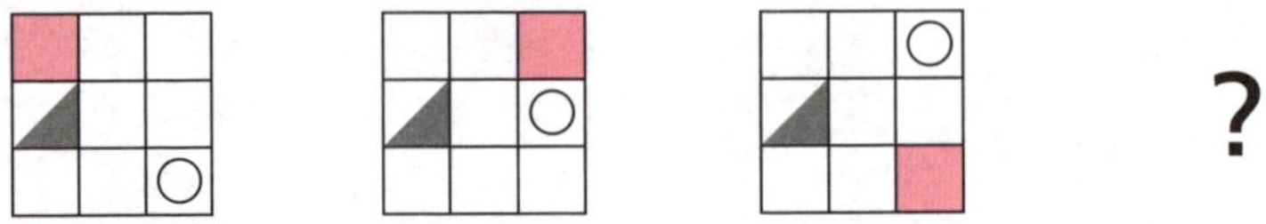

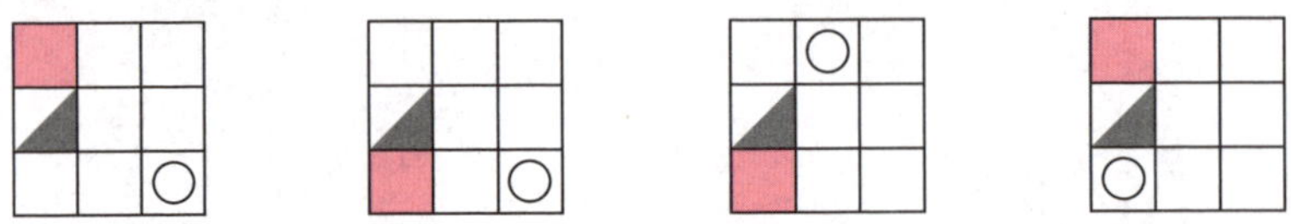

❑ A ❑ B ❑ C ❑ D

2 **Parmi les réponses proposées, laquelle complète la série suivante ?**

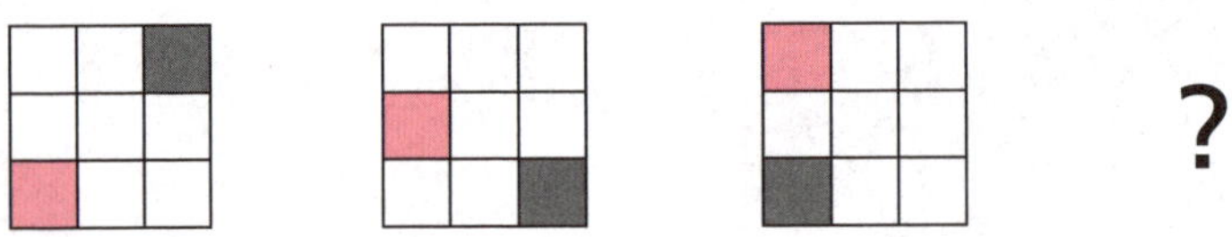

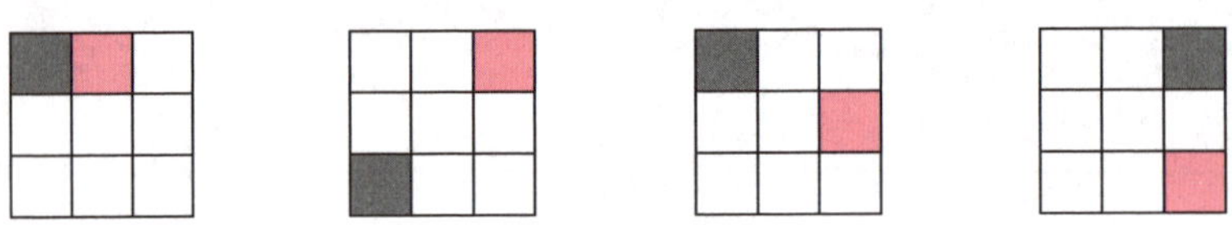

❑ A ❑ B ❑ C ❑ D

3 **Parmi les réponses proposées, laquelle complète la série suivante ?**

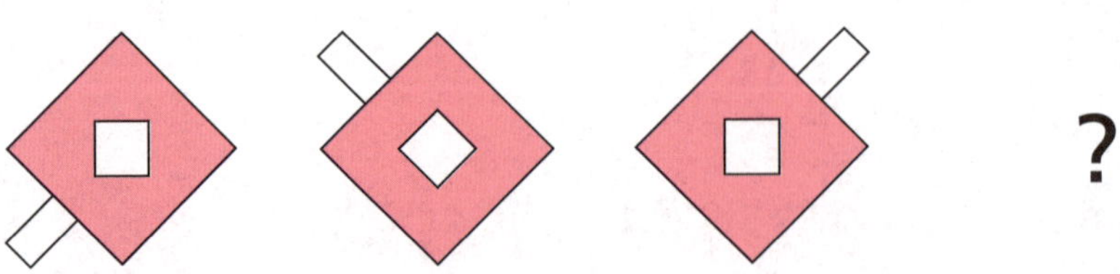

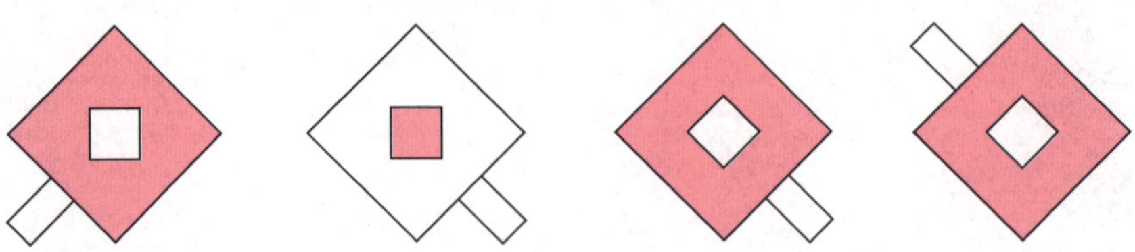

❑ A ❑ B ❑ C ❑ D

4 **Parmi les réponses proposées, laquelle complète la série suivante ?**

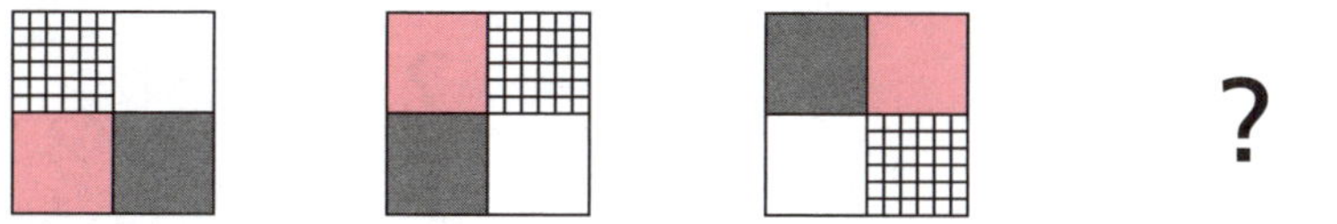

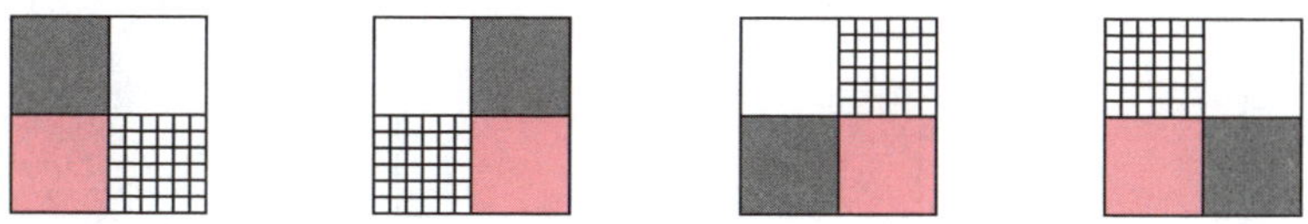

❑ A ❑ B ❑ C ❑ D

5 **Parmi ces figures, quelle est l'intruse ?**

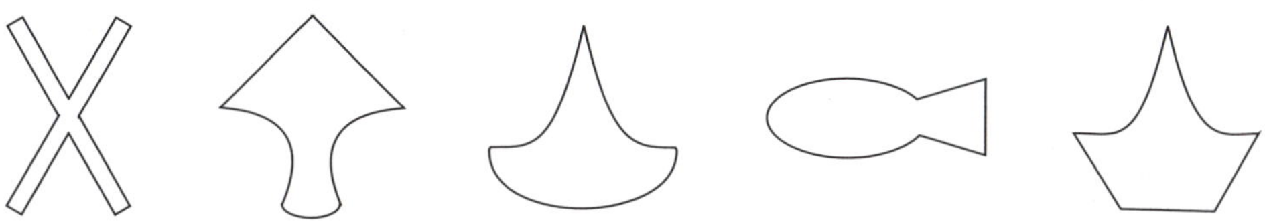

❑ A ❑ B ❑ C ❑ D ❑ E

6 **Parmi ces lignes, quelle est l'intruse ?**

❑ A DIRECT TƆƎЯIᗡ

❑ B INTRUS ƧUЯTИI

❑ C FACILE Ǝ⅃ICAꟻ

❑ D POINT TИIOꟼ

7 **Parmi ces figures, quelle est l'intruse ?**

❑ A ❑ B ❑ C ❑ D ❑ E

8 **Complétez la paire avec l'un des éléments proposés.**

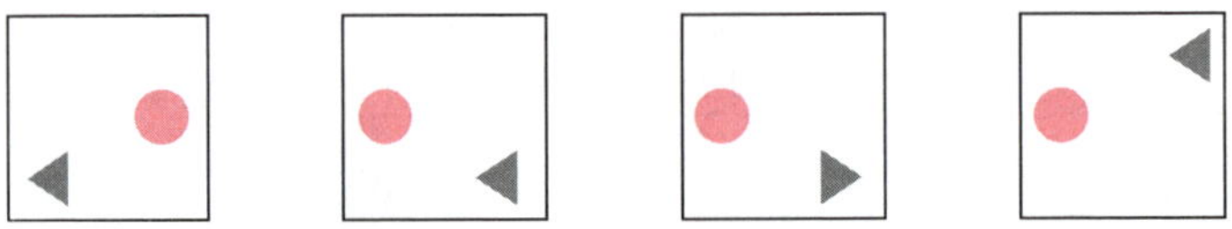

❑ A ❑ B ❑ C ❑ D

9 **Complétez la paire avec l'un des éléments proposés.**

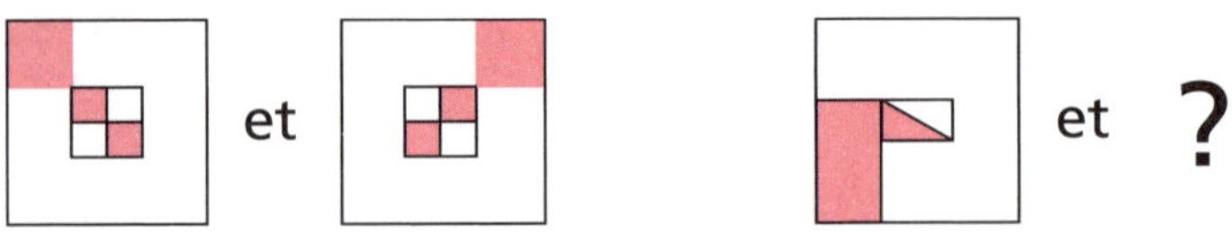

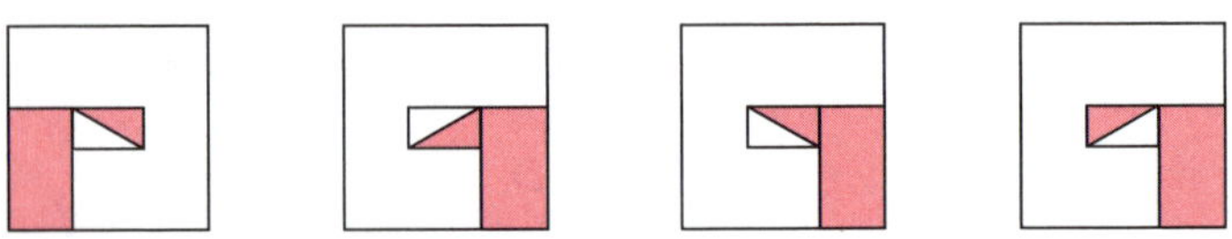

❑ A ❑ B ❑ C ❑ D

10 **Complétez la paire avec l'un des éléments proposés.**

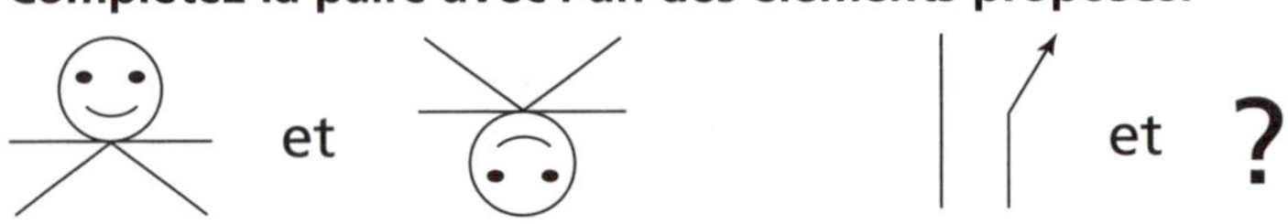

❑ A ❑ B ❑ C ❑ D

11 **Complétez la paire avec l'un des éléments proposés.**

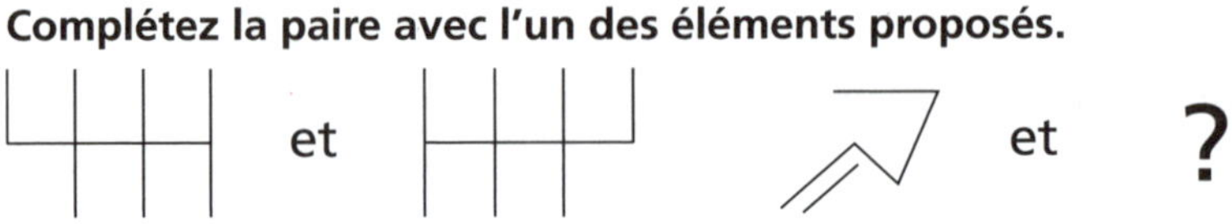

❑ A ❑ B ❑ C ❑ D

12 **Quel est l'élément suivant ?**

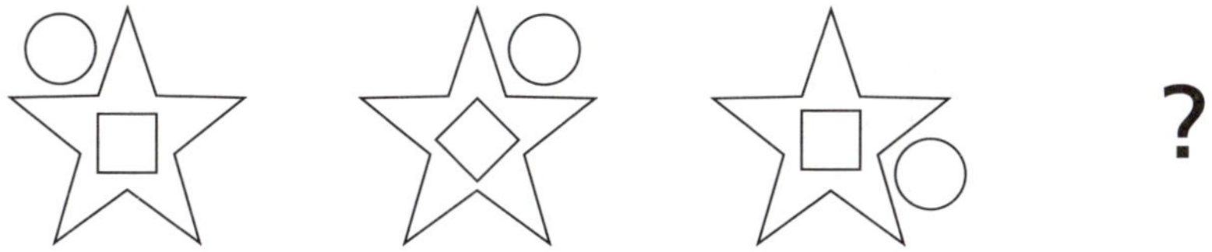

❑ A ❑ B ❑ C ❑ D

13 **Trouvez l'image en miroir du dessin ci-dessous parmi les quatre représentations proposées.**

❑ A. ❑ B. ❑ C. ❑ D.

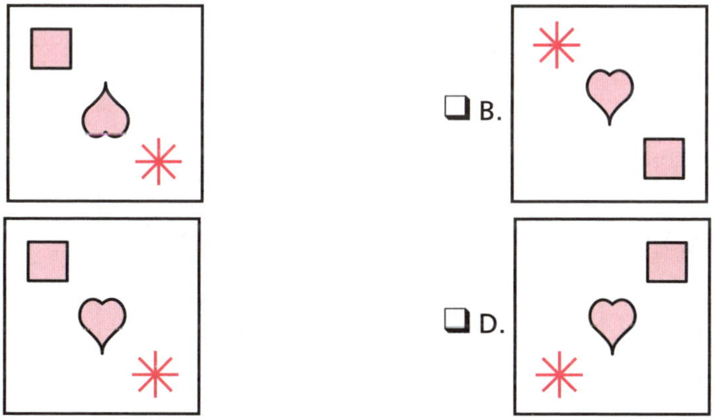

14 **Trouvez l'image en miroir du dessin ci-dessous parmi les quatre représentations proposées.**

❑ A. 

❑ B. 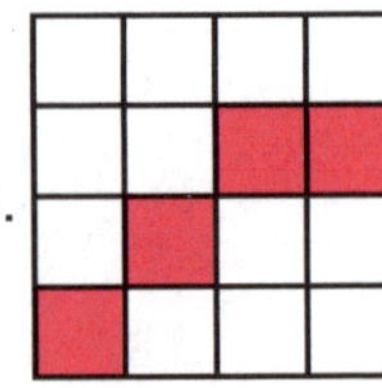

❑ C. 

❑ D. 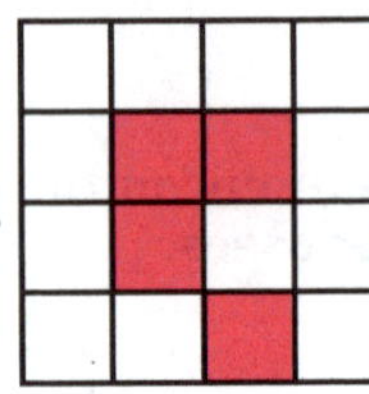

15 **Trouvez l'image en miroir du dessin ci-dessous parmi les quatre représentations proposées.**

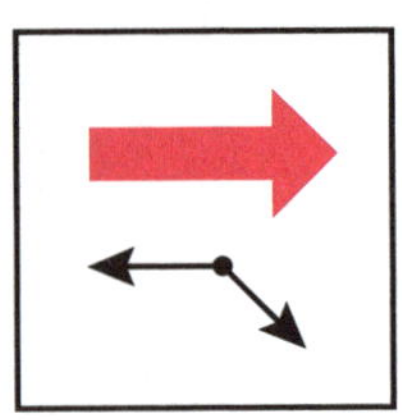

❑ A. 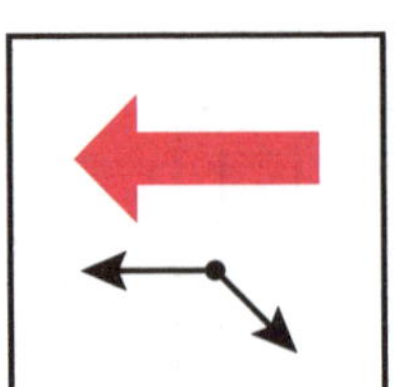

❑ B. 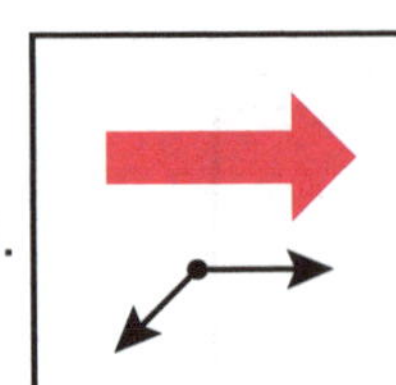

❑ C. 

❑ D. 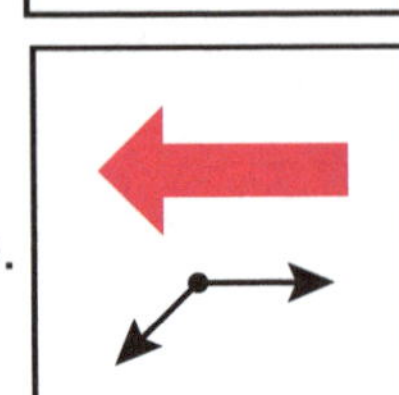

QUESTIONS PLUS DIFFICILES

16 **Parmi les réponses proposées, laquelle complète la série ?**

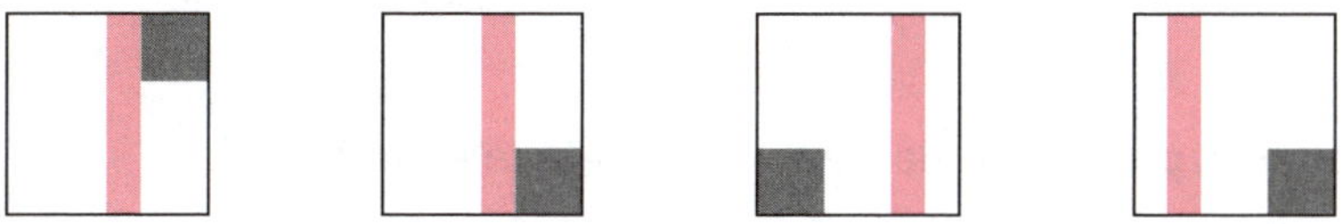

❑ A ❑ B ❑ C ❑ D

17 **Parmi les réponses proposées, laquelle complète la série ?**

❑ A ❑ B ❑ C ❑ D

18 **Parmi les réponses proposées, laquelle complète la série ?**

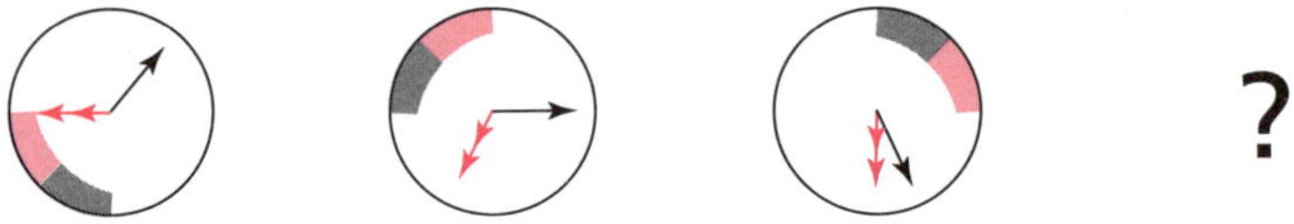

❑ A ❑ B ❑ C ❑ D

19 **Parmi les réponses proposées, laquelle complète la série ?**

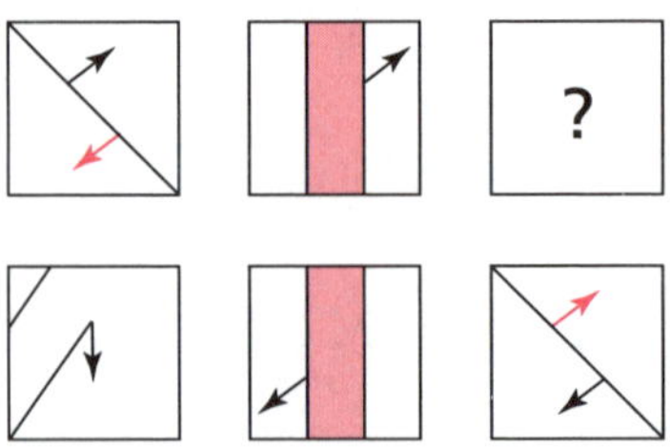

❑ A ❑ B ❑ C ❑ D

20 **Parmi ces couples, quel est l'intrus ?**

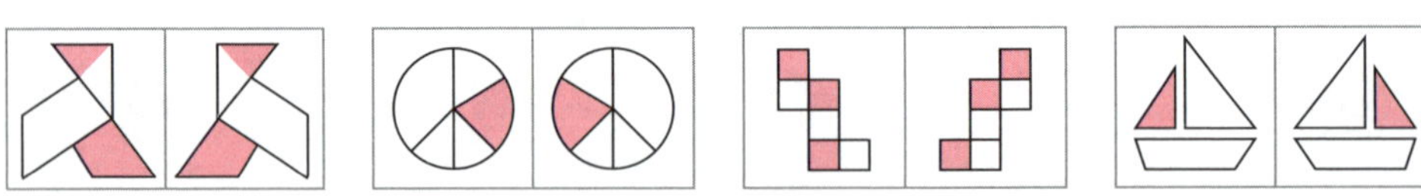

❑ A ❑ B ❑ C ❑ D

21 **Parmi ces blocs, quel est l'intrus ?**

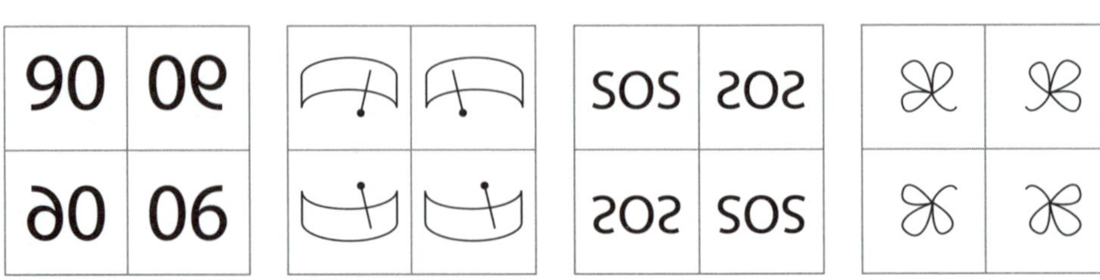

❑ A ❑ B ❑ C ❑ D

22 **Parmi les réponses proposées, laquelle complète la série suivante ?**

❑ A.

❑ B.

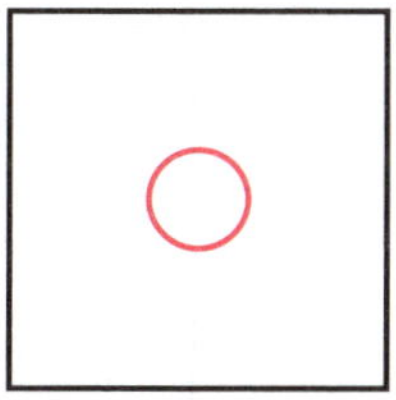

❑ C.

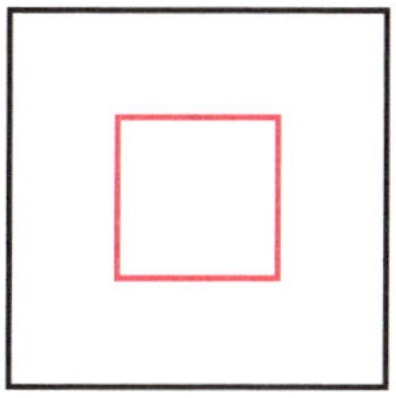

❑ D.

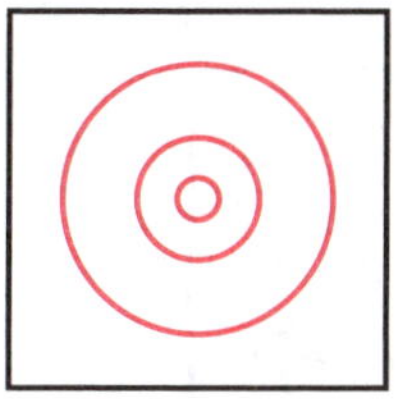

23 **Parmi les réponses proposées, laquelle complète la série suivante ?**

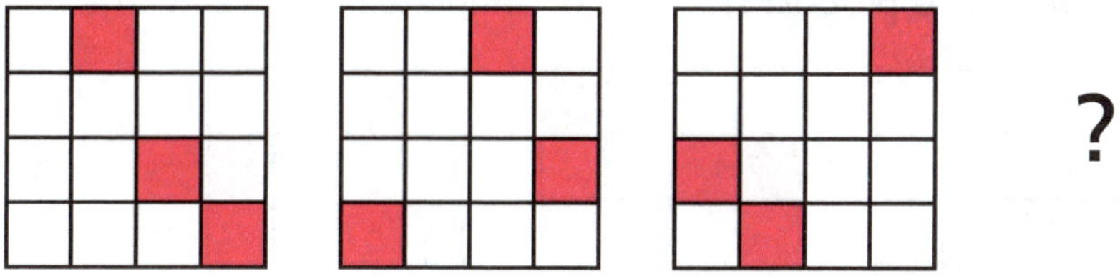

❑ A.

❑ B.

❑ C.

❑ D.

24 **Parmi les réponses proposées, laquelle complète la série suivante ?**

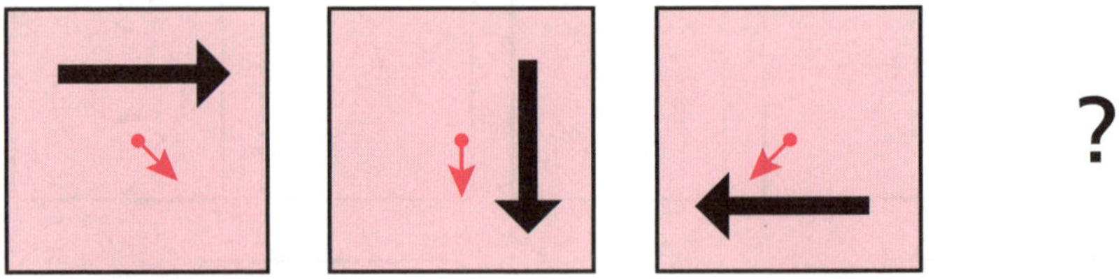

❑ A.

❑ B.

❑ C.

❑ D.

25 **Parmi les réponses proposées, laquelle complète la série suivante ?**

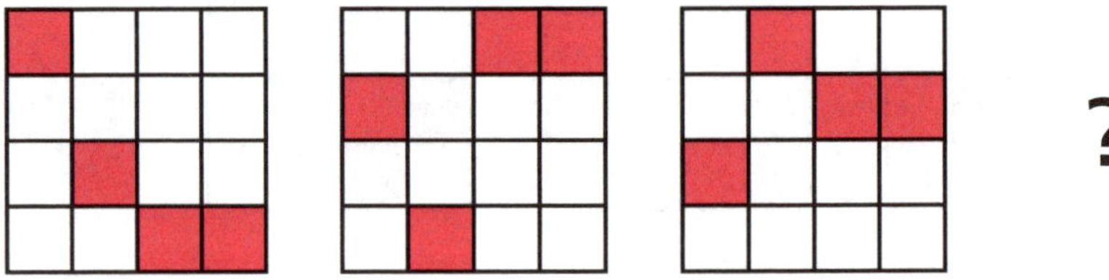

❑ A.

❑ B.

❑ C.

❑ D.

26 **Parmi les réponses proposées, laquelle complète la série suivante ?**

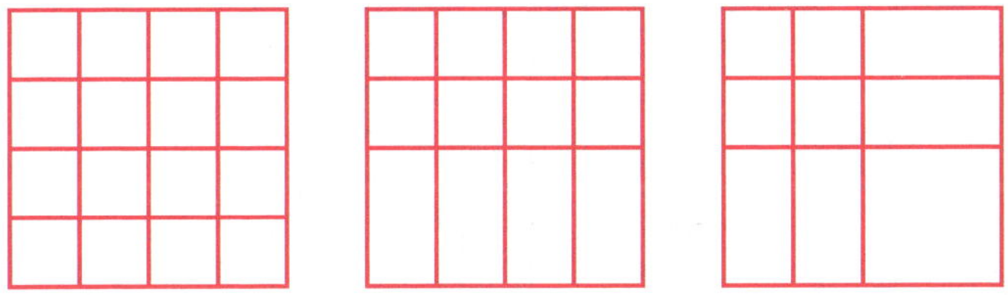

?

❑ A. 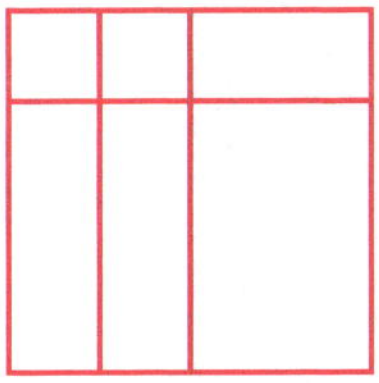

❑ B. 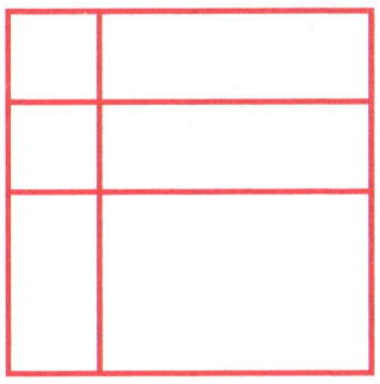

❑ C. 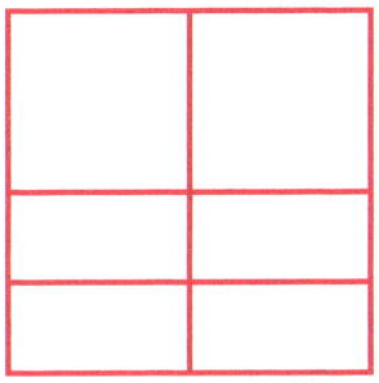

❑ D. 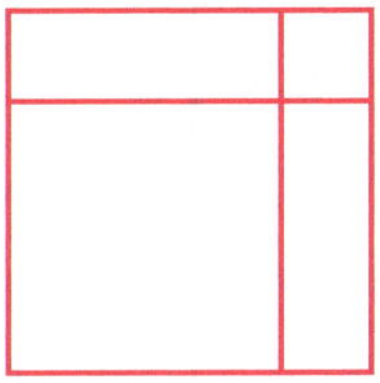

27 **Parmi les réponses proposées, laquelle complète la série suivante ?**

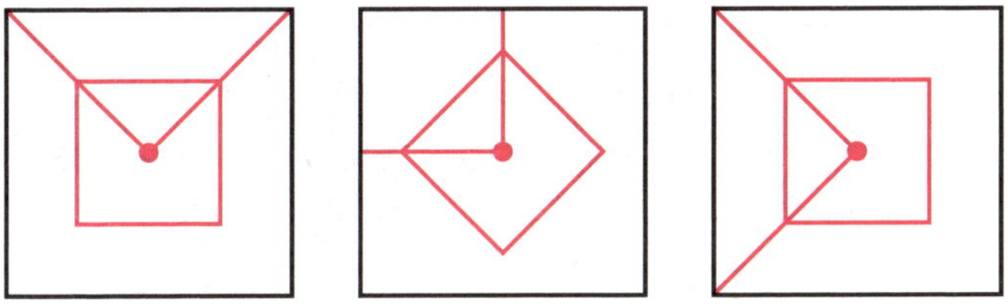

?

❑ A. 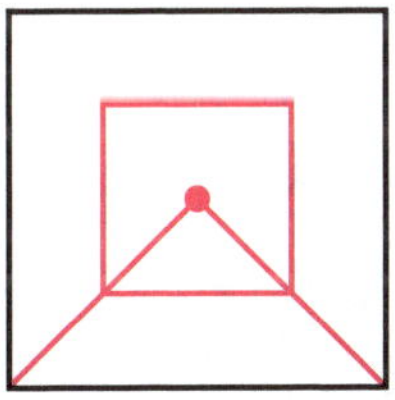

❑ B. 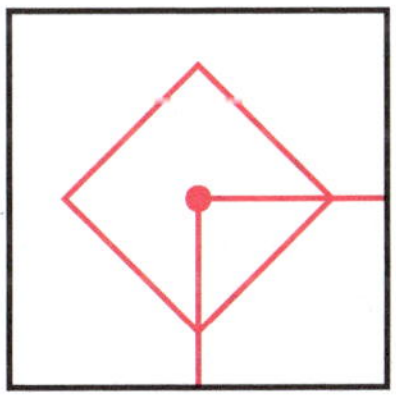

❑ C. 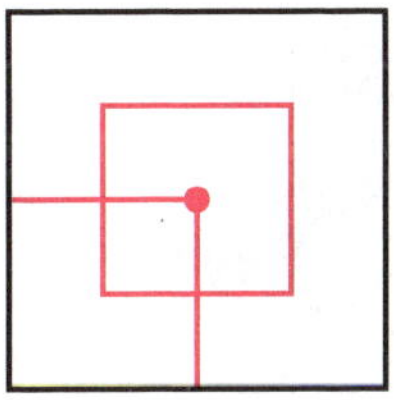

❑ D. 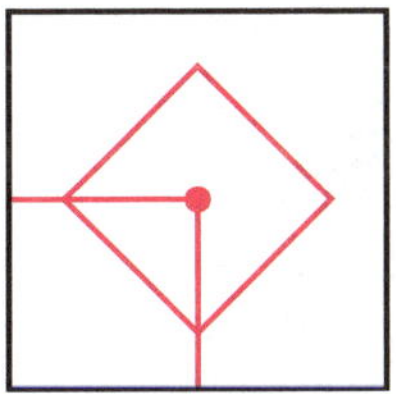

28 **Parmi les réponses proposées, laquelle complète la série suivante ?**

❑ A. 

❑ B. 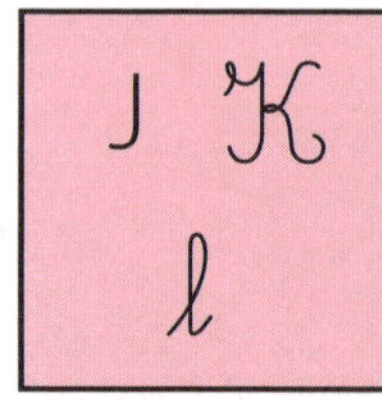

❑ C. 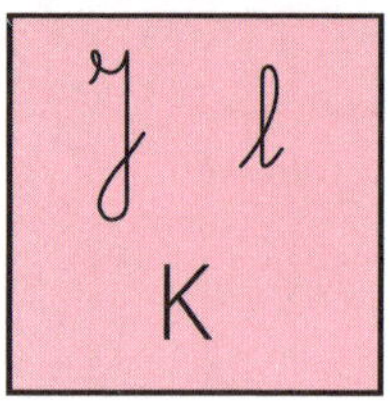

❑ D. 

29 **Complétez l'analogie en choisissant parmi les réponses proposées.**

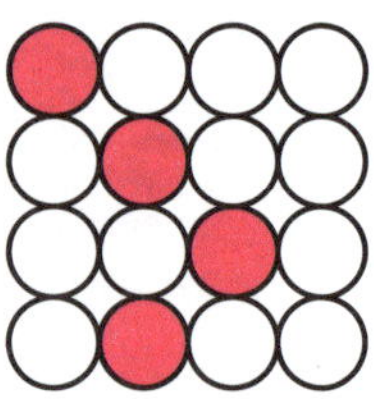 est à 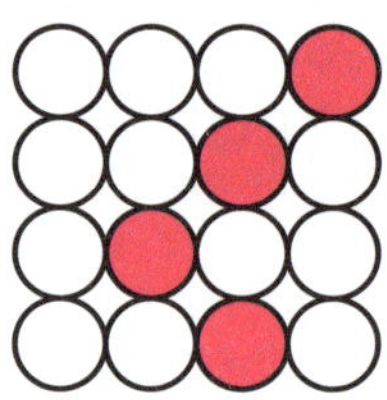 ce que 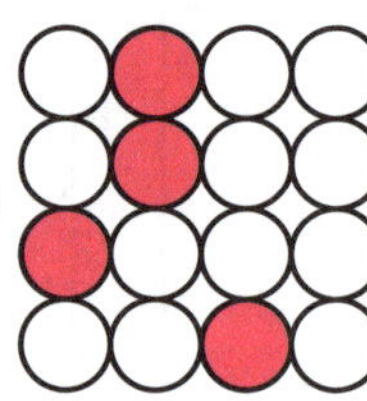 est à ?

❑ A. 

❑ B. 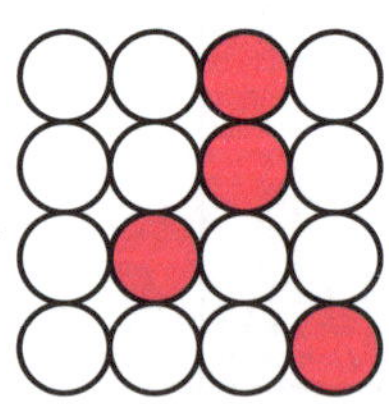

❑ C. 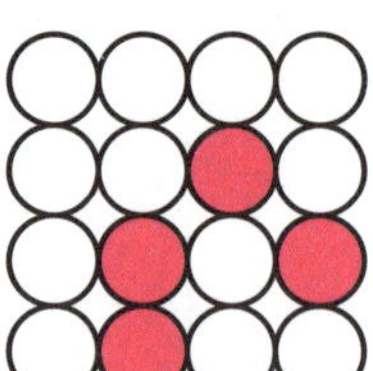

❑ D. 

30 **Complétez l'analogie en choisissant parmi les réponses proposées.**

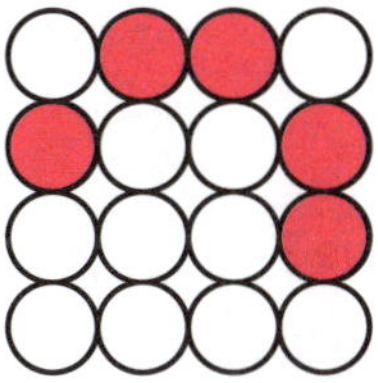 est à 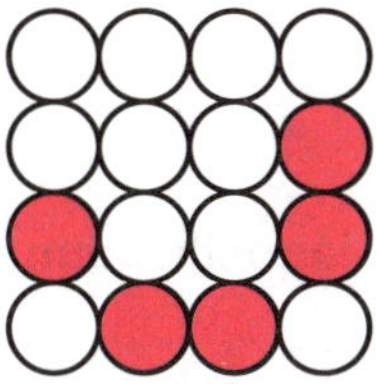 ce que 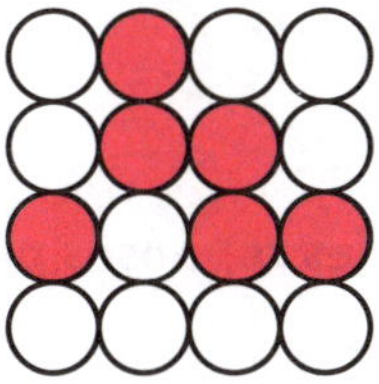 est à ?

❑ A. 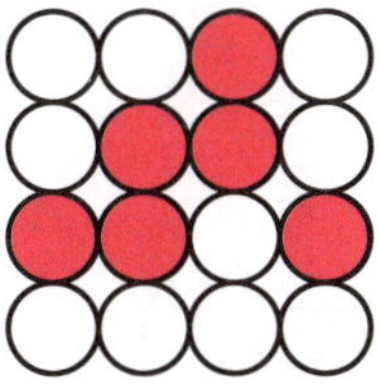

❑ B. 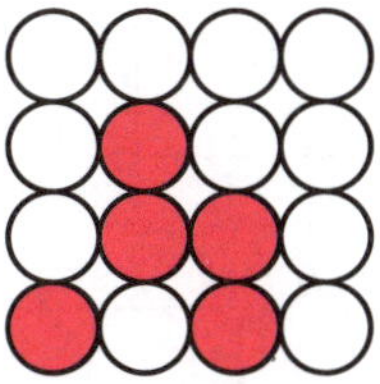

❑ C. 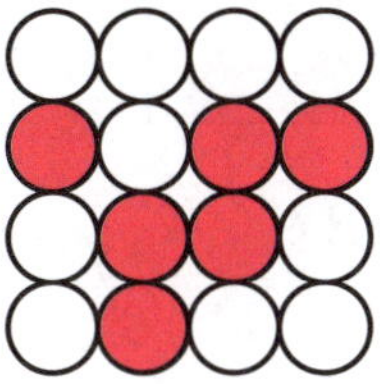

❑ D. 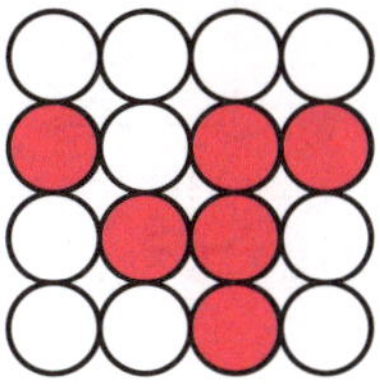

TEST EN TEMPS LIMITÉ *(8 minutes)*

31 **Parmi les réponses proposées, laquelle complète la série ?**

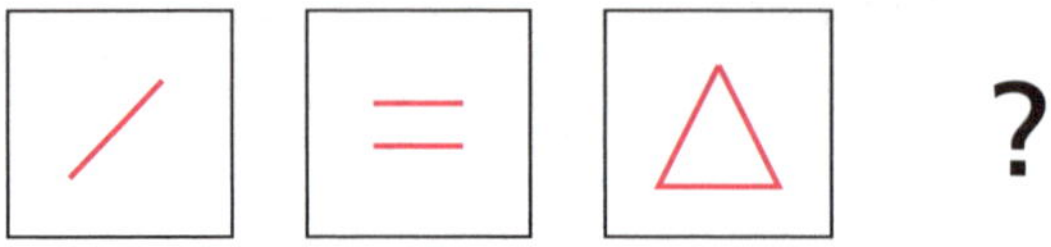

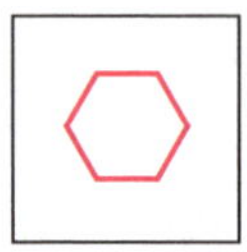

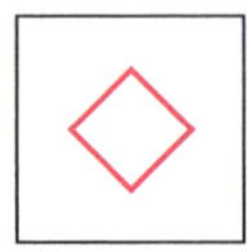

❑ A ❑ B ❑ C ❑ D

32 **Parmi les réponses proposées, laquelle complète la série ?**

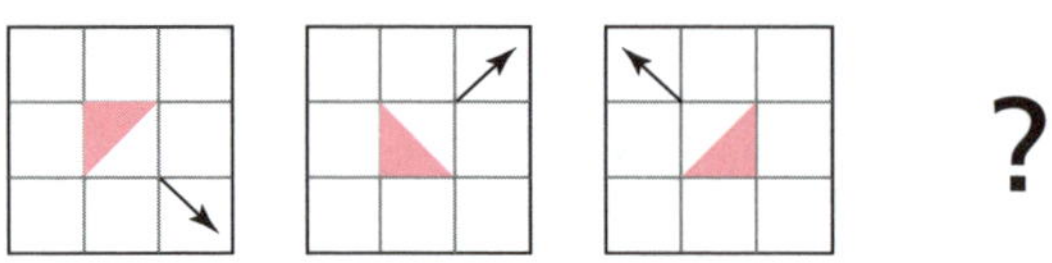

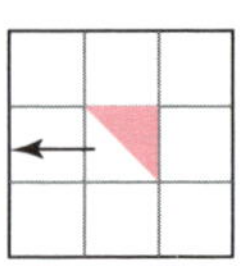

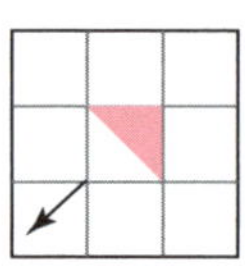

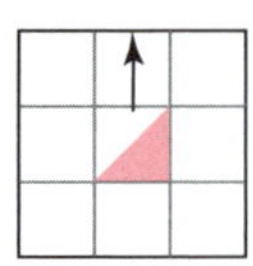

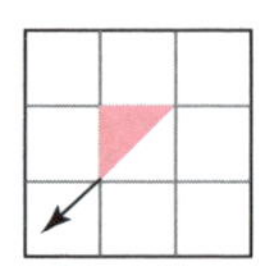

❑ A ❑ B ❑ C ❑ D

33 **Parmi ces figures, quelle est l'intruse ?**

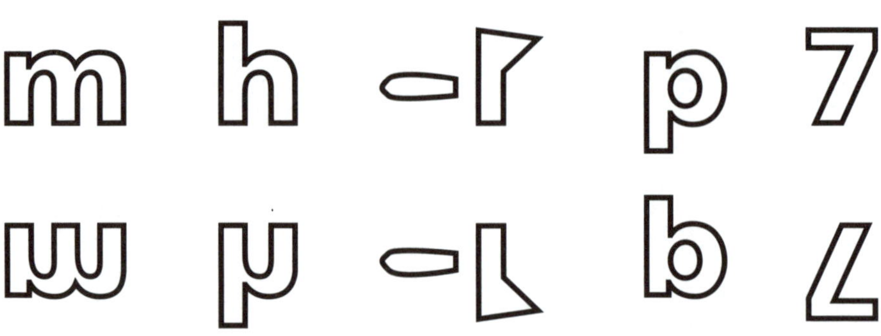

❑ A ❑ B ❑ C ❑ D ❑ E

34 **Parmi ces figures, quelle est l'intruse ?**

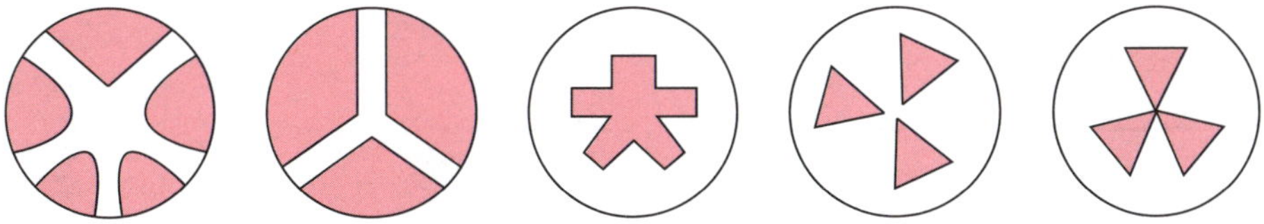

❑ A ❑ B ❑ C ❑ D ❑ E

35 **Parmi ces figures, quelle est l'intruse ?**

❑ A ❑ B ❑ C ❑ D ❑ E

36 **Parmi les réponses proposées, laquelle complète la série ?**

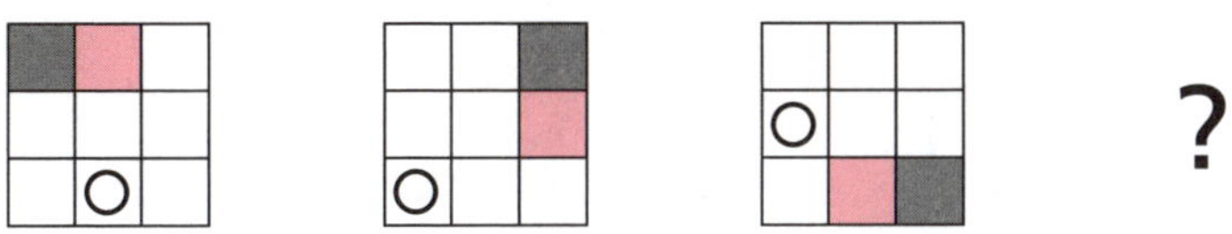

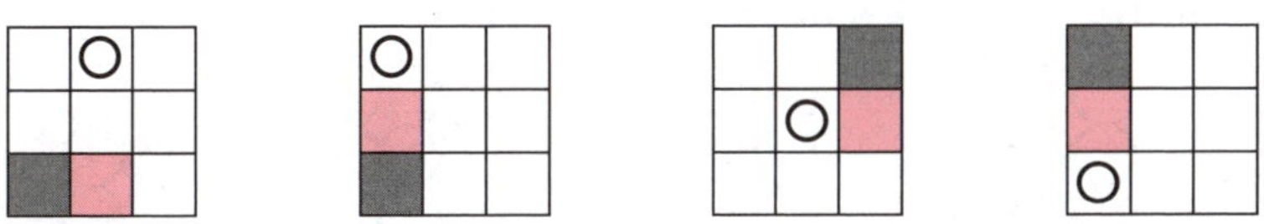

❑ A ❑ B ❑ C ❑ D

37 **Parmi les réponses proposées, laquelle complète la série ?**

❑ A ❑ B ❑ C ❑ D

38 **Parmi les réponses proposées, laquelle complète la série ?**

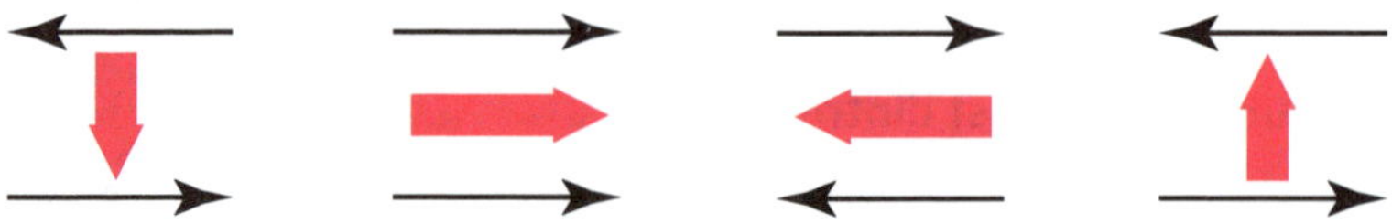

❑ A ❑ B ❑ C ❑ D

39 **Quelle est l'intruse parmi les figures suivantes ?**

❑ A ❑ B ❑ C ❑ D ❑ E ❑ F

40 **Quelle est l'intruse parmi les figures suivantes ?**

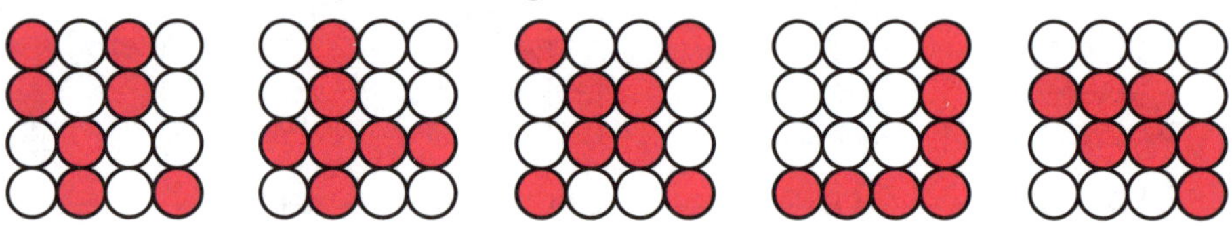

❑ A ❑ B ❑ C ❑ D ❑ E

Réponses

REMARQUE

Ces tests reposent :
- soit sur des rotations, des symétries par rapport à un axe ou à un centre ;
- soit sur une visualisation dans l'espace.

Pour les séries à compléter et la recherche de l'intrus dans une série, on détermine dans les dessins proposés un centre de symétrie, un centre de rotation ou un axe de symétrie, soit à l'intérieur de la figure, soit à l'extérieur.

Pour les questions portant sur la représentation d'un volume, il est utile de s'entraîner à reconstituer un volume à partir d'un patron.

Questions faciles

1 **Réponse : C.**
Le carré rouge tourne dans le sens des aiguilles d'une montre en sautant une case, le triangle reste dans sa position, le rond tourne en sens contraire des aiguilles d'une montre.

2 **Réponse : A.**
Le carré rouge tourne dans le sens des aiguilles d'une montre, le carré noir tourne dans le sens des aiguilles d'une montre en sautant une case.

3 **Réponse : C.**
Le carré intérieur tourne successivement d'un huitième de tour, le rectangle extérieur parcourt chacun des quatre côtés du carré extérieur.

4 **Réponse : B.**
Les trois carrés coloriés pivotent tous ensemble d'un quart de tour dans le sens des aiguilles d'une montre.

5 **Réponse : D.**
C'est la seule figure qui n'a pas d'axe de symétrie vertical.

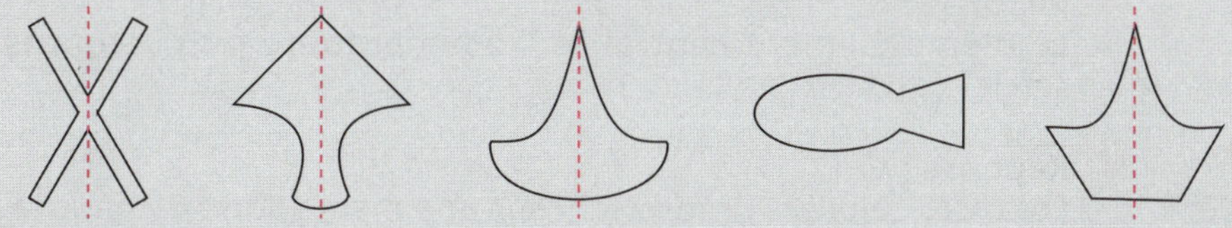

6 **Réponse : C.**
Le C de FACILE n'apparaît pas « en miroir » dans le reflet à droite.

7 **Réponse : C.**
C'est le seul parapluie obtenu par retournement et non par rotation.

8 **Réponse : B.**
Il existe une symétrie selon un centre situé entre les deux dessins.

9 **Réponse : B.**
Il existe une symétrie selon un axe vertical situé entre les deux dessins.

10 **Réponse : B.**
Il existe une symétrie selon un centre situé entre les deux dessins.

11 **Réponse : D.**
Il existe une symétrie selon un axe vertical situé entre les deux dessins.

12 **Réponse : D.**
Le carré central et le cercle sont en rotation.

13 **Réponse : C.**

14 **Réponse : C.**

15 **Réponse : D.**

■ Questions plus difficiles

16 **Réponse : B.**
La rayure rouge se déplace de gauche à droite, le carré tourne dans le sens des aiguilles d'une montre.

17 **Réponse : C.**
L'ensemble tourne dans le sens des aiguilles d'une montre.

18 **Réponse : C.**

19 **Réponse : B.**
Il y a une symétrie centrale.

20 **Réponse : C.**
Les éléments sont bien symétriques, mais la couleur d'un des petits carrés sur la ligne du bas n'est pas correcte.

21 **Réponse : B.**
Il y a une erreur dans la symétrie du bâtonnet en bas à droite.

22 **Réponse : B.**
Le même élément central se trouve entouré puis retourné et non cerclé.

23 **Réponse : C.**
Les cases colorées progressent sur une même ligne de gauche à droite puis reviennent à gauche.

24 **Réponse : B.**
La plus grande flèche tourne de 90° dans le sens des aiguilles d'une montre, la petite tourne autour du centre de 45° dans le sens des aiguilles d'une montre.

25 **Réponse : D.**
Les cases colorées se déplacent de haut en bas dans chaque colonne puis reviennent en haut.

26 **Réponse : A**
Successivement, un trait horizontal disparaît puis un trait vertical.

27 **Réponse : D.**
Le carré central pivote de 90° et le triangle de 45° dans le sens contraire à celui des aiguilles d'une montre.

28 **Réponse : A.**
Les lettres se suivent dans l'ordre alphabétique dans le sens contraire à celui des aiguilles d'une montre et le type de typographie aussi.

29 **Réponse : A.**
Il s'agit d'une symétrie en miroir entre les deux éléments.

30 **Réponse : C.**
Il s'agit d'une symétrie en miroir selon un axe horizontal.

Test en temps limité

31 **Réponse : C.**
Le nombre de segments augmente régulièrement.

32 **Réponse : B.**
Le triangle rouge parcourt le centre dans le sens inverse des aiguilles d'une montre, la flèche progresse dans les quatre coins dans le sens inverse des aiguilles d'une montre.

33 **Réponse : E.**
C'est le seul dessin sans symétrie d'axe horizontal.

34 **Réponse : D.**
Elle n'a pas d'axe de symétrie vertical.

35 **Réponse : D.**
C'est le seul obtenu par retournement et non par rotation.

36 **Réponse : B.**

37 **Réponse : D.**
Il y a une symétrie par rapport à un axe vertical.

38 **Réponse : A.**
La flèche rouge pivote dans le sens inverse des aiguilles d'une montre, les flèches noires sont à droite puis à gauche en alternance.

39 **Réponse : D.**
La figure centrale est composée d'un segment ou côté de moins que la figure qui la contient sauf pour l'élément D.

40 **Réponse : C.**
Les autres éléments contiennent tous 7 ronds colorés, la C en contient 8.

FICHE 4

Les suites de dominos et de cartes

QUESTIONS FACILES

1 **Complétez la suite de dominos suivante :**

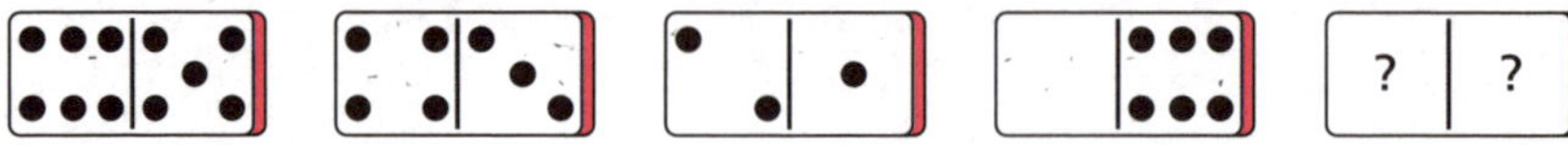

☐ A. 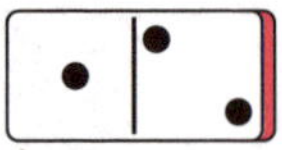 ☐ B. 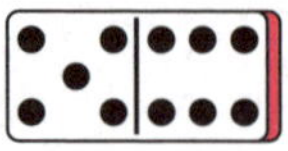 ☒ C. 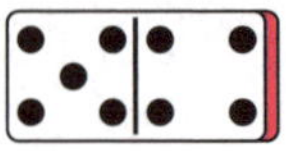 ☐ D. 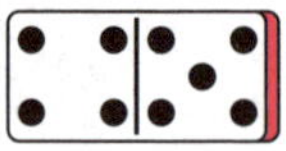

2 **Complétez la suite de dominos suivante :**

☐ A. 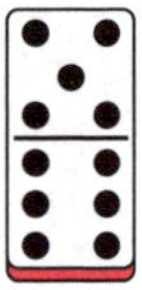 ☐ B. 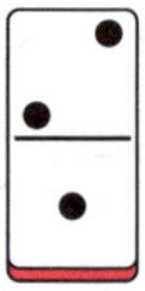 ☐ C. 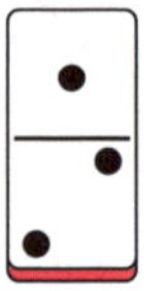 ☒ D. 

3 **Complétez la suite de dominos suivante :**

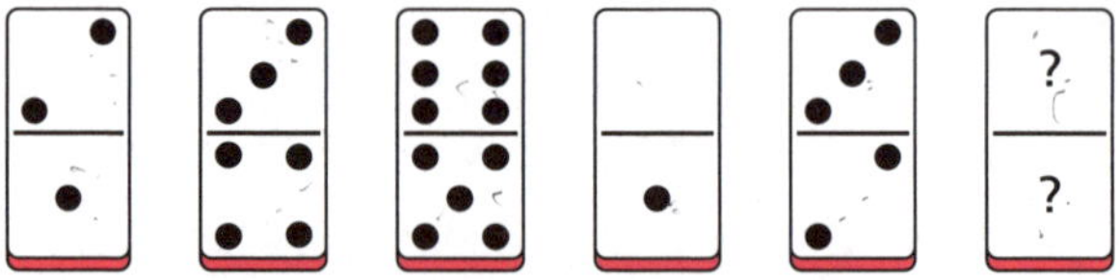

☐ A. 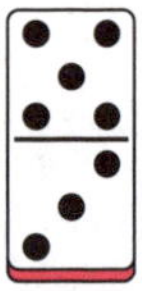 ☐ B. 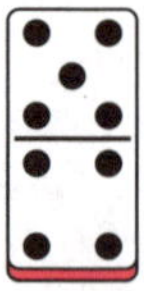 ☐ C.  ☒ D. 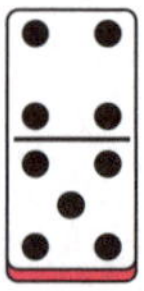

4 **Complétez la suite de dominos suivante :**

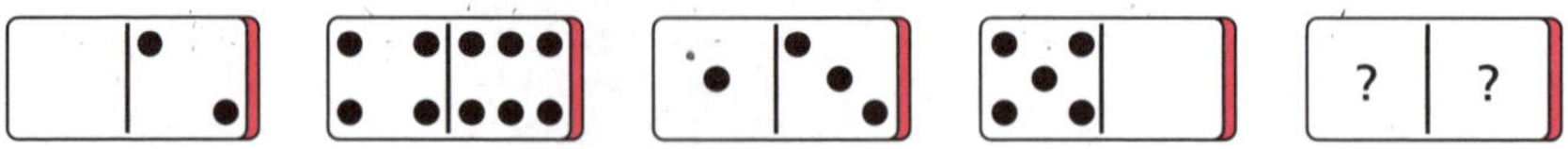

☐ A. 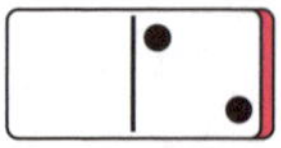 ☐ B. 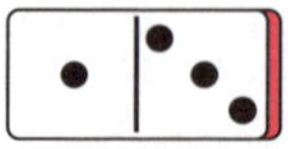 ☒ C. 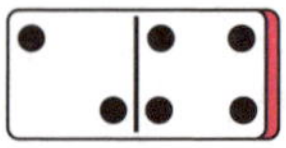 ☐ D. 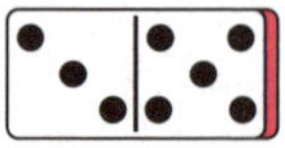

5 Complétez la suite de dominos suivante :

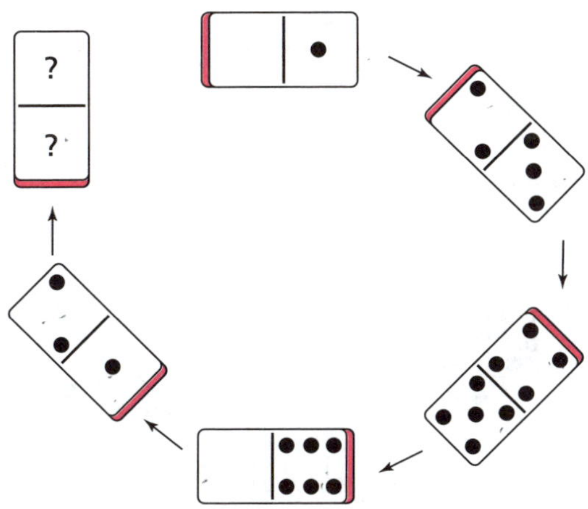

☐ A. 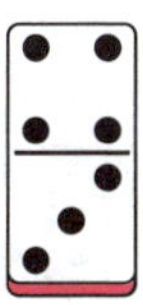

☐ B. 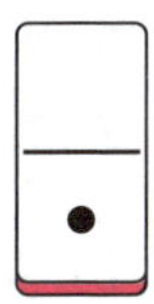

☐ C. 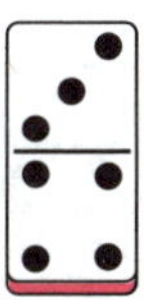

☐ D. 

6 Complétez la suite de dominos suivante :

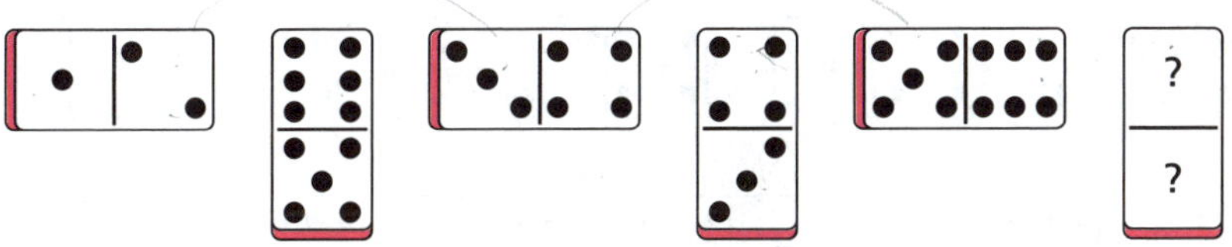

☐ A. 

☐ B. 

☒ C. 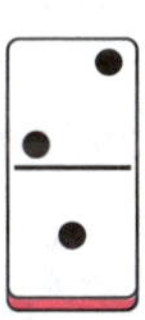

☐ D. 

7 Complétez la suite de dominos suivante :

☐ A. 

☐ B. 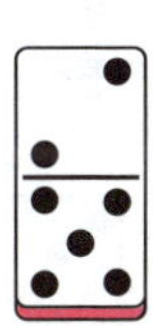

☒ C. 

☐ D. 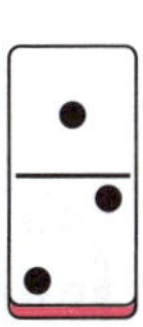

8 **Complétez la suite de dominos suivante :**

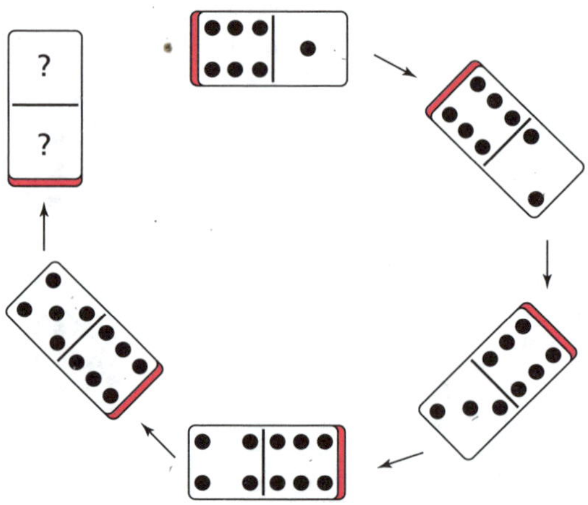

A. 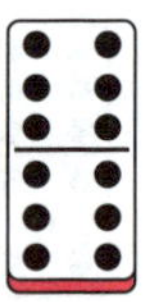

B. 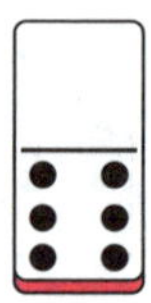

C. 

D. 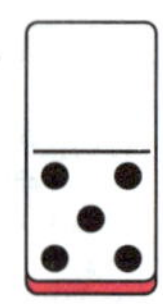

9 **Complétez la suite de dominos suivante :**

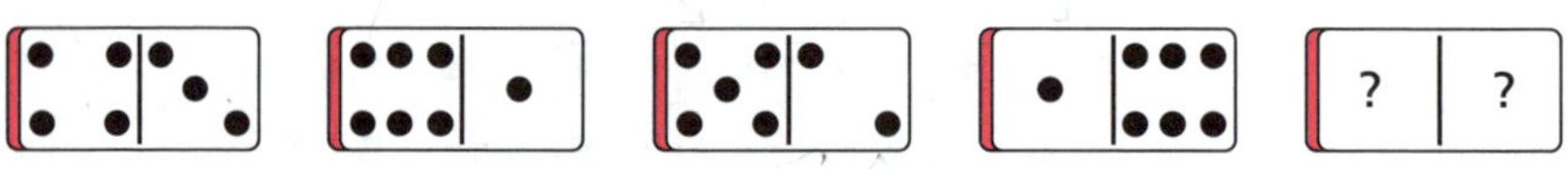

A. 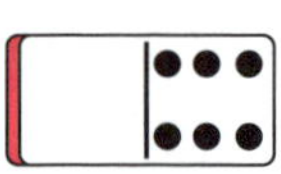

B. 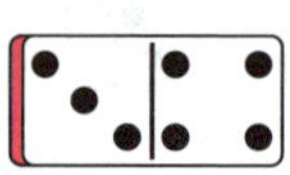

C. 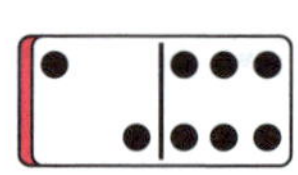

D. 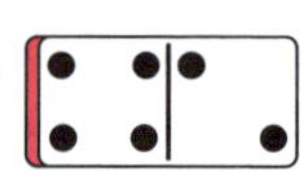

10 **Complétez la suite de dominos suivante :**

A. 

B. 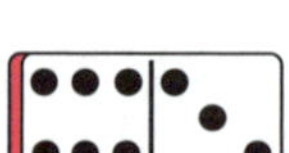

C. 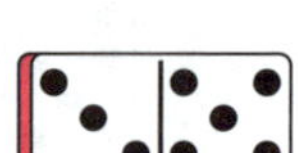

D. 

11 **Complétez la suite de cartes suivante :**

☐ A. 

☐ B. 

☐ C. 

☐ D. 

12 **Complétez la suite de cartes suivante :**

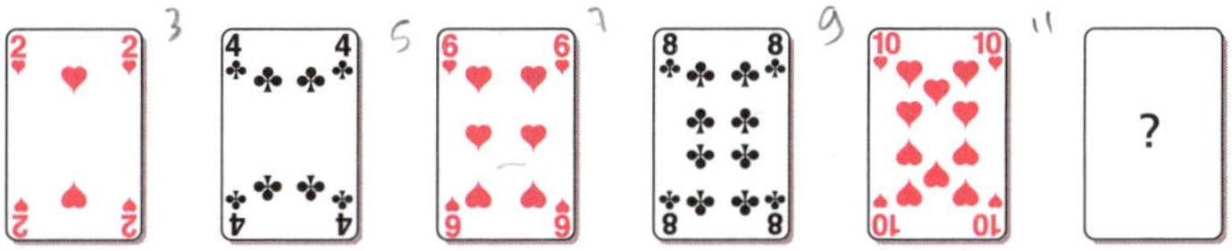

☐ A. 

☐ B. 

☐ C. 

☐ D. 

13 **Complétez la suite de cartes suivante :**

☐ A. 

☐ B. 

☐ C. 

☐ D. 

14 Complétez la suite de cartes suivante :

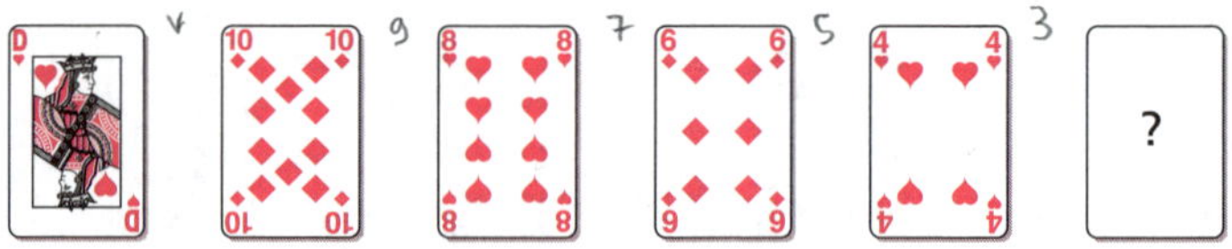

☐ A. 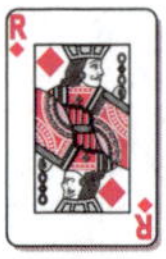

☐ B. 

☐ C. 

☐ D. 

15 Complétez la suite de cartes suivante :

☐ A. 

☐ B. 

☐ C. 

☐ D. 

QUESTIONS PLUS DIFFICILES

16 **Complétez la suite de dominos suivante :**

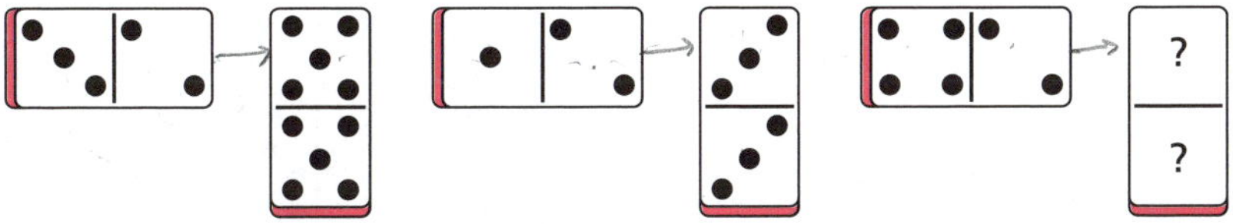

☐ A. 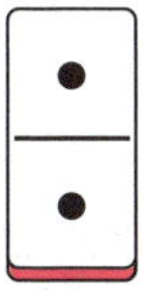

☐ B. 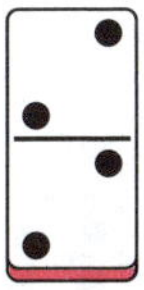

☐ C. 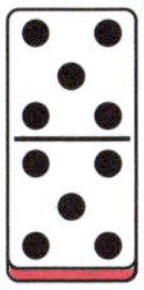

☒ D. 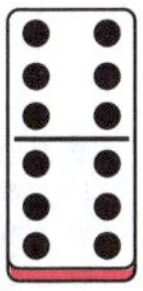

17 **Complétez la suite de dominos suivante :**

☐ A. 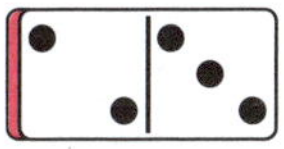

☐ B. 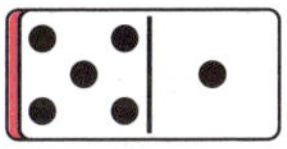

☒ C. 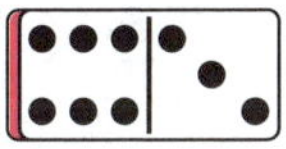

☐ D. 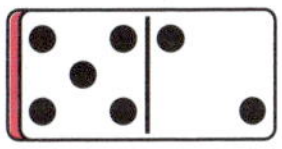

18 **Complétez la suite de dominos suivante :**

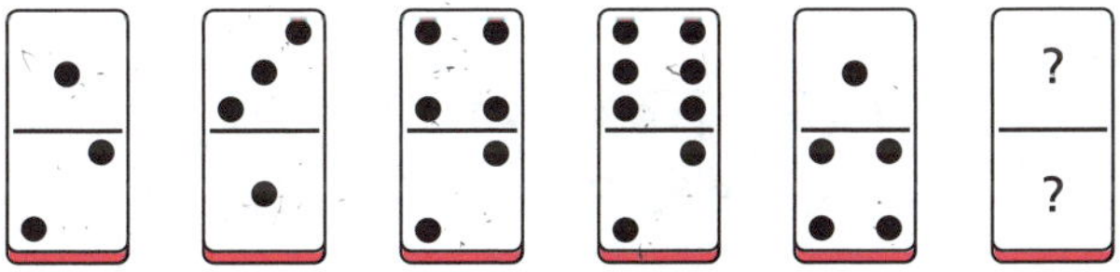

☐ A. 

☐ B. 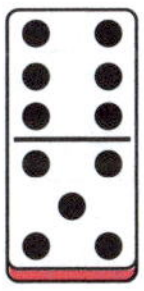

☐ C. 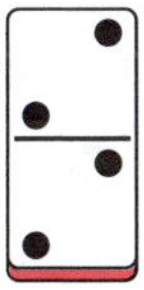

☒ D. 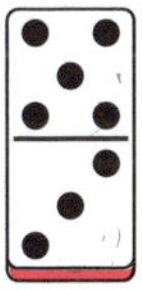

19 **Complétez la suite de dominos suivante :**

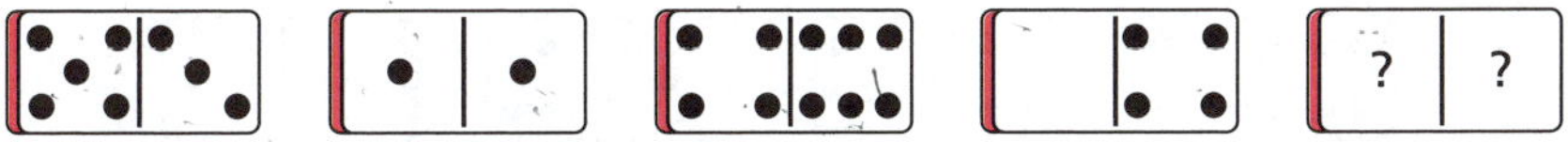

☐ A. 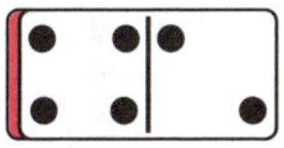

☒ B. 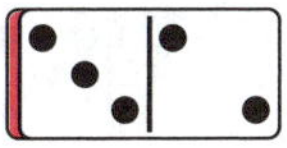

☐ C. 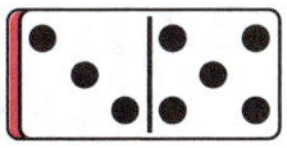

☐ D. 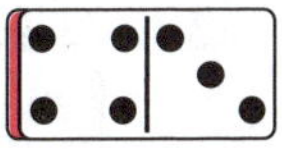

20 **Complétez la suite de dominos suivante :**

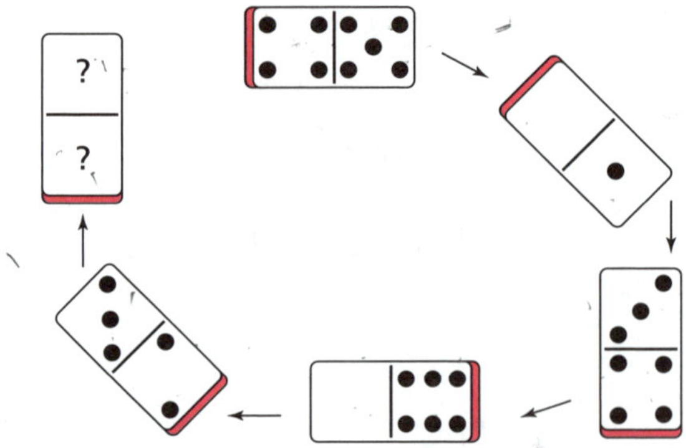

❑ A. 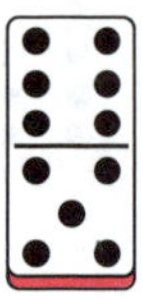
❑ B. 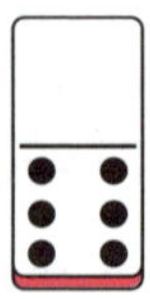
❑ C. 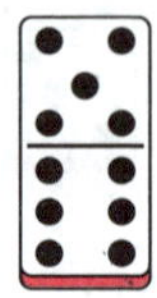
❑ D. 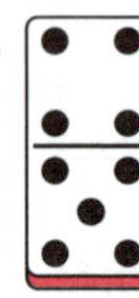

21 **Complétez la suite de dominos suivante :**

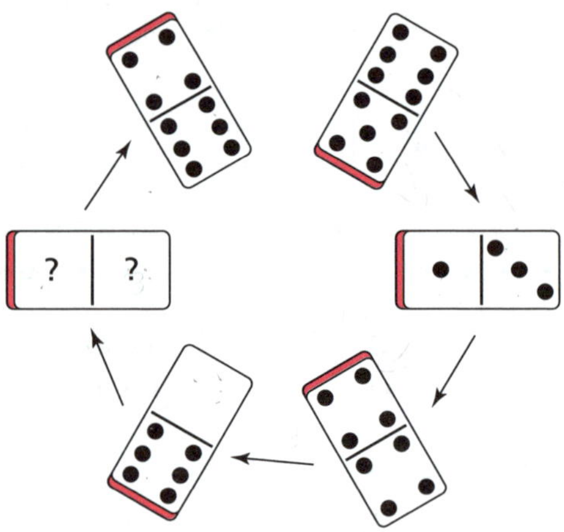

❑ A. 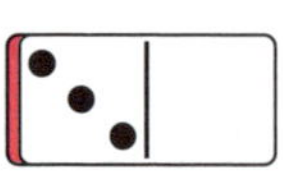
❑ B. 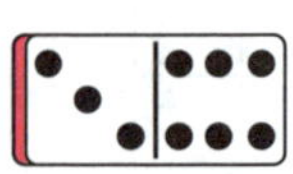
❑ C. 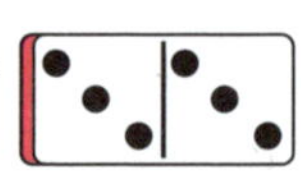
❑ D. 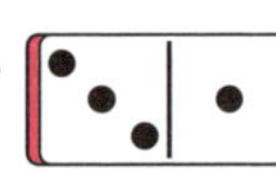

22 **Complétez la suite de dominos suivante :**

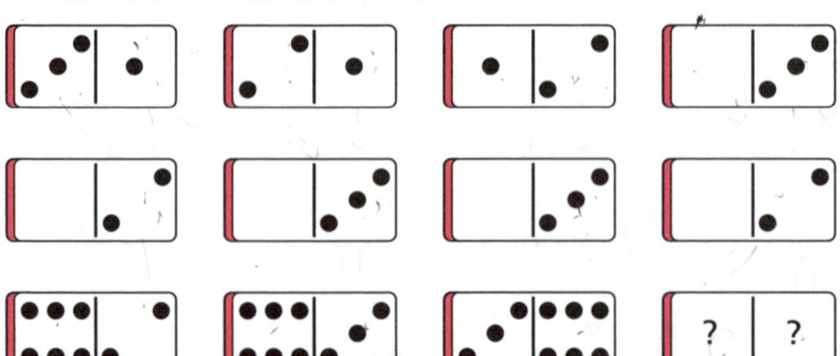

❑ A. 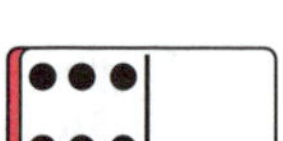
❑ B. 
❑ C. 
❑ D. 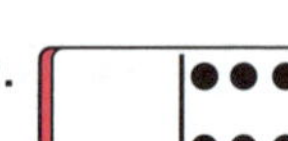

23 Complétez la suite de dominos suivante :

❑ A. 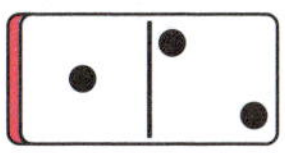
❑ B. 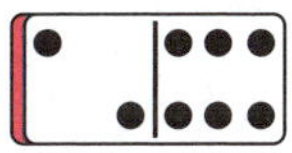
❑ C. 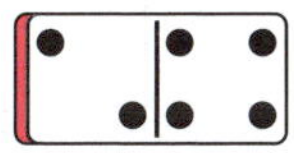
❑ D. 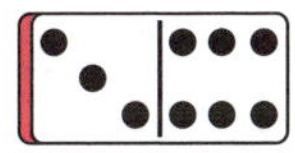

24 Complétez la suite de dominos suivante :

❑ A. 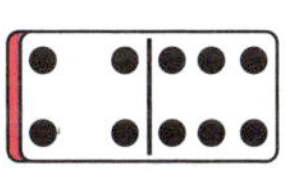
❑ B. 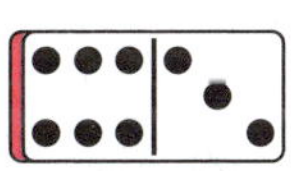
❑ C. 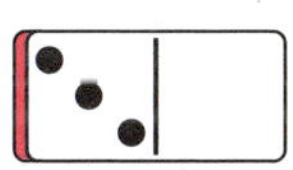
❑ D. 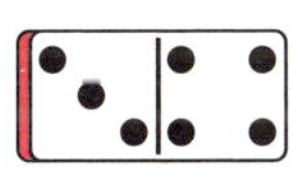

25 Complétez la suite de cartes suivante :

❑ A. 
❑ B. 
❑ C. 
❑ D. 

26 Complétez la suite de cartes suivante :

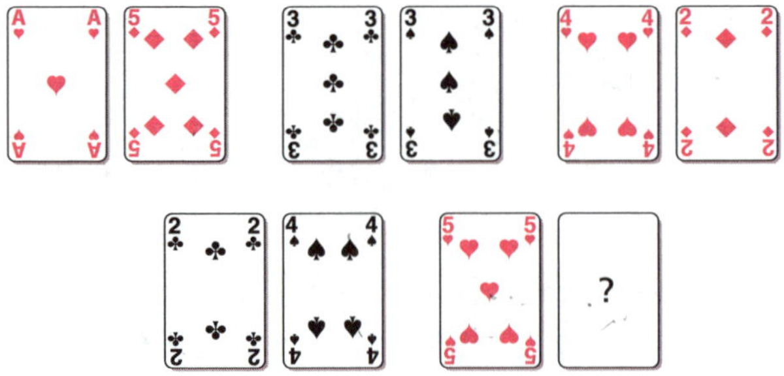

☐ A.  ☐ B.  ☐ C.  ☐ D. 

27 Complétez la suite de cartes suivante :

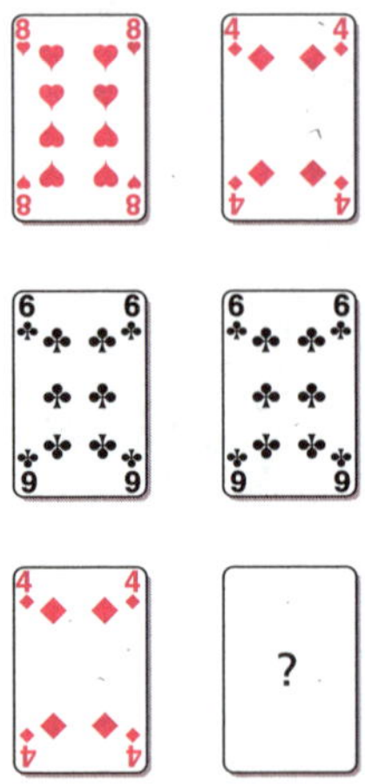

☐ A.  ☐ B.  ☐ C.  ☐ D. 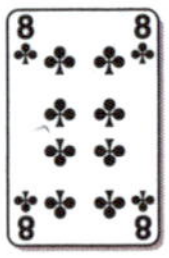

28 Complétez la suite de cartes suivante :

☐ A.  ☐ B.  ☐ C.  ☐ D. 

29 Complétez la suite de cartes suivante :

☒ A. 

❑ B. 

❑ C. 

❑ D. 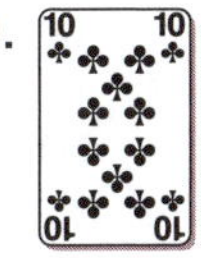

30 Complétez la suite de cartes suivante :

❑ A. 

❑ B. 

❑ C. 

☒ D. 

TEST EN TEMPS LIMITÉ *(8 minutes)*

31 **Complétez la suite de dominos suivante :**

❑ A. 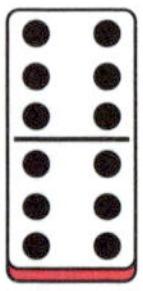

❑ B. 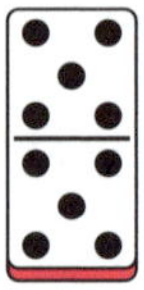

❑ C. 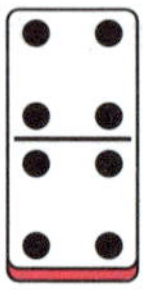

❑ D. 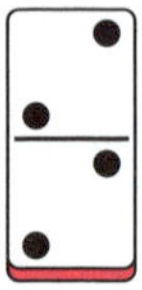

32 **Complétez la suite de dominos suivante :**

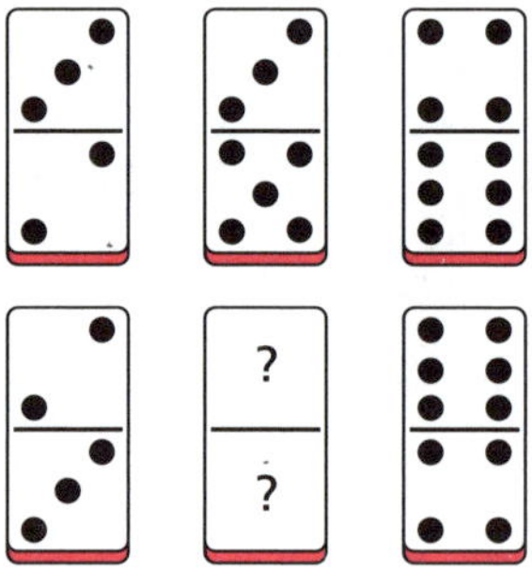

❑ A. 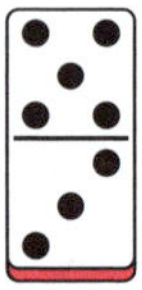

❑ B. 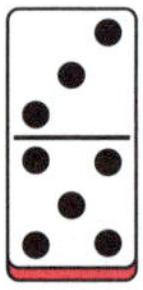

❑ C. 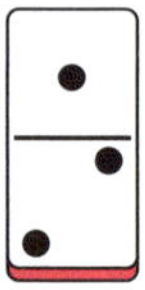

❑ D. 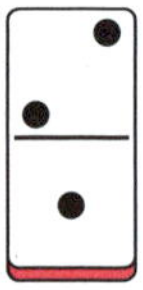

33 **Complétez la suite de dominos suivante :**

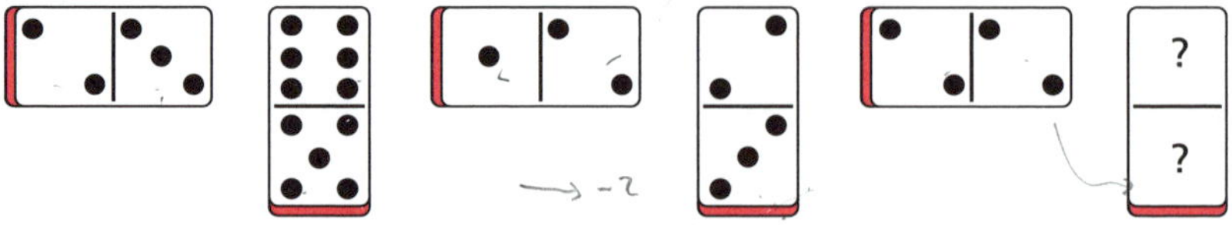

❑ A. 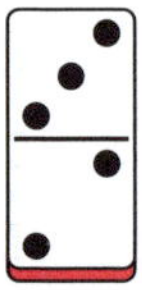

❑ B. 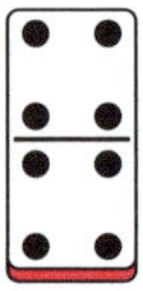

❑ C. 

❑ D. 

34 **Complétez la suite de dominos suivante :**

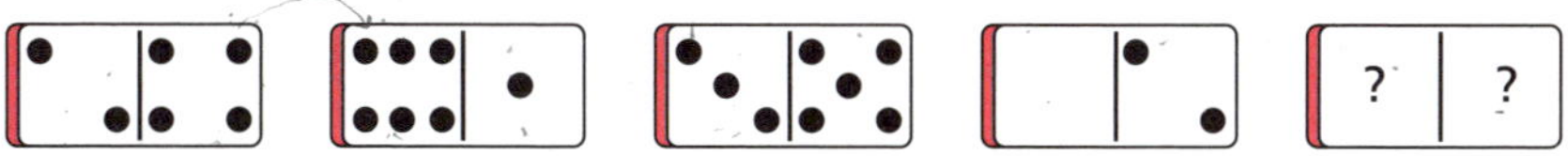

☐ A. 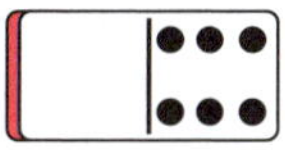 ☐ B. 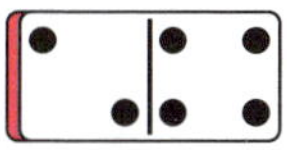 ☐ C. 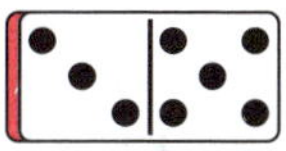 ☐ D. 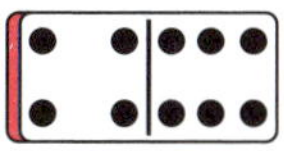

35 **Complétez la suite de dominos suivante :**

☐ A. 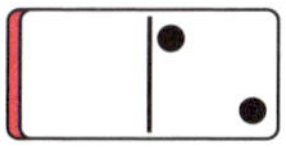 ☐ B. 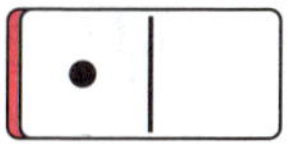 ☐ C. 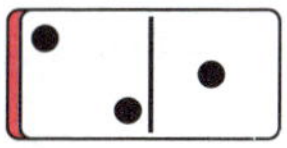 ☐ D. 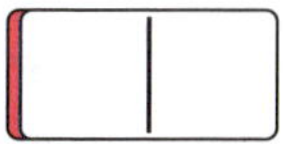

36 **Complétez la suite de cartes suivante :**

☐ A.  ☐ B.  ☐ C.  ☐ D. 

37 **Complétez la suite de cartes suivante :**

☐ A.  ☐ B.  ☐ C.  ☐ D. 

38 **Complétez la suite de cartes suivante :**

☐ A.  ☐ B.  ☒ C.  ☐ D. 

39 **Complétez la suite de cartes suivante :**

☐ A.  ☐ B.  ☒ C.  ☐ D. 

40 **Complétez la suite de cartes suivante :**

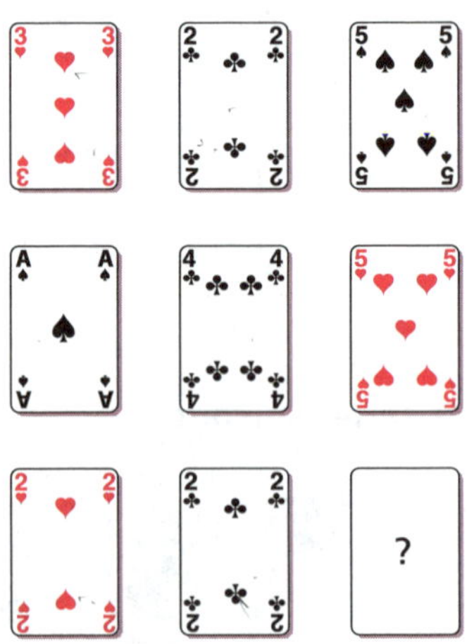

☐ A.  ☐ B.  ☐ C.  ☒ D. 

Réponses

■ Questions faciles

REMARQUE

Les numéros sur les dominos sont : 0 (blanc), 1, 2, 3, 4, 5, 6.
Pour déterminer aisément la progression des numéros, il est utile d'écrire plusieurs fois de suite la séquence des 7 nombres, **soit :**
0 1 2 3 4 5 6 0 1 2 3 4 5 6 0 1 2 3 4 5 6 0 1 2 3 4 5 6...

1 **Réponse C :** 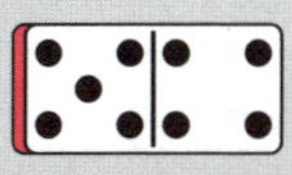

Les numéros se suivent selon l'ordre décroissant.

2 **Réponse D :** 

Les numéros supérieurs et inférieurs progressent chacun selon l'ordre croissant.

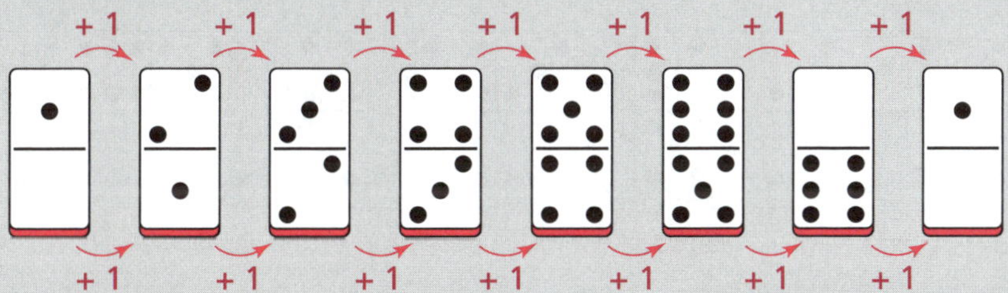

3 **Réponse D :** 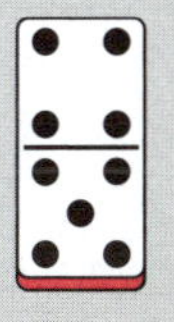

Les numéros se suivent de bas en haut puis de haut en bas.

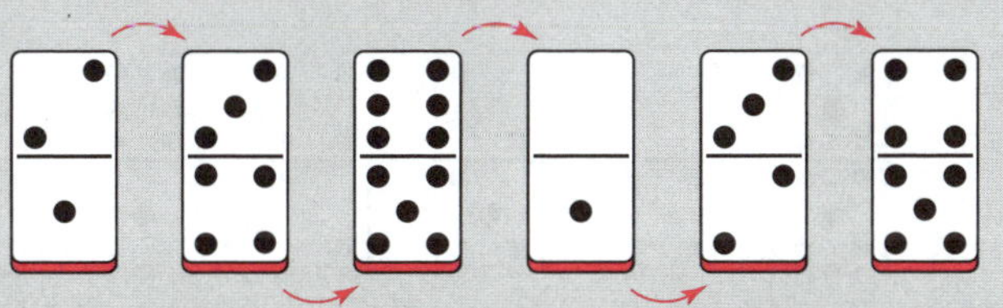

4 **Réponse C :** 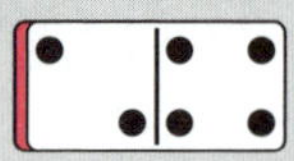

Les numéros progressent de +2.

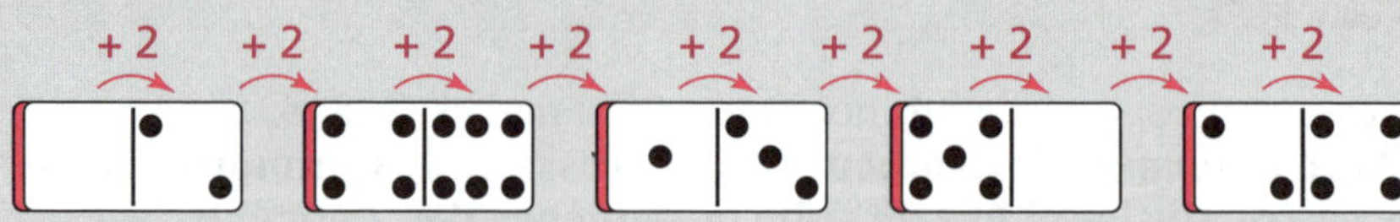

5 **Réponse A :** 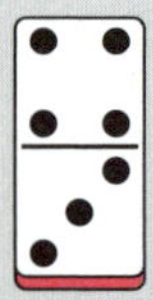

Les numéros se suivent, mais il faut respecter la progression selon le sens de la flèche.

6 **Réponse C :** 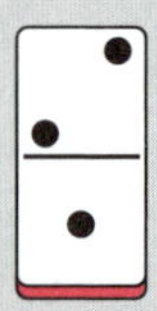

Les valeurs des dominos horizontaux progressent régulièrement.
Les valeurs des dominos verticaux sont décroissantes de haut en bas.

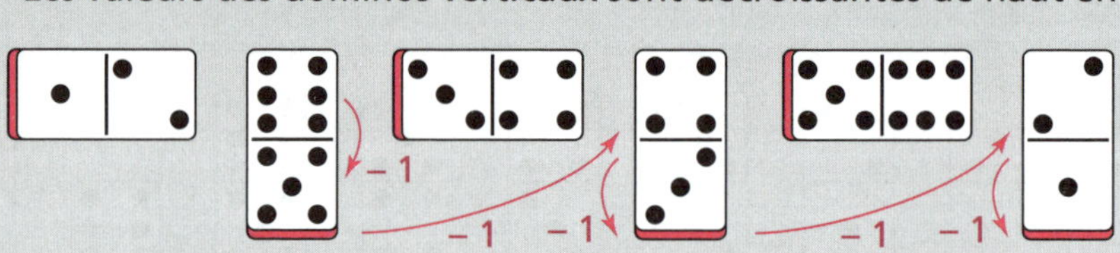

7 **Réponse C :** 

Les nombres de la partie supérieure progressent de + 2. Les nombres de la partie inférieure diminuent de 1.

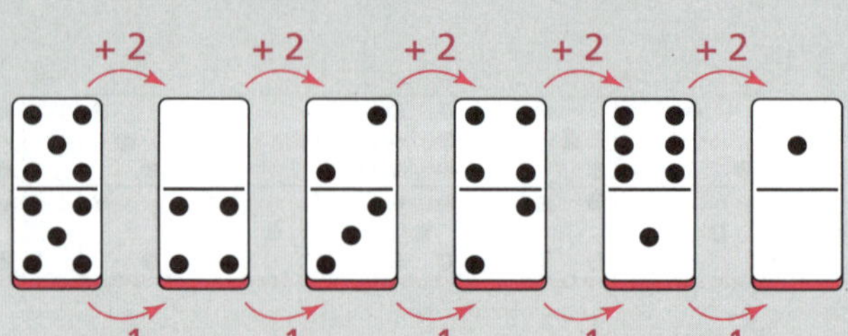

8 **Réponse A :** 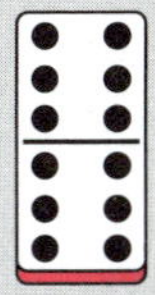

Le premier nombre est toujours 6, le deuxième progresse de + 1 selon le sens de rotation indiqué par la flèche.

9 **Réponse B :** 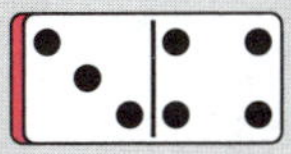

La somme des deux nombres sur un domino est toujours de 7.

10 **Réponse D :** 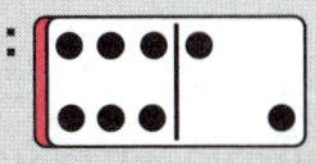

Il y a une progression de + 1 dans le sens inverse des aiguilles d'une montre pour les numéros intérieurs, et de + 1 dans le sens des aiguilles d'une montre pour les numéros extérieurs.

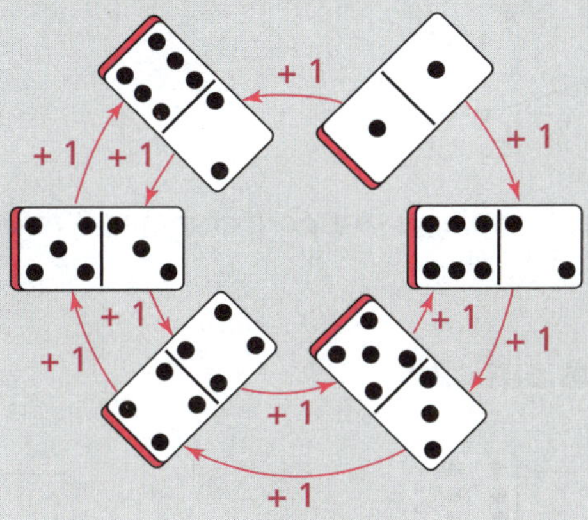

REMARQUE

Les valeurs des cartes sont, en progression croissante : 1, 2, 3, 4, 5, 6, 7, 8, 9, 10, valet (11), dame (12), roi (13).
Les couleurs sont pique et trèfle pour les couleurs noires, et carreau et cœur pour les couleurs rouges. Il n'y a pas de couleur prioritaire.
Comme pour les dominos, il est pratique d'écrire la progression des valeurs plusieurs fois : 1, 2, 3, 4, 5, 6, 7, 8, 9, 10, V, D, R, 1, 2, 3, 4, 5, 6, 7, 8, 9, 10, V, D, R, 1, 2, 3, 4, 5, 6…

11 **Réponse B :** 

Les quatre couleurs alternent selon l'ordre : pique, cœur, trèfle, carreau. Les valeurs progressent de + 2.

12 **Réponse A :** 

Les valeurs progressent de + 2. Les couleurs alternent entre cœur et trèfle.

13 **Réponse B :** 

Les couleurs alternent entre carreau et trèfle, et les 3 figures (roi, dame, valet) sont présentes sur chaque ligne.

14 **Réponse C :** 

Les valeurs diminuent de 2, les couleurs alternent entre carreau et cœur.

15 **Réponse D :** 

Par paire, les valeurs ont pour somme 10 et ont la même couleur.

■ Questions plus difficiles

16 **Réponse D :** 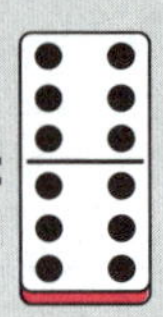

La valeur doublée sur le domino vertical correspond à la somme des deux chiffres du domino horizontal précédent.

17 **Réponse C :** 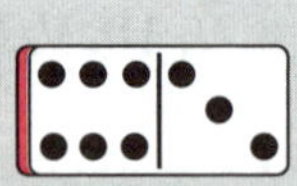

Le domino inférieur a pour valeur la somme des valeurs des dominos supérieurs (par colonne).

18 **Réponse D :** 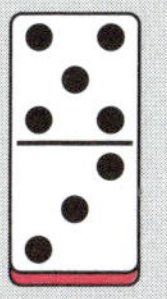

La somme des valeurs d'un domino correspond à la partie supérieure du domino suivant et la différence correspond à la partie inférieure.

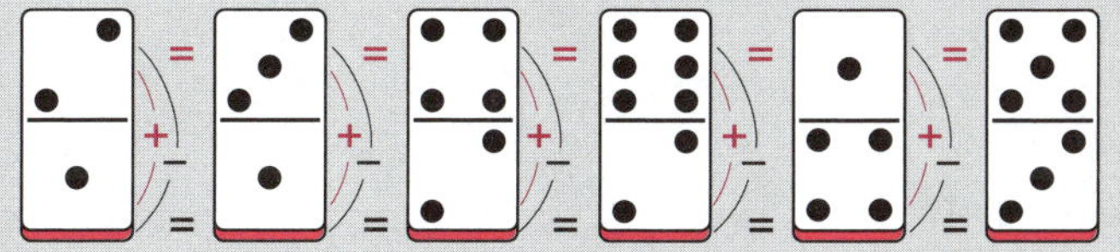

19 **Réponse B :** 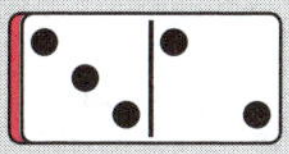

Les valeurs des parties gauches progressent de + 3, celles des parties droites diminuent de – 2.

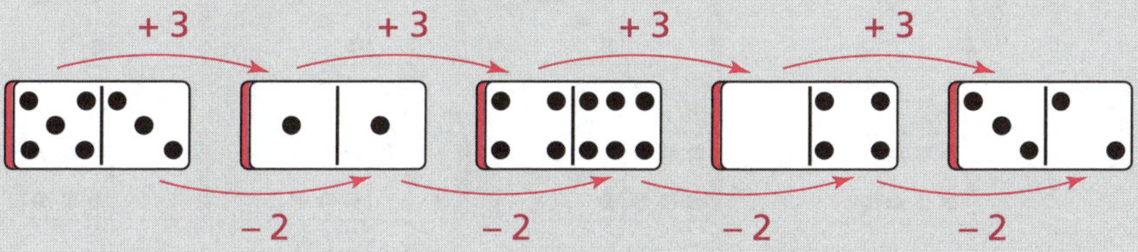

20 **Réponse A :** 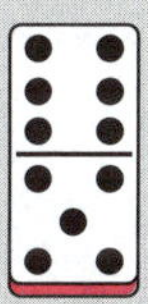

Dans chaque domino, les valeurs augmentent de + 1. Entre deux dominos, il y a un écart de 2.

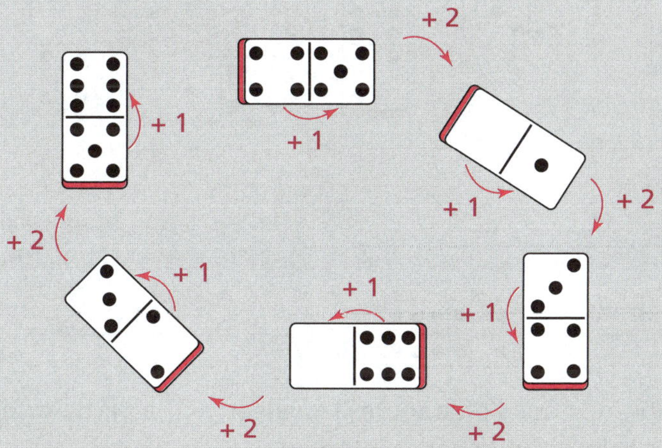

21 **Réponse C :** 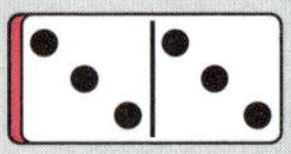

Les valeurs intérieures progressent de + 3 dans le sens des aiguilles d'une montre. Les valeurs extérieures sont symétriques par rapport au centre.

22 **Réponse D :** 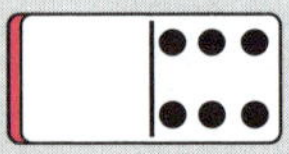

Les valeurs du domino inférieur sont le produit des valeurs supérieures par la valeur du domino central.

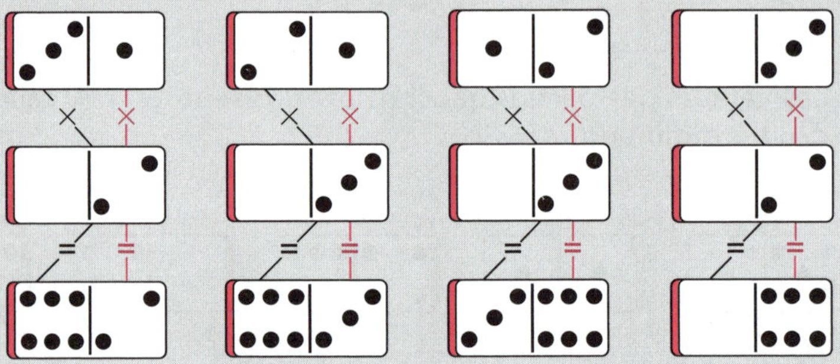

23 **Réponse D :** 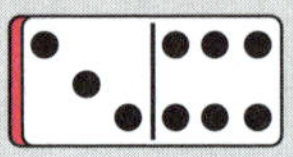

Les valeurs se suivent de + 3 en + 3 à partir du 1 inférieur gauche.

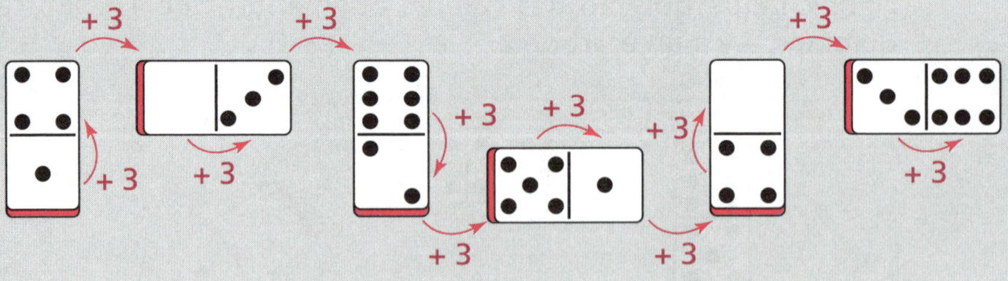

24 **Réponse A :** 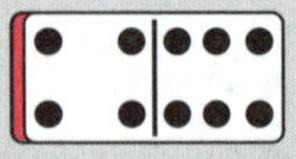

Observer que l'on a toutes les valeurs sur la partie extérieure et toutes les valeurs sur la partie intérieure.

25 **Réponse A :** 

Les valeurs progressent de + 1, + 1, + 2, + 2, + 3, + 3 (pour rappel, le roi correspond à 13). Les couleurs respectent la succession : cœur, trèfle, pique.

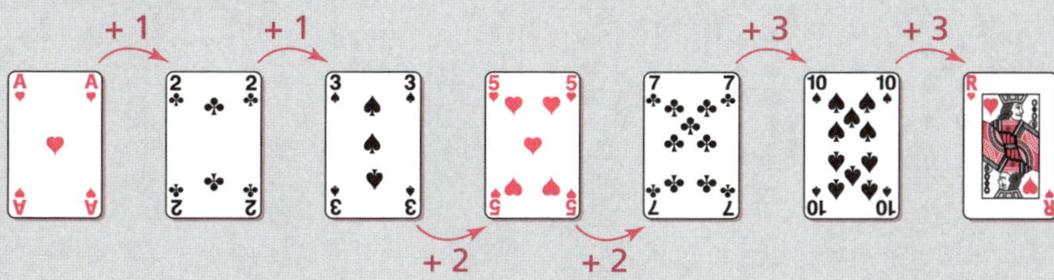

26 **Réponse A :** 

La somme des valeurs dans chaque paire est 6, les couleurs rouges et noires alternent.

27 **Réponse C :** 

On observe une symétrie centrale.

28 **Réponse B :** 

Les valeurs se suivent selon la progression + 1, + 2, + 3, + 4… Les couleurs sont semblables par paire.

29 **Réponse A :** 

Il y a deux séries de valeurs alternées : – 3 à partir du 10 et + 2 à partir du 2. Les quatre couleurs alternent régulièrement.

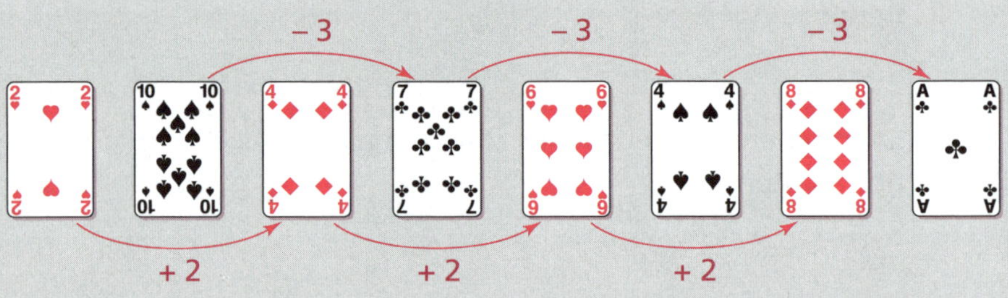

30 **Réponse D :** 

La valeur centrale est la somme des quatre valeurs qui l'entourent : 1 + 2 + 3 + 5 = 11 soit le valet ; 3 + 2 + 4 + 4 = 13 soit le roi. Chaque bloc de cinq cartes est d'une seule couleur : noire ou rouge.

■ Test en temps limité

31 **Réponse B :** 

Les valeurs doubles des dominos verticaux correspondent à la somme des valeurs du domino horizontal qui les précède.

32 **Réponse A :** 

Il y a une symétrie par rapport à un axe horizontal.

33 **Réponse B :** 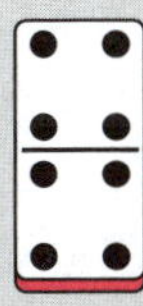

La valeur supérieure d'un domino vertical est le produit des valeurs du domino horizontal qui le précède, la valeur inférieure en est la somme.

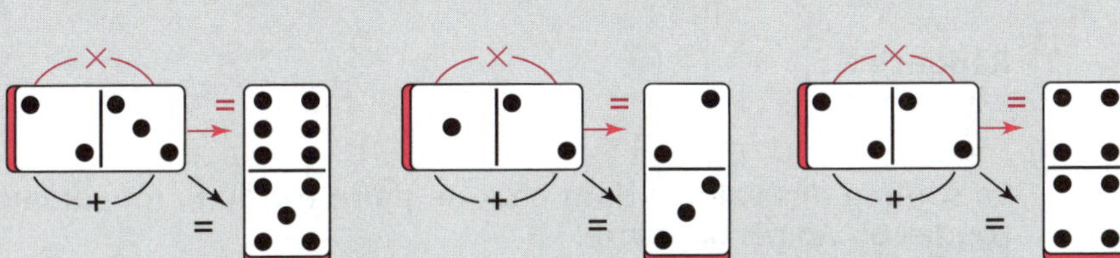

34 **Réponse D :** 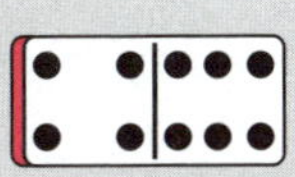

Les valeurs progressent de + 2 régulièrement.

35 **Réponse B :** 

Les dominos inférieurs ont pour valeurs les sommes des dominos supérieurs.

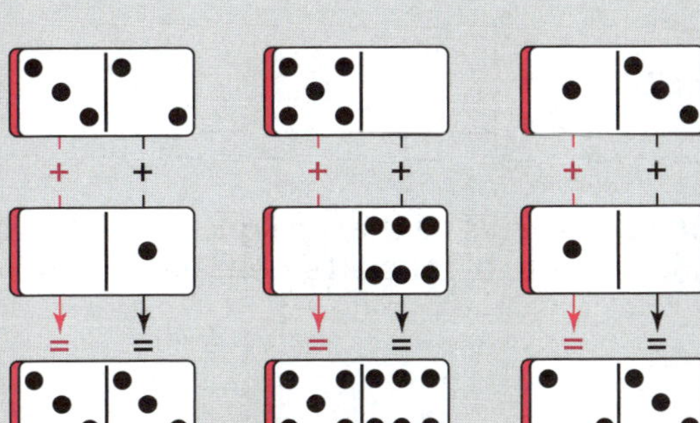

36 **Réponse B :** 

Les valeurs progressent de + 2, les couleurs sont successivement une carte de cœur puis deux cartes de pique.

37 **Réponse C :** 

Par groupe de trois cartes, les valeurs sont décroissantes, et les couleurs sont les mêmes aux deux extrêmes du trio.

38 **Réponse C :** 

La somme des valeurs dans chaque paire est de 8, les couleurs sont rouges ou noires par paire.

39 **Réponse C :** 

Les valeurs trèfles progressent de + 3 à partir du 3 et les cœurs de + 2 à partir du 6. Ainsi, 9 + 3 = 12 soit dame.

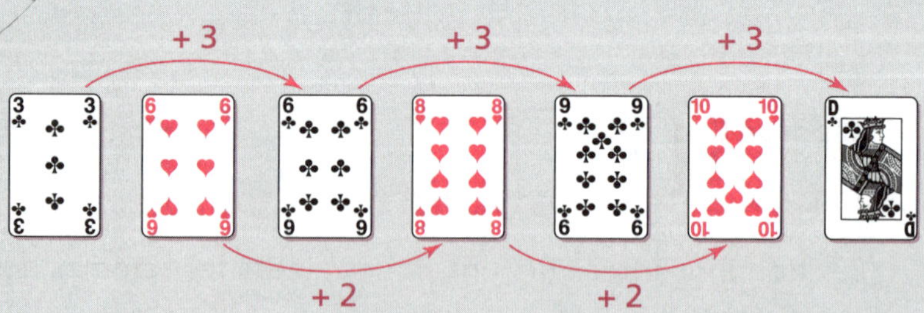

40 **Réponse D :** 

La somme des valeurs de chaque ligne est 10, les couleurs de la dernière et de la première colonne alternent entre pique et cœur.

FICHE 5

Les carrés logiques

QUESTIONS FACILES

1 **Complétez la grille suivante :**

L	M	M
J	V	?

❑ A. J ❑ B. S ❑ C. D ❑ D. M

2 **Complétez la grille suivante :**

10	V	?
9	2	3
8	1	4
7	6	5

❑ A. D ❑ B. R ❑ C. 11 ❑ D. 12

3 **Complétez la grille suivante :**

◄	►	▲	▼
G	D	H	B
►	◄	▲	◄
D	G	H	?

❑ A. G ❑ B. H ❑ C. D ❑ D. B

4 **Complétez la grille suivante :**

I	IV	II
1	4	2
X	V	IX
10	5	?

❑ A. 8 ❑ B. 9 ❑ C. 11 ❑ D. 12

5 **Complétez la grille suivante :**

<	<>	>
[	[]	]
{	{}	?

❑ A. > ❑ B. } ❑ C.] ❑ D. {

6 **Complétez le tableau suivant :**

2	4	6
B	D	F
Y	W	?

❑ A. Z ❑ B. U ❑ C. V ❑ D. X

7 **Complétez la grille suivante :**

index	1	mi
2	do	?
ré	pouce	3

❑ A. annulaire ❑ B. fa ❑ C. 4 ❑ D. majeur

8 **Complétez le tableau suivant :**

9	7	5	4
1	1	6	6
1	?	0	1

❑ A. 0 ❑ B. 2 ❑ C. 8 ❑ D. 3

9 **Complétez le tableau suivant :**

N	O	P	Q
?	L	K	J

❑ A. R ❑ B. S ❑ C. P ❑ D. M

Voici une liste ordonnée de 4 symboles : ▼ ▶ ▲ ◀.

10 **Complétez le tableau suivant :**

▶	▼	?
▲	▶	▼
◀	▲	▶

❑ A. ◀ ❑ B. ▼ ❑ C. ▲ ❑ D. ▶

11 **Complétez le tableau suivant :**

▶	▲	◀
▼	▶	▲
◀	▼	?

❑ A. ▶ ❑ B. ▼ ❑ C. ▲ ❑ D. ◀

Voici une liste ordonnée de 5 symboles : ● ◙ ● ✹ ◙.

12 Complétez le tableau suivant :

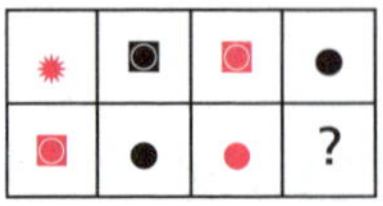

❑ A. ✹ ❑ B. ◙ ❑ C. ● ❑ D. ◙

13 Complétez le tableau suivant :

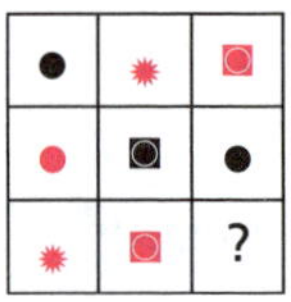

❑ A. ✹ ❑ B. ● ❑ C. ◙ ❑ D. ●

Voici une liste ordonnée de 7 symboles : ▶ ▶ ▲ ▲ ◀ ◀ ▼.

14 Complétez le tableau suivant :

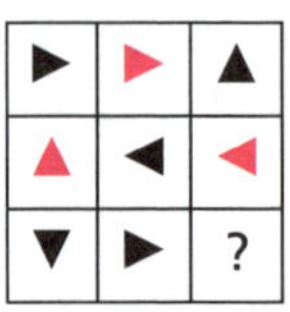

❑ A. ▶ ❑ B. ▼ ❑ C. ◀ ❑ D. ▲

15 Complétez le tableau suivant :

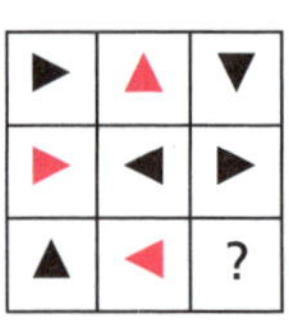

❑ A. ▲ ❑ B. ▼ ❑ C. ▶ ❑ D. ▲

QUESTIONS PLUS DIFFICILES

16 Complétez la grille suivante :

CABD	3124	GEFH
DBCA	4231	?

❑ A. FGHE ❑ B. HFGE ❑ C. EFGH ❑ D. FGEH

17 Complétez la grille suivante :

2	2	Q
2	5	D
4	2	?

❑ A. D ❑ B. H ❑ C. Q ❑ D. S

18 Complétez la grille suivante :

X	chat	4
II	poule	2
VIII	?	8

❑ A. fourmi ❑ B. serpent ❑ C. chien ❑ D. araignée

19 Complétez la grille suivante :

?	♣	♣	Δ
□	♣	Δ	☺
□	Δ	☼	☺
Δ	☼	☼	☺

❑ A. ☺ ❑ B. □ ❑ C. ♣ ❑ D. Δ

20 Complétez la grille suivante :

1	3	2
do	E	janvier
ré	H	mars
mi	K	?

❑ A. avril ❑ B. juin ❑ C. mai ❑ D. février

21 **Complétez la grille suivante :**

do	mi	sol
3	5	7
L	M	?

❑ A. N ❑ B. J ❑ C. V ❑ D. M

22 **Complétez le dernier tableau :**

2	5
4	8

1	4
3	7

3	2
5	5

1	6
3	?

❑ A. 5 ❑ B. 6 ❑ C. 9 ❑ D. 8

23 **Complétez le dernier tableau :**

	3	
2	3	5

	5	
3	6	4

	5	
5	5	2

	?	
2	9	5

❑ A. 4 ❑ B. 9 ❑ C. 7 ❑ D. 3

24 **Complétez le dernier tableau :**

5	15
3	9

3	6
2	4

4	14
2	7

2	?
3	9

❑ A. 8 ❑ B. 7 ❑ C. 6 ❑ D. 8

25 **Complétez le tableau suivant :**

D	F	H
4	6	8
W	?	S

❑ A. P ❑ B. U ❑ C. Q ❑ D. R

Voici une liste ordonnée de 4 symboles : ▼ ▶ ▲ ◀.

26 **Complétez le tableau suivant :**

▼	◀	▲
▶	▼	◀
▲	▶	?

❑ A. ▶ ❑ B. ▼ ❑ C. ◀ ❑ D. ▲

27 **Complétez le tableau suivant :**

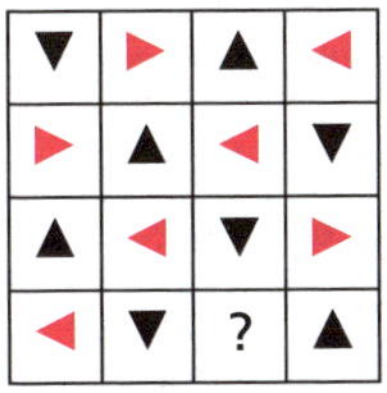

❑ A. ▲ ❑ B. ▶ ❑ C. ▼ ❑ D. ◀

Voici une liste ordonnée de 7 symboles : ▶ ▶ ▲ ▲ ◀ ◀ ▼.

28 **Complétez le tableau suivant :**

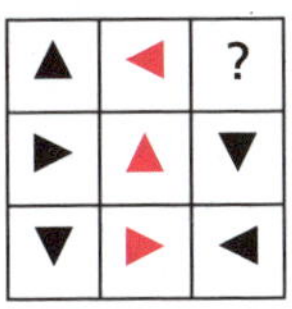

❑ A. ▲ ❑ B. ▶ ❑ C. ▶ ❑ D. ▼

29 **Complétez le tableau suivant :**

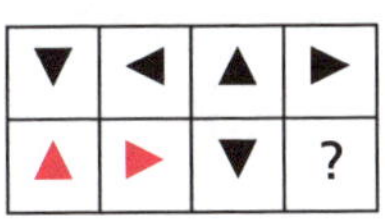

❑ A. ▶ ❑ B. ▼ ❑ C. ◀ ❑ D. ▶

Voici une liste ordonnée de 5 symboles : ● ◙ ● ✸ ◙.

30 **Complétez le dernier tableau :**

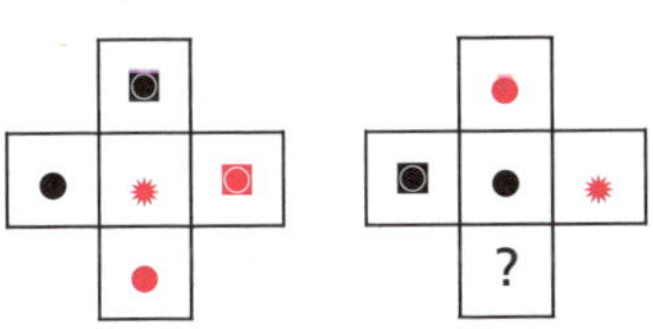

❑ A. ◙ ❑ B. ● ❑ C. ✸ ❑ D. ◙

TEST EN TEMPS LIMITÉ *(8 minutes)*

31 **Complétez la grille suivante :**

3	2	I
4	2	P
6	3	I
7	2	?

❑ A. 6 ❑ B. P ❑ C. I ❑ D. 3

32 **Complétez la grille suivante :**

3	5	7
2	4	6
A	C	?

❑ A. E ❑ B. D ❑ C. B ❑ D. 8

33 **Complétez la grille suivante :**

2	trois	6
4	deux	8
6	deux	?

❑ A. 4 ❑ B. 12 ❑ C. 10 ❑ D. 14

34 **Complétez la grille suivante :**

do	ré	mi
la	sol	fa
si	do	?

❑ A. mi ❑ B. sol ❑ C. ré ❑ D. do

35 **Complétez la grille suivante :**

1	3	4	2
E	G	H	F
–	Δ	?	II

❑ A. ○ ❑ B. □ ❑ C. ∞ ❑ D. ≡

36 **Complétez le dernier tableau :**

3	
1	4

5	
2	7

6	
2	8

3	
4	?

❑ A. 5 ❑ B. 8 ❑ C. 6 ❑ D. 7

37 **Complétez le tableau suivant :**

5	2	10	7
3	4	12	7
6	8	48	?

❑ A. 0 ❑ B. 11 ❑ C. 14 ❑ D. 49

38 **Complétez le tableau suivant :**

7	14	9	16	11	18
13	8	15	10	17	?

❑ A. 15 ❑ B. 19 ❑ C. 12 ❑ D. 16

Voici une liste ordonnée de 4 symboles : ▼ ▶ ▲ ◀.

39 **Complétez le tableau suivant :**

▲	▼	▲	▼
◀	▶	◀	?

❑ A. ▲ ❑ B. ▶ ❑ C. ▼ ❑ D. ◀

Voici une liste ordonnée de 5 symboles : ● ◙ ● ✷ ◙.

40 **Complétez le tableau suivant :**

◙	●	●
●	✷	◙
◙	◙	?

❑ A. ● ❑ B. ✷ ❑ C. ◙ ❑ D. ●

Réponses

■ Questions faciles

1 Réponse B : S.

L	M	M
J	V	S

Il s'agit des initiales des jours de la semaine successifs.

2 Réponse A : D.

Il s'agit de la progression en spirale des valeurs d'un jeu de cartes : après le V de valet vient le D de dame.

10	V	D
9	2	3
8	1	4
7	6	5

3 Réponse A : G.

◀	▶	▲	▼
G	D	H	B
▶	◀	▲	◀
D	G	H	G

Il s'agit d'associer sous chaque flèche l'initiale de son orientation : G = gauche, D = droite, H = haut, B = bas.

4 Réponse B : 9.

I	IV	II
1	4	2
X	V	IX
10	5	9

Il s'agit d'associer la valeur en nombres usuels et l'écriture en chiffres « romains ».

5 Réponse B : }.

<	<>	>
[	[]	]
{	{}	}

La colonne de gauche permet de compléter la colonne centrale à partir de la colonne de droite.

6 **Réponse B : U.**

2	4	6
B	D	F
Y	W	U

Les 2, 4 et 6 correspondent aux 2e, 4e et 6e lettres de l'alphabet dans l'ordre alphabétique direct ou inverse.

7 **Réponse D : majeur.**

8 **Réponse D : 3.**
La somme des chiffres de chaque colonne est 11.

9 **Réponse D : M.**
Sur la 2e ligne, les lettres sont rangées en sens inverse de l'ordre alphabétique.

Voici la liste des symboles : ▼ ▶ ▲ ◀ ▼ ▶ ▲ ◀ ▼ ▶ ▲ ◀ ▼ ▶ ▲ ◀ ▼ ▶…

10 **Réponse A : ◀.**
Dans chaque colonne, les éléments se succèdent verticalement dans l'ordre de la liste.

11 **Réponse A : ▶.**
Horizontalement, les symboles se suivent régulièrement.

Voici la liste des symboles :
● ◙ ● ✸ ◙ ● ◙ ● ✸ ◙ ● ◙ ● ✸ ◙ ● ◙ ● ✸ ◙ ● ◙ ● ✸ ◙ ● ◙ ●…

12 **Réponse A : ✸.**
Les éléments se suivent de haut en bas dans chaque colonne (ou en sautant 2 éléments sur chaque ligne).

13 **Réponse D : ●.**
Horizontalement, les symboles se suivent régulièrement.

Voici la liste des symboles :
▶ ▶ ▲ ▲ ◀ ◀ ▼ ▶ ▶ ▲ ▲ ◀ ◀ ▼ ▶ ▶ ▲ ▲ ◀ ◀ ▼…

14 **Réponse A : ▶.**
Horizontalement, les symboles se suivent régulièrement.

15 **Réponse C : ▶.**
Verticalement, les symboles se suivent régulièrement.

■ Questions plus difficiles

16 **Réponse B : HFGE.**

CABD	3124	GEFH
DBCA	4231	HFGE

La succession des lettres et des chiffres respecte le même ordre sur chaque ligne.

17 **Réponse B : H.**

2	2	Q
2	5	D
4	2	H

Sur chaque ligne, les 2 nombres sont multipliés et dans la 3e case, on trouve l'initiale du produit (2×2 = Quatre, 2×5 = Dix, 4×2 = Huit).

18 **Réponse D : araignée.**

X	chat	4
II	poule	2
VIII	araignée	8

Le chiffre indique le nombre de pattes de l'animal. Avec 8 pattes, c'est l'araignée qui est la solution.

19 **Réponse B : □.**

□	♣	♣	Δ
□	♣	Δ	☺
□	Δ	☼	☺
Δ	☼	☼	☺

On observe une symétrie dans la place des symboles par rapport à la diagonale des .

20 **Réponse C : mai.**

1	3	2
do	E	janvier
ré	H	mars
mi	K	mai

Dans chaque colonne, le chiffre indique la succession des éléments :
- 1re colonne : les notes se suivent de 1 en 1 ;
- 2e colonne : les lettres se suivent de 3 en 3 ;
- 3e colonne : les mois se suivent de 2 en 2.

21 **Réponse C : V.**

do	mi	sol
3	5	7
L	M	V

Sur chaque ligne, les éléments successifs sont espacés de 1 élément. La 3e ligne est composée des initiales des jours de la semaine : L (lundi), M (mercredi) et V (vendredi).

22 **Réponse C : 9.**
Par tableau, la 2e ligne s'obtient en ajoutant à la 1re ligne 2 dans la 1re colonne et 3 dans la 2de.
$4 = 2 + 2$ et $8 = 5 + 3$; $3 = 1 + 2$ et $7 = 4 + 3$; $5 = 3 + 2$ et $5 = 2 + 3$; $3 = 1 + 2$ et $9 = 6 + 3$.

23 **Réponse B : 9.**
Le chiffre rouge est la dizaine du produit des trois nombres qui l'entourent.
$3 \times 2 \times 5 = 30$, soit 3 au centre ; $5 \times 3 \times 4 = 60$, soit 6 au centre ; $5 \times 5 \times 2 = 50$, soit 2 au centre ; $9 \times 2 \times 5 = 90$, soit 9 au centre.

24 **Réponse C : 6.**
Sur chaque tableau, on observe un produit en croix semblable.
$5 \times 9 = 3 \times 15 = 45$; $3 \times 4 = 2 \times 6 = 12$;
$4 \times 7 = 2 \times 14 = 28$; $2 \times 9 = 3 \times 6 = 18$.

25 **Réponse B : U.**
Dans chaque colonne, le numéro indique le rang de la lettre selon l'ordre alphabétique et selon l'ordre inverse alphabétique.

Voici la liste des symboles :
▼ ▶ ▲ ◀ ▼ ▶ ▲ ◀ ▼ ▶ ▲ ◀ ▼ ▶ ▲ ◀ ▼ ▶ ▲...

26 **Réponse B : ▼.**
Verticalement, les symboles se suivent régulièrement.

27 **Réponse B : ▶.**
Verticalement, les symboles se suivent régulièrement.

Voici la liste des symboles :
▶ ▶ ▲ ▲ ◀ ◀ ▼ ▶ ▶ ▲ ▲ ◀ ◀ ▼ ▶ ▶ ▲ ▲ ◀ ◀ ▼ ▶ ▶...

28 **Réponse C : ▶.**
Les éléments se suivent dans l'ordre de la liste, selon la diagonale gauche/droite à partir de la case inférieure gauche.

29 **Réponse C : ◀.**
Les éléments se suivent de 2 en 2 sur chaque ligne selon l'ordre inverse.

Voici la liste des symboles :

● ◙ ● ✱ ◙ ● ◙ ● ✱ ◙ ● ◙ ● ✱ ◙ ● ◙ ● ✱ ◙ ● ◙ ● ✱ ◙ ● ◙ ● ✱ ◙...

30 **Réponse D : ◙.**
La ligne centrale suit la progression de la liste. Les éléments de la 1re et de la 3e ligne sont les éléments manquants parmi les cinq symboles de la liste.

■ Test en temps limité

31 **Réponse C : I.**

3	2	I
4	2	P
6	3	I
7	2	I

Les chiffres des deux premières colonnes de chaque ligne sont additionnés, et on note P si ce résultat est un nombre pair et I si c'est un nombre impair.

32 **Réponse A : E.**

3	5	7
2	4	6
A	C	E

Sur chaque ligne, les éléments, chiffres ou lettres se suivent de 2 en 2.

33 **Réponse B : 12.**

2	trois	6
4	deux	8
6	deux	12

Dans la 3e colonne, on a le résultat du produit des deux premières colonnes.

34 **Réponse C : ré.**

do	ré	mi
la	sol	fa
si	do	ré

Les notes se suivent d'une ligne à l'autre de gauche à droite puis de droite à gauche selon l'ordre « classique ».

35 **Réponse B : □.**

1	3	4	2
E	G	H	F
–	Δ	□	II

Sur chaque ligne, les éléments suivent la même progression.
Sur la 3e ligne, les formes doivent être composées de 1 trait, 3 traits, 4 traits, 2 traits.

36 **Réponse D : 7.**
Dans chaque tableau, le nombre inférieur droit est la somme des deux autres nombres.
3 + 1 = 4 ; 5 + 2 = 7 ; 6 + 2 = 8 ; 3 + 4 = 7.

37 **Réponse C : 14.**
À la 3e colonne, on a le résultat du produit de la 1re colonne par la 2e et à la 4e colonne celui de la somme.
$5 \times 2 = 10$ et $5 + 2 = 7$;
$3 \times 4 = 12$ et $3 + 4 = 7$;
$6 \times 8 = 48$ et $6 + 8 = 14$.

38 **Réponse C : 12.**
Les chiffres se suivent en diagonale.

7	14	9	16	11	18
13	8	15	10	17	12

Voici la liste des symboles :
▼ ► ▲ ◄ ▼ ► ▲ ◄ ▼ ► ▲ ◄ ▼ ► ▲ ◄ ▼ ►...

39 **Réponse B : ►.**
Les éléments se suivent de haut en bas.

Voici la liste des symboles :
● ◙ ● ✷ ◙ ● ◙ ● ✷ ◙ ● ◙ ● ✷ ◙ ● ◙ ● ✷ ◙ ● ◙ ● ✷ ◙ ● ◙ ●...

40 **Réponse A : ●.**
Verticalement, les symboles se suivent régulièrement.

MIXTE
Papier issu de sources responsables
FSC® C022030

Achevé d'imprimer en janvier 2017
sur les presses de la Nouvelle Imprimerie Laballery
58500 Clamecy
Dépôt légal : août 2016
N° de projet : 10232280
N° d'impression : 611236

Imprimé en France

La Nouvelle Imprimerie Laballery est titulaire de la marque Imprim'Vert®